员工岗位技能培训系列教材

供电检修工（初级）

哈尔滨地铁集团有限公司　编

西南交通大学出版社
·成　都·

图书在版编目（CIP）数据

供电检修工：初级 / 哈尔滨地铁集团有限公司编
. —成都：西南交通大学出版社，2019.8
员工岗位技能培训系列教材
ISBN 978-7-5643-7044-2

Ⅰ. ①供… Ⅱ. ①哈… Ⅲ. ①地下铁道 – 供电系统 – 检修 – 技术培训 – 教材 Ⅳ. ①U231.8

中国版本图书馆 CIP 数据核字（2019）第 175883 号

员工岗位技能培训系列教材
Gongdian Jianxiugong (Chuji)
供电检修工（初级）
哈尔滨地铁集团有限公司　编

责任编辑　张文越
封面设计　毕　强

出版发行　西南交通大学出版社
（四川省成都市金牛区二环路北一段 111 号
西南交通大学创新大厦 21 楼）
邮政编码　610031
发行部电话　028-87600564　028-87600533
官网　http://www.xnjdcbs.com
印刷　四川煤田地质制图印刷厂

成品尺寸　210 mm × 285 mm
印张　13.75
字数　405 千
版次　2019 年 8 月第 1 版
印次　2019 年 8 月第 1 次
定价　56.00 元
书号　ISBN 978-7-5643-7044-2

课件咨询电话：028-87600533
图书如有印装质量问题　本社负责退换

哈尔滨地铁集团有限公司
培训系列教材编写委员会

本书编写人员

主　编　吕博瑶

主　审　李文博

哈尔滨地铁编写人员　裴红林　刘冰心

合作院校　衡水职业技术学院

院校编写人员　赵福玉　陶　健　申宝站

崔劲欢　徐晓伟　王　铮

王建府　王楷文　贾慧莲

序

2008 年，哈尔滨地铁开工建设。10 年间，我们走过了一条奋斗者的创业之路，企业的人才培养也必须紧跟发展定位，向标准化、规范化方向努力。培养“老员工”的与时俱进和更新知识势在必行；培养“新员工”的高端起步和新技术应用是当务之急。企业倾其情、尽其能抓员工教育；员工把培训作为前进的动力、改变自我的平台、提升技能的手段和实现人生价值的途径。

城市轨道交通作用的发挥，依靠系统安全和高效运营。城市轨道交通系统设备先进、结构复杂，高新技术应用越来越普及，要保障这一庞大系统的安全稳定，必须依靠与之相协调的高素质人才。轨道交通行业员工队伍中 2/3 以上是技术工人，他们是企业的主体，他们的素质直接关系到企业的生存和发展。因此，企业只有拥有一支高素质的技能人才队伍，培养一批技术过硬、技艺精湛的能工巧匠，才能确保安全生产，提高工作效率，提升非正常情况下的应急处理能力。

岗位技能培训是人才培养的重要途径，是提高企业核心竞争力的重要手段，而岗位技能培训的过程和结果，需要相应的培训教材作支撑。哈尔滨地铁集团有限公司通过几年的工作实践，深感编写具有企业设备设施和运营组织特点、满足岗位技能培养需要、确定合作院校教学大纲的教材的重要性。为适应目前“校企合作，工学结合”的人才培养模式，我们围绕哈尔滨地铁的重点专业、重点岗位，采取企校联合的办法，编写了哈尔滨地铁集团员工岗位技能培训系列教材（共 12 册）。后续我们将持续更新，做到各岗位、各等级全覆盖。在编写教材的过程中，我们组织了一批轨道交通职业院校的教师和地铁一线的专业工程师对教材进行了认真编撰，各设备厂商也积极参与，大家建言献策，群策群力，共谋地铁人才教育之道。

这套教材的主要特色如下：

（1）以哈尔滨地铁规章规程为主，以通用基础知识为辅，突出哈尔滨地铁设备的特征，注重理论与实操相结合，适用于员工入门培训及初级岗位技能培训。

（2）采用模块化的编写方式，结合岗位特点，将知识点重新梳理、整合，做到了教学目的明确、教学重点突出。

（3）结合哈尔滨地铁应急处置、故障分析、典型案例等方面的处理经验，并配以大量现场设备图片、处理程序、操作流程图等进行详细解说，做到理论与现场相结合，实现上岗零对接。

（4）注重“学练”结合。教材中每个模块、每个项目、每个知识点都提炼出相应的习题，给出了测试要点，做到学考统一。

在迈向新征程之际，所有参与企业教育的工作者，将多年的经验和所得凝聚成这套系列教材，借鉴了同行业的思路，受益于上海、宁波、重庆等同行业的指导。尽管这套教材有很多不完善之处，也有不成熟的想法，但在蹒跚之中，我们必须要走出一条管理者的创新之路。

谨以此书，献给为哈尔滨地铁事业奉献青春年华的所有建设者，献给默默工作在一线的广大员工，献给未来与企业共发展的奋斗者！

范国荣

2019年7月

前　言

为适应哈尔滨地铁供电专业运营快速发展的需求，加速培养供电专业高技能人才队伍，让供电专业培训体系更加规范，员工能够快速掌握供电专业知识、能够胜任岗位专业需求，以此开展哈尔滨地铁供电专业生产类标准化培训，我们编制了本教材。

本教材在保持供电专业基础的构架上，从初级专业知识入手，逐步铺展递进，以四个板块为专业分解，分别为通用供电基础、高压变电基础、电力监控与综合自动化、接触网基本知识。

本书通过四个板块清晰明确供电专业各个设备的功能及作用，结合哈尔滨地铁的设备进行理论和实操的结合；通过哈尔滨地铁实际设备及原理图进行供电知识体系构建，从供电系统基础知识入门，以 66 kV 供电系统、35 kV 供电系统、400 V 供电系统、直流 1 500 V 供电系统推进到城轨供电系统的环网结构。设备主要以油浸式主变压器、干式变压器、整流变压器、互感器、断路器、电缆、杂散电流防护和蓄电池为主要设备，将继电保护装置及继电保护的功能及实现原理作为供电系统保护的入门级基础知识，教材对此结合了图纸和专业知识进行讲解。

在了解供电专业基础设备及其原理后，对综合自动化和接触网分模块展开，包括了远动系统、信息的采集传输、数据通信系统及供电专业系统自动化的实现、接触网的基本要求及其分类、接触网供电方式和零部件、架空式柔性接触网和架空式刚性接触网的特点和组成，最后通过课后习题能够对教材中分板块的知识点进行复习及知识反馈。

本教材可用于哈尔滨地铁供电专业岗前培训和在岗培训，也可以作为其他城市轨道交通企业员工和大中专院校学生的培训和学习教材，还可以用作其他相关专业人员学习参考。

本教材的编写是供电专业多年工作知识的累积集合，得到了很多行业内外各位友人的帮助，很多专业知识就是在工作中不断地积累得到的，以此宝贵专业经验构成此教材的初级版，愿今后供电专业教材更上一层楼，为哈尔滨地铁事业不断迈上新台阶做好坚实的教育培训工作。

作　者

2019 年 8 月

目录 CONTENTS

模块一　通用供电基础

任务一　认识城市轨道交通供电系统

内容摘要

城市轨道交通供电系统是为轨道交通运营提供动力能源的一个庞大系统，是国家和城市电网中的用电特大户。它从国家和城市电网接受电源，通过变配电，将合适的电源提供给城市轨道交通各个部门和系统。城市轨道交通供电系统又是国家电力系统中的一部分，它的安全、可靠运行离不开国家电力系统的支撑。电力系统是由发电厂、变电所、输电线、配电系统及负荷组成的，国家电力系统运行稳定与否将最终影响城轨供电的可靠性。

学习目标

（1）掌握电力系统的概念、组成。
（2）掌握电力系统中性点运行方式的类型特点及应用范围。
（3）掌握城市轨道交通供电系统的供电方式种类、概念。
（4）主变电所的功能、电气主接线结构。
（5）降压变电所的功能、电气主接线结构。
（6）牵引变电所的功能、电气主接线结构。
（7）中压环网的功能、结构。

一、电力系统基本知识

随着城市轨道交通的迅猛发展，对电能的需求越来越大。城轨交通的电能取自城市电网，电网的电能由发电厂提供。发电厂是电能的生产单位，发电厂发出的电能是不能储存的，电能的生产（电厂）和消耗（用户）必须随时平衡，也就是说电力的生产、输送、分配和使用的全过程，是由发电厂、变电所和用户紧密联系起来的一个整体在同一瞬间实现的。在这一条链上的每一个环节都必须共同发挥作用，才能使电力生产维持下去。城轨交通的供电系统就是这条链上的重要用户，城市电网中任何一个环节出现问题，都会影响城轨供电的质量和可靠性。同样地，如果城轨供电系统出现故障，也会影响城市电网的电力平衡。

（一）发电厂

发电厂是把不同形式的能源（例如化学能、水能、原子能等）转换成电能的工厂。根据发电厂所利用的能源不同，可以分为以下几类：

1. 火力发电厂

利用煤、石油、天然气等燃料来发电的称火力发电厂，简称火电厂。我国煤炭资源较丰富，火电厂仍是我国发电的主要形式。有很多电厂建在煤矿边上就称为坑口电厂。为了提高燃烧效率，现代的火电厂都把煤块粉碎成煤粉，在炉膛内能够完全燃烧，将锅炉内的水烧成高温、高压的蒸汽（化学能转变成热能），蒸汽冲动汽轮（热能转变成机械能），使其带动与其联轴的发电机旋转，发出电能（机械能转换成电能）。

2. 水力发电厂

从水库引水，利用位能冲动水轮机（水能转换成机械能），并使其带动与其联轴的发电机旋转，来产生电能（将机械能转变成电能）的发电厂称为水电发电厂。例如三峡的水力发电，就是在长江中拦江筑坝，提高上游的水位，形成水库，使上、下游形成尽可能大的落差。这样的能源是环保清洁的，是今后能源发展的一个方向。

3. 原子能发电厂

原子核在核反应堆中的分裂过程中会产生大量的热能（原子能转换热能），用此热能把水加热成蒸汽，蒸汽冲动轮机使其带动发电机旋转发电。例如我国的秦山核电站，它的电力生产过程与凝汽式火力发电厂相类似，但它是以核反应堆代替了蒸汽锅炉。

由于原子能发电厂在电力生产过程中将核废料妥善处置后，便不会产生有害烟尘，不污染空气，所以相对来说是比较环保的。原子能发电的一个重要优点是因为它的能量密度远远高于煤炭，可以以少量的原子能燃料代替大量的煤炭，特别是在我国南方少煤地区，建设原子能发电厂具有更重要的经济和科学研究价值。

此外，还有潮汐发电厂、地热发电厂、风力发电厂、太阳能发电厂等。

我国现有的发电厂是以火力发电厂为主，其中凝汽式火力发电厂仍占多数。同时正在大力发展水力和风能发电，例如长江口崇明岛的风能发电。

（二）电力网

电网是指由输配电线路将相近的电厂、送变电站联络起来，形成地区或全国性网络，以便进行统一管理和运行调度，为电能的输送提供一个庞大的网络。另外，为了把电能输送到较远的用电地区，降低输电线路对电压的损耗，通常发电厂发出的电能都须经升压变压器把电压升高（例如 110 kV、220 kV、500 kV 等），然后通过电网和输电线路送到用电地区，再经变电所的降压变压器把电压逐级降低后分配使用。所以，变电所的主要任务是变换电压，其次还有集中和分配电能，控制电能的流向和调整电压的任务。电网的电压一般为 0.4 kV、10 kV、35 kV、110 kV、220 kV 等，而发电机的电压一般为 6.3 kV、10.5 kV、13.8 kV、15.75 kV、18 kV 等，城市轨道交通电源进线电压为 110 kV。发电厂不能直接向用户供电，必须通过电网变配电后供给用户。电力系统原理性电路图如图 1-1 所示。

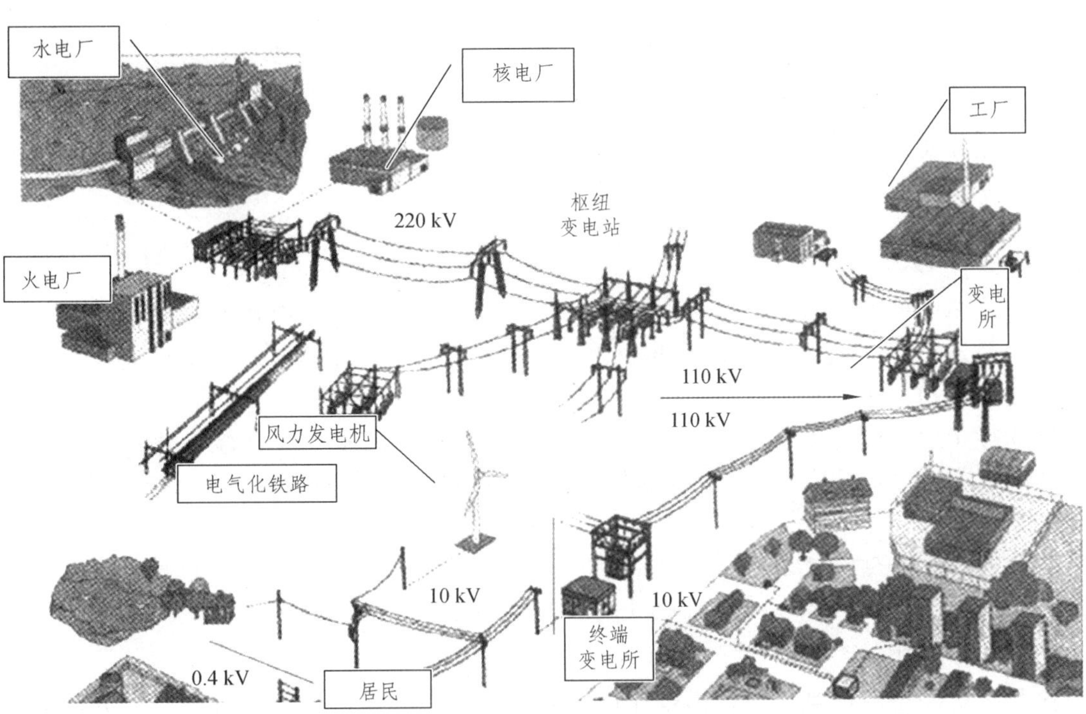

图 1-1　电力系统原理性电路图

（三）电力系统及其额定电压

1. 电力系统

电力系统是指电力生产、变配电、输送和用户使用组成的发、供、用的一个整体，通常是两个及以上的发电厂和若干个变配电所及其输电线、配电网和它们的用户组成的一个庞大整体。其中输电线和相连的变电所部分称为电力网。发电厂向电网输送电能，用户从电网接收电能。在这当中，电网起着电能调节、分配和输送的重要作用。如果电能不够，它可以通过增加连接发电厂数量或减少用户连接数量（减负荷），来平衡电能；如果电能富余，它还可以通过减少连接发电厂数量或向其他电网输送电能，来平衡电能。

2. 电力系统的额定电压

额定电压是指电气设备长时间正常工作时的最佳电压，额定电压也称为标称电压。当电气设备的工作电压高于额定电压时容易损坏设备，而低于额定电压时将不能正常工作。

额定电压是电气设备（包括用电、供电设备）长期稳定工作的标准电压。额定电压可以从用电设备和供电设备两方面进行理解，用电设备的额定电压表示设备出厂时设计的最佳输入电压，通常也是比较容易取得的电源供给电压。供电设备的额定电压表示供电系统的最佳输出电压，需要与用电设备的额定电压进行匹配，包括电网额定电压、发电机额定电压和电力变压器的额定电压。

电力系统在特定条件下所出现的超过工作电压的异常电压升高，属于电力系统中的一种电磁扰动现象。电工设备的绝缘长期耐受着工作电压，同时还必须能够承受一定幅度的过电压，这样才能保证电力系统安全可靠地运行。研究各种过电压的起因，预测其幅值，并采取措施加以限制，这是确定电力系统绝缘配合的前提，对于电工设备制造和电力系统运行都具有重要意义。

过电压是指工频下交流电压均方根值升高，超过额定值的 10%，并且持续时间大于 1 min 的长时间电压变动现象。过电压的出现通常是负荷投切的瞬间的结果，正常使用时在感性或容性负载接通或断开情况下发生。例如：切断某一大容量负荷或向电容器组增能（无功补偿过剩导致的过电压）。

3. 电网的额定电压

同一电压级别下，各种设备的额定电压并不完全相等，为了使各种相互连接的电气设备都能运行在较有利的电压下，各电气设备的额定电压之间存在相互配合的问题。为此将电力线路的额定电压和系统的额定电压统一，把它称为电网的额定电压。

4. 电气设备的额定电压

所谓电气设备额定电压就是电气设备能够长时间工作的最适合的电压。此时电气设备中的元器件都工作在最佳状态，只有工作在最佳状态时，电气设备的性能才能比较稳定地发挥，电气设备的寿命在这样的工作电压下才得以延长。

变压器的额定电压较为复杂，一次绕组与系统的额定电压相同，二次绕组比系统的额定电压高10%，如果变压器的短路阻抗小于7%或直接与用户连接时，则规定比系统的额定电压高5%。

（四）建立统一的电力系统的优点

1. 降低最高负荷

因为在同一电网中，当某一地区出现用电高峰时，另一地区可能是用电低谷，电网中总电能需求量的增加或减少是很少的，此时电网是不需额外增加电能供给的。电网越大、容量越大，出现上述情况的可能性越多，越容易调节。因此可以相对减少发电机的装机容量。

2. 减少备用容量

只要各电厂错开检修时间，就可以利用系统中的有些发电厂作为备用机组互相支援，不必每个电厂都装备用机组，这样就减少了总的备用容量。

3. 提高供电的可靠性和电能质量

由于电网越大，上网供电的发电机组越多，系统容量也越大，个别机组的容量占整个电网容量的比重相对较小，所以故障时对系统的影响较小，因而提高了供电的可靠性和电能的质量（频率、电压）。

4. 提高发电设备的经济运行

充分利用水电厂在电力系统中起着调峰的作用，这样可以使高效率的大机组得到充分地利用。

（五）电力系统的中性点

我国110 kV及以上电网一般采用大电流接地方式，即中性点有效接地方式（在实际运行中，为降低单相接地电流，可使部分变压器采用不接地方式）。这样中性点电位固定为地电位，发生单相接地故障时，非故障相电压升高不会超过1.4倍运行相电压，暂态过电压水平也较低，故障电流很大，漏电保护能迅速动作跳闸，切除故障，系统设备承受过电压时间较短。因此，大电流接地系统可使整个系统设备绝缘要求水平降低，从而大幅降低造价。

现行水利电力部制定的《电力设备接地设计技术规程》（SDJ 8）规定：3～60 kV系统，当单相接地电流大于30 A时；20 kV以上电网中，接地电流大于10 A时，则采取中性点经消弧线圈接地的运行方式。110 kV及以上的系统，一般采取中性点直接接地的运行方式。对于380/220 V低压配电网络，为得到两个不同的电压级也采取中性点直接接地的三相四线制。

对于电网系统的设备来说其中性点的运行方式不同，技术特性和工作条件也不同。这样对整个电网系统运行的可靠性及其设备的绝缘和继电保护不同。这是一个影响到经济和技术并由各方面因素决定的综合性问题。

1. 中性点不接地系统

我国 3 ~ 10 kV 系统，大多采用中性点不接地的运行方式。这主要是因为电压等级不高，单相接地时，虽然非故障相电压升高 $\sqrt{3}$ 倍，但设备的绝缘是根据系统的线电压设计的，对设备绝缘影响不大。当单相接地时系统可以允许继续运行两小时，这就为查找故障赢得了时间，大大提高了供电的可靠性。系统故障的 70% 以上是接地故障，对线路的损害主要是由接地点的电容电流造成的。

正常运行时，三相系统是对称的，用 $\dot{I}_{CA}$、$\dot{I}_{CB}$、$\dot{I}_{CC}$ 表示各相对地电容电流，$\dot{I}_{C0}$ 表示对地总的电容电流，同时不考虑相间电容，如图 1-2（a）所示。

1）系统正常运行

系统正常运行时，理想情况下，负荷是对称的。那么三相电压 $\dot{U}_A$、$\dot{U}_B$、$\dot{U}_C$ 是对称的，中性点的电位为零。各相对地电容电流也是对称的（各相对地的电容是相等的），即 $\dot{I}_{CA}=\dot{I}_{CB}=\dot{I}_{CC}=\dot{I}_{C0}=0$。[图 1-2（b）为 A 相电流向量图；图 1-2（c）为电容电流向量图]。

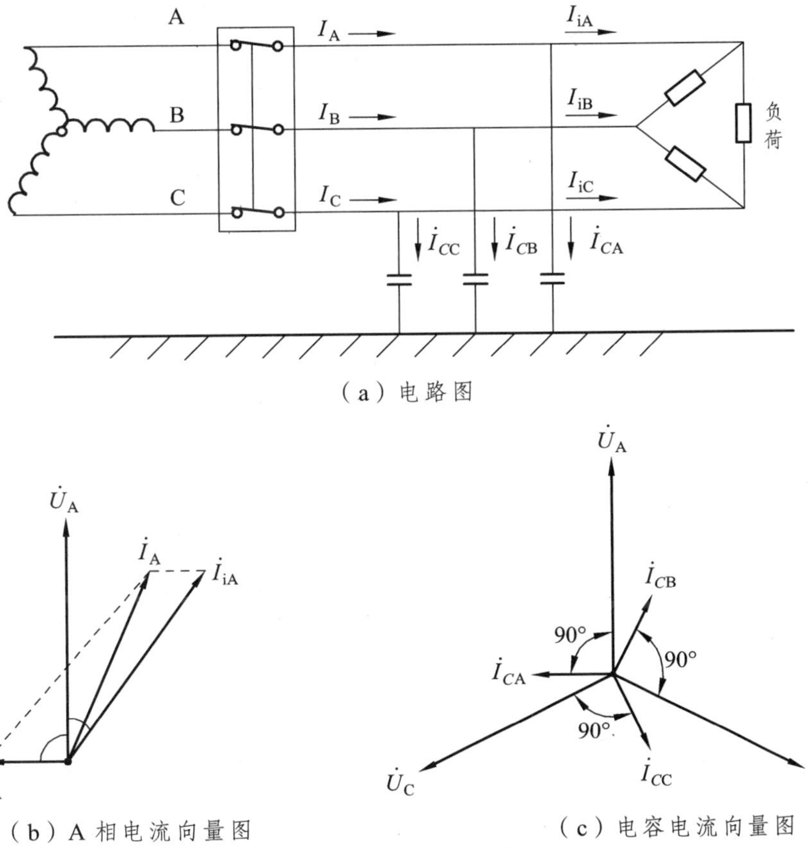

（a）电路图

（b）A 相电流向量图

（c）电容电流向量图

图 1-2　正常运行时，中性点不接地的三相系统图

2）系统发生单相接地故障

当任何一相（例如 C 相）绝缘受到破坏而接地时的电路图，如图 1-3（a）所示。此时，C 相对地的电压变为零，中性点电位偏移，未故障两相对地的电压升高 $\sqrt{3}$ 倍，即变为线电压。C 相发生完全接地时的向量图，如图 1-3（b）所示。由图可以确定各相对地的电压 $\dot{U}'_A$、$\dot{U}'_B$、$\dot{U}'_C$ 的大小和方向：

$$\dot{U}'_A=\dot{U}_A+(-\dot{U}_C)=\dot{U}_A-\dot{U}_C=\dot{U}_{AC}$$

$$\dot{U}'_B = \dot{U}_B + (-\dot{U}_C) = \dot{U}_B - \dot{U}_C = \dot{U}_{BC}$$

$$\dot{U}'_C = \dot{U}_C + (-\dot{U}_C) = 0$$

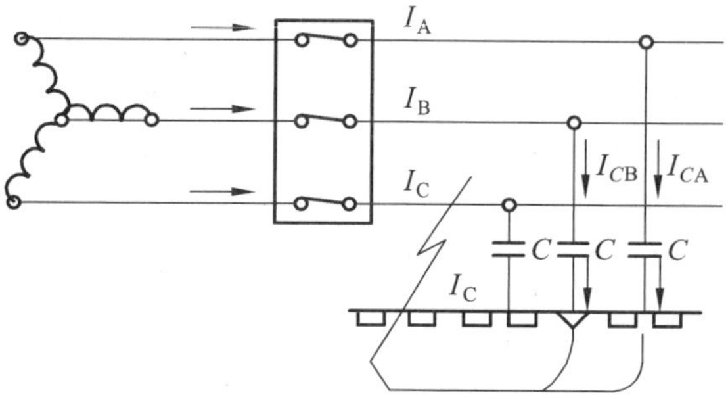

（a）电路图

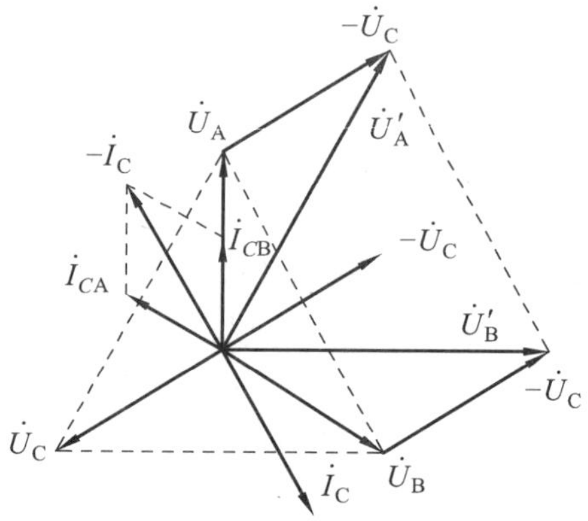

（b）向量图

图 1-3　C 相发生接地时，中性点不接地的三相系统图

从图 1-3（b）可以确定，$|\dot{U}'_A| = |\dot{U}'_B| = \sqrt{3}|\dot{U}_A|$，$\dot{U}'_A$ 和 $\dot{U}'_B$ 之间的夹角为 60°，A、B 两相对地电压值升高 $\sqrt{3}$ 倍，这样其对地电容上所加的电压也升高 $\sqrt{3}$ 倍。所以，对地电容电流也较正常时的电容电流 $\dot{I}_{C0}$ 升高 $\sqrt{3}$ 倍。根据图中可确定非故障相对地的电容电流，而 C 相对地的电容电流为零，因为 C 相对地的电容被短路了。

设电流的正方向是由电源到电网，则可得出通过 C 相接地点的电流（简称接地电流）$\dot{I}_C = -(\dot{I}'_{CA} + \dot{I}'_{CB})$，$\dot{I}'_{CA} = \dot{I}'_{CB} = \sqrt{3}\dot{I}_{CA} = \sqrt{3}\dot{I}_{CB} = \sqrt{3}\dot{I}_{C0}$，由于 $\dot{I}'_{CA}$ 和 $\dot{I}'_{CB}$ 是电容电流，故分别超前 $\dot{U}'_A$ 和 U'_B 90°，因而 $\dot{I}'_{CA}$、$\dot{I}'_{CB}$ 两电流之间的夹角也是 60°，将它们相加即得 $-\dot{I}_C$。C 相接地电流 $\dot{I}_C$ 为电容电流，故 $\dot{I}_C$ 超前电压 $\dot{U}_C$ 90°。由向量图可得

$$I_C = \sqrt{3}I'_{CA} = \sqrt{3}I'_{CB}$$

$$I'_{CA} = I'_{CB} = \sqrt{3}I_{C0}$$

所以　$$\dot{I}_C = 3\dot{I}_{C0} \qquad (1\text{-}1)$$

由（1-1）式可知，单相接地电流等于正常时一相对地电容电流的 3 倍。

若已知每相的对地电容 C，则可得到

因为　$$X_C = \frac{1}{\omega C} \times 10^{-3}$$

所以　$$I_C = 3I_{C0} = 3U_\varphi \omega C \qquad (1\text{-}2)$$

式中　U_φ——正常运行时的相电压，kV；

ω——角频率，rad/s；

C——相对地的电容，F；

X_C——对地电容的容抗，kΩ；

因此，接地电流 $\dot{I}_C$ 的值与网络的电压、频率和每相对地的电容有关，而每相对地的电容与电网的结构（电缆、架空线）和线路的长度有关。在实用中，接地电流可近似地用下式计算：

架空线路　$$I_C = \frac{Ul}{350} \qquad (1\text{-}3)$$

电缆线路　$$I_C = \frac{Ul}{10} \qquad (1\text{-}4)$$

式中　U——电网的线电压，kV；

l——线路长度，km；

I_C——接地电流，A。

非金属接地模块分为：烧制型非金属接地模块与压制型非金属接地模块。非金属接地模块是一种以导电非金属材料为主的接地体，是用于降低接地电阻的专用产品，适用于各种类型的土壤环境，在高土壤电阻率地区应用更具有显著的优越性。与传统接地体相比，具有降阻效率高、接地电阻稳定、减少地电位反击、使用寿命长、抗腐蚀、无毒环保、施工安装方便等优点，广泛适用于防雷接地、安全保护接地、交流工作接地、直流工作接地、防静电接地、屏蔽接地及其他特殊接地。压制型接地模块缺点：运输施工时容易碎，在地下容易受天气变化影响，模块与扁钢连接不好造成电阻升高。烧制型模块具有不变形、不会碎、无污染、长寿命、性能稳定等特点，是理想接地材料，唯一的不足是成本高。

非金属性接地（包括经过一定电阻或消弧线圈接地）时，接地相对地的电压大于零而小于相电压，非接地相对地的电压则大于相电压而小于线电压。

由前面分析可知，在中性点不接地的系统中发生单相接地时，网络非故障相线电压的大小和相位差仍维持不变，在这种系统中相对地的绝缘水平是根据线电压设计的，虽然未故障相的相电压会升高 $\sqrt{3}$ 倍，但对设备的绝缘没有多大影响。因而中性点不接地系统在发生单相接地时，可以继续运行。但是，不允许长期运行，因为长期运行时可能引起未故障相绝缘薄弱的地方损坏而造成相间短路。为此，在这种系统中，一般都装设专门的绝缘监察装置，以监视有无接地故障发生。中性点不接地系统中发生单相接地时，按规定一般允许暂时继续运行不超过两小时。

2. 变压器中性点不接地系统的优、缺点

工业生产用电是三相 380 V 的，其中有一条中性线是从发电机的中性点引出来，此中性点接到地上，称为“零线”。常用的电力系统分为两种，一种是中性点接地，一种是中性点不接地。至于中性点要不要接地，这取决于技术上和安全上的要求，它们各有不同的特点。

中性点直接接地的系统属于较大电流接地系统，一般通过接地点的电流较大，可能会烧坏电气设备。发生故障后，继电保护会立即动作，使开关跳闸，消除故障。目前我国 110 kV 以上系统大部分采用中性点直接接地。对于不同等级的电力系统中性点接地方式也不一样，一般按下述原则选择：220 kV 以上电力网，采用中性点直接接地方式；110 kV 接地网，大部分采用中性点直接接地方式，少部分采用消弧线圈接地方式；20 ~ 60 kV 的电力网，从供电可靠性出发，采用经消弧线圈接地或不接地的方式，但当单相接地电流大于 10 A 时，可采用经消弧线圈接地的方式；3 ~ 10 kV 电力网，供电可靠性与故障后果是其最主要的考虑因素，多采用中性点不接地方式。

中性点有电源中性点与负载中性点之分，它是在三相电源或负载按 Y 形连接时才出现。对电源而言，凡三相线圈的首端或尾端连接在一起的共同连接点，称电源中性点，简称中点；而由电源中性点引出的导线便称中性线，简称中线，常用 N 表示。三相四线制中性点不接地系统和三相四线制中性点接地系统在一般情况下，当中性点接地时，则称为零线；若不接地时，则称为中线。配电系统中，为防止电网遭受过电压的危害，通常将变压器的中性点，变压器的外壳，以及避雷器的接地引下线共同于一个接地装置相连接，又称三点共同接地。这样可以保障变压器的安全运行。当遭受雷击时，避雷器动作，变压器外壳上只剩下避雷器的残压。

（1）优点：采用变压器中性点不接地系统，由于限制了单相接地电流，对通信的干扰较小；另外单相接地可以运行一段时间，提高了供电的可靠性。

（2）缺点：采用变压器中性点不接地系统，当一相接地时，另两相对地电压升高 $\sqrt{3}$ 倍，易产生间隙性电弧，使绝缘薄弱地方击穿，从而造成两相接地短路。

3. 中性点直接接地系统

将系统的中性点直接接地也是防止单相接地时产生间歇电弧过电压的一种方法，如图 1-4 所示。由于单相短路电流很大，因而零序保护灵敏，继电保护装置能可靠动作，将接地的线路切除，使系统的其他部分恢复正常运行。这样在发生单相接地时，就不会产生间歇电弧。同时，因中性点电位为接地体所固定，非故障相对地的电压不升高，因而各相对地的绝缘水平只需按相电压考虑，这就降低了设备对绝缘的要求。设备的绝缘要求降低，实际就降低了高压电气设备的造价。所以 110 kV 以上的超高压系统，一般采取中性点直接接地的方式。

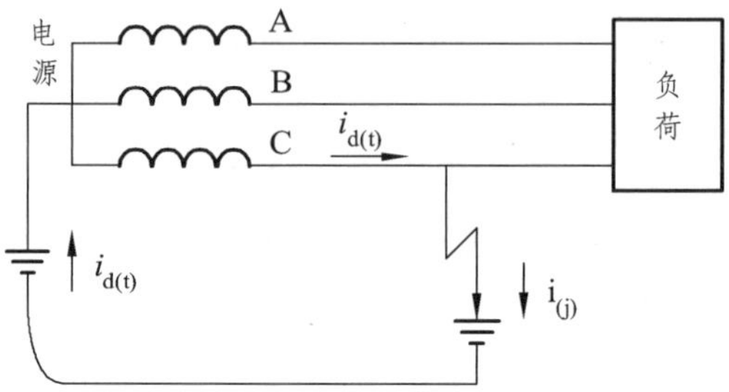

图 1-4 中性点直接接地系统图

中性点直接接地系统的缺点：

（1）单相接地时，短路电流值很大，故障被切除前将引起电压降低，会影响系统的稳定。另外，由于强大的短路电流的导体周围形成较强的单相磁场，使邻近的电子设备受到干扰。例如城轨交通的信号和通信设备。因此，在大容量的电力系统中，为了减小单相短路电流，也有采用中性点经电抗器接地的（这样可限制单相短路电流值，不过却损失了部分零序保护的灵敏度）。

（2）在发生单相接地时，由于必须断开故障线路，用户供电不得不中断。为了克服这一缺点、提高供电的可靠性，在中性点直接接地系统中，普遍地装设了自动重合闸装置（ZCH）。当发生单相接地故障时，在继电保护的作用下断路器自动断开，经一定延时后再自动重合，若故障消除，用户供电即可得到恢复。如果单相接地为永久性的，则继电保护将再次断开断路器，这样供电设备还要遭受二次故障电流的损害。对于重要的一类负荷，为保证不间断供电，则应另装设备用电源。

4. 变压器中性点接地系统的优缺点

（1）优点：对电源中性点接地系统，若发生某单相接地，另两相电压不升高，这样可使整个系统绝缘水平降低；另外，单相接地会产生较大的短路电流，从而使保护装置（继电器、熔断器等）迅速准确地动作，提高了保护的可靠性。

（2）缺点：对电源中性点接地系统，由于单相短路电流很大，开关及电气设备等要选择较大容量，并且还能造成系统不稳定和干扰通信线路等。

5. 各种电压等级供电线路的接地方式

（1）在 110 kV 及以上的高压或超高压系统中，一般采用中性点直接接地系统，其目的是为了降低电气设备绝缘水平，提高继电保护的灵敏性，免除由于单相接地后继续运行而形成的不对称性。

（2）工厂供电系统采用电压在 1 ~ 35 kV，一般为中性点不接地系统，因工厂供电距离短，对地电容小，单相接地电流小，这样允许运行一段时间，提高了系统的稳定性和供电可靠性，对通信干扰小。

（3）1 kV 以下的供电系统（380/220 V），除某些特殊情况下（井下、游泳池），绝大部分是中性点接地系统，主要是为了防止绝缘损坏而遭受触电的危险。

二、66 kV 供电系统

66 kV 供电系统采用主变电所 66 kV 进线电源。

地铁线路通常设有两座以上的主变电所，它们的 66 kV 电源取自市网的不同变电所，是不同源的。通常情况下，一座主变电所由同一个市网变电站取两路 66 kV 电源，或取自不同地区变电所的各一段母线。

（一）一次接线及要求

变电所的电气主接线，是由特定符号表示的各种电气设备及其连线和母线所组成的输送和分配电能的电路，主接线图通常也称为一次接线图。

主接线的确定对变电所电气设备的选择、继电保护装置的配置以及运行的可靠性和经济性有着重要的影响。

1. 对主接线的基本要求

（1）根据上级电网结构和用户的要求，应保证供电的可靠性和电能质量。

（2）接线应力求精简、明晰，方便调度和操作。无多余的设备，尽可能减少操作次数，避免发生误操作。

（3）倒闸操作方便，能保障工作人员以及设备的安全。

（4）检修维护方便，能保障检修工作的安全进行。

（5）应使接线的投资和运行的费用最经济，具备扩建的可能性。

2. 一次接线图标画法

主接线图和其他电路图不同，图中以单根连线代表交流电的三相导线，根据实际工作需要，在主接线图上可注明设备的型号、规格或不注型号、规格。如果仅画出主要一次设备，可作为倒闸操作用的模拟图。主接线的基本环节是变压器、引出线、断路器、闸刀和母线。

（二）主变一次接线

城轨主变电站 66 kV 一次接线通常有三种接线方式：

（1）内桥接线方式。此种接线方式供电灵活性较好，两路电源互为备用。当一路电源故障退出运行时，可以通过桥断路器，实现另一路电源同时供两台变压器。

（2）线路变压器组接线方式。此种接线方式供电灵活性比内桥接线方式稍差。当一路电源故障退出运行时，另一路电源则能继续供给主变电站原供电区域中的负荷。

（3）环进环出线路变压器组接线方式。此种接线方式兼顾了地区高压配电作用，有利于城市电网电源与电源之间的联络，提高了地区电网可靠性，但增加了主变电站工程的投资。如图 1-5 所示。

如果上级变电所的馈线继电保护范围延伸至本线路及降压变压器低压侧时，允许在变压器的高压侧只装隔离开关。如果变电所中短路电流不超过高压熔断器的遮断容量时，允许采用高压熔断器来保护主变压器。但是当变压器故障或检修时，整个线路必须停止工作，而环进环出线路变压器组接线方式就可避免这样的情况，只需断开变压器开关即可。环进环出线路变压器组也可以满足电力系统有穿越性功率经过环进环出开关。这些是环进环出线路变压器组接线方式的优越性。

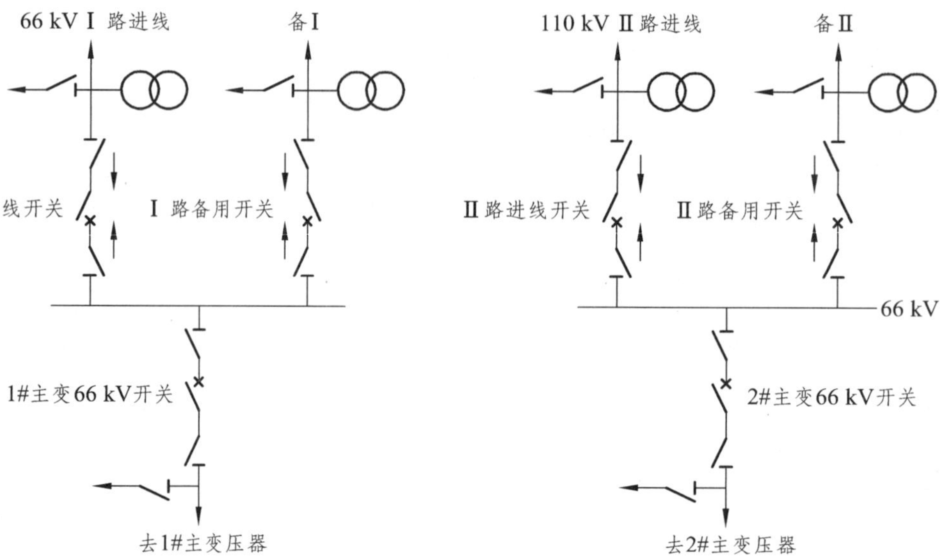

图 1-5　环进环出线路接线

环进环出线路变压器组接线：因为进线和联络开关相当于市电网在本站的延伸，于是变压器开关相当于直接和市电网线路连接，故称这种接线方式为环进环出线路变压器组接线方式，实际上是线路变压器组接线方式的一种。这种接线方式高压侧和线路变压器组接线方式相比多了环进环出开关，虽然用的电气设备较多，但留出了发展的空间。

三、35 kV 供电系统

35 kV 供电系统指连接主变电站和各城轨牵引、降压变电站的 35 kV 环网，由城轨牵引和降压变电站，以及 35 kV 断路器和变压器等构成。系统中性点采用接地变绕组经电阻接地的小电流接地形式，接线方式有两种形式：一种是接地变压器（以下简称“接地变”）接在主变压器（以下简称“主变”）35 kV 母线上的，另一种是接在 35 kV 出线侧，最后经接地电阻接地。

1. 城轨主变电站 35 kV 一次接线

图 1-6 所示为 4#线主变 66 kV 和 35 kV 接线图，其中 66 kV Ⅰ段和Ⅱ段、35 kV Ⅰ段和Ⅱ段分别为单母线接线，35 kV Ⅲ段和Ⅳ段为单母线分段接线，在大多数城轨主变中 35 kV 接线方式一般都为单母线分段接线。

图中 4#线主变通过 35 kV Ⅰ/Ⅱ段向 6#线站供电，而该主变所辖 4#线负荷通过 35 kV Ⅲ/Ⅳ段母线馈出，正常运行时，Ⅲ/Ⅳ段母线 35 kV 分段开关处于分闸状态，自切装置投入。当 I/II 段母线故障时，主变压器 35 kV 开关跳闸，35kV Ⅰ/Ⅱ段母联开关跳闸，35kV Ⅲ/Ⅳ段分段开关自切。此时 6#线开关站负荷自动被切除，保证 4#线负荷供电。当Ⅲ/Ⅳ段母线故障时，35kV Ⅰ/Ⅱ段母联开关跳闸，35 kV Ⅲ/Ⅳ段分段开关不自切，此时 6#线馈线开关仍能保证供电。由此可以看出这样的接线方式使得 4#号线和 6#号线的供电运行相互之间干扰最少。

2. 中心变电站 35 kV 接线

中心变电站 35 kV 为线路变压器组接线，是从主变电站的 35 kV Ⅰ/Ⅱ段母线上各引入一路电源构成线路变压器组接线方式，35 kV Ⅰ/Ⅱ路电源经动力变压器降压至 10 kV，供给 10 kV Ⅰ/Ⅱ段母线，并和各个降压变电站 10 kV 侧构成 10 kV 环网供电系统，如图 1-7 所示。

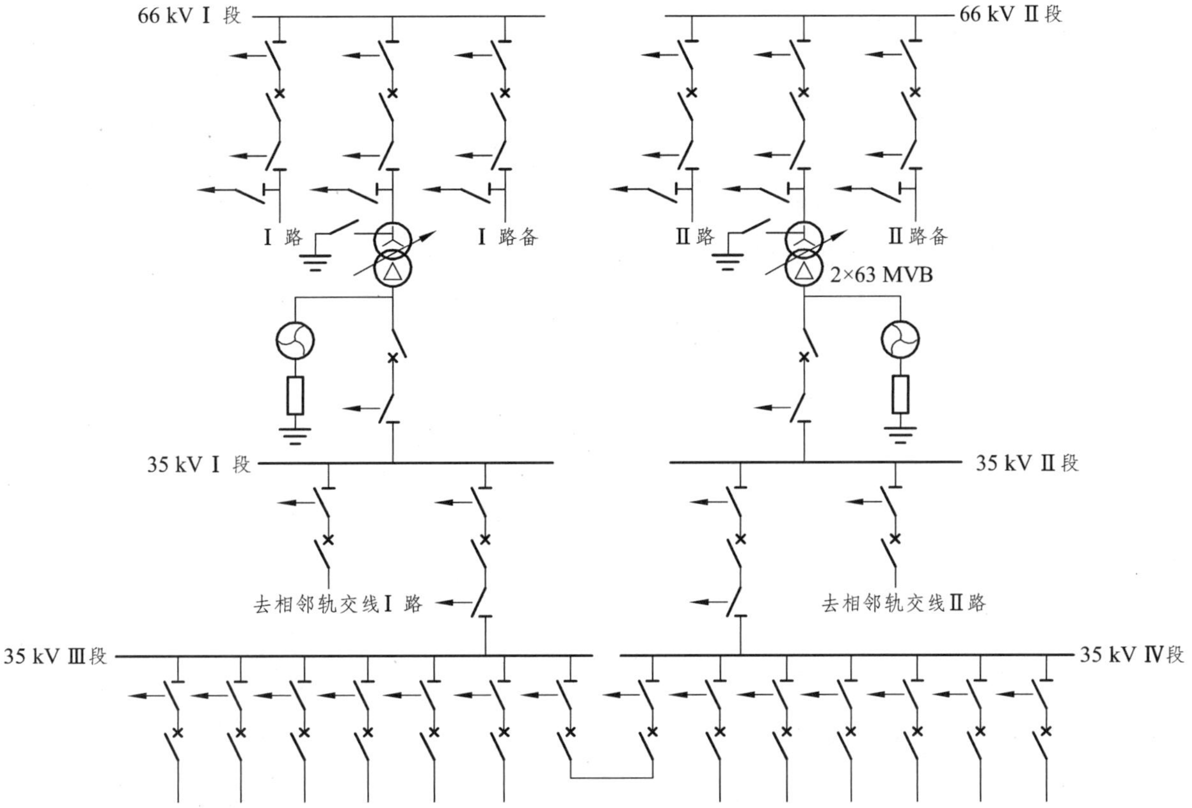

图 1-6 城轨主变电站 35 kV 一次接线图

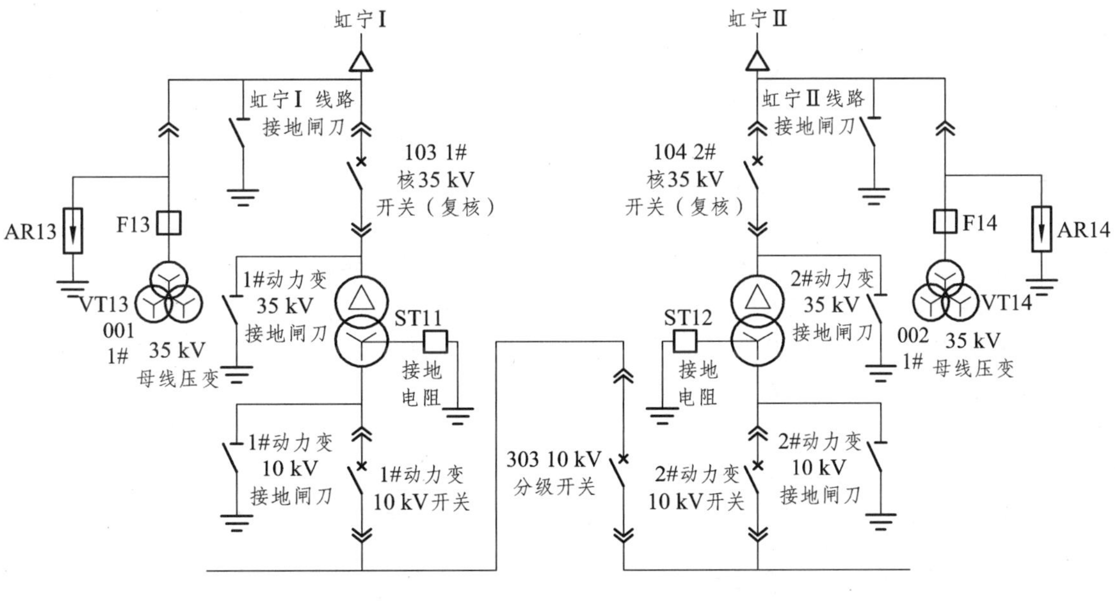

图 1-7 中心变电站 35 kV 接线

这种接线是在单母线的基础上将母线分为两段，由分段开关进行连接，称为单母线分段接线。Ⅰ/Ⅱ段母线上分别接 10 kV 进线、馈出线和电力变开关。当其中一段母线或分段开关小车需要清扫、维修时，可以拉开分段开关，摇出分段开关小车至检修位置，则另一段母线仍可照常工作。如果有一段母线发生故障，继电保护装置可迅速跳开 10 kV 电力变开关和故障母线上的电源开关；而没有故障的一段母线仍能继续工作。这样可达到很高的供电可靠性。

目前，有些城轨降压变电站 10 kV 分段开关的自切功能正常运行时一般都是退出的。

四、0.4 kV 供电系统

降压变电站 0.4 kV 接线为单母线分段接线，如图 1-8 所示。这种接线方式的最大优点是供电可靠性高，任何一路失电，0.4 kV 分段开关都会自切，保证失电段正常供电。与主变 35 kV 接线不同的是在 0.4 kV Ⅰ/Ⅱ段母线上专门设有三类负荷开关，将所有三类负荷的出线都归纳其下，当 0.4 kV 分段开关自切时，失电段的三类负荷被自动切除，保证重要负荷的供电。另外在 0.4 kV Ⅰ/Ⅱ段母线上还各设有补偿电容器组，根据本站 0.4 kV 电力系统无功负荷情况自动进行补偿。当功率因数低于 0.8 时自动逐步投入电容器组，当功率因数高于 0.95 以上时，自动逐步退出电容器组。

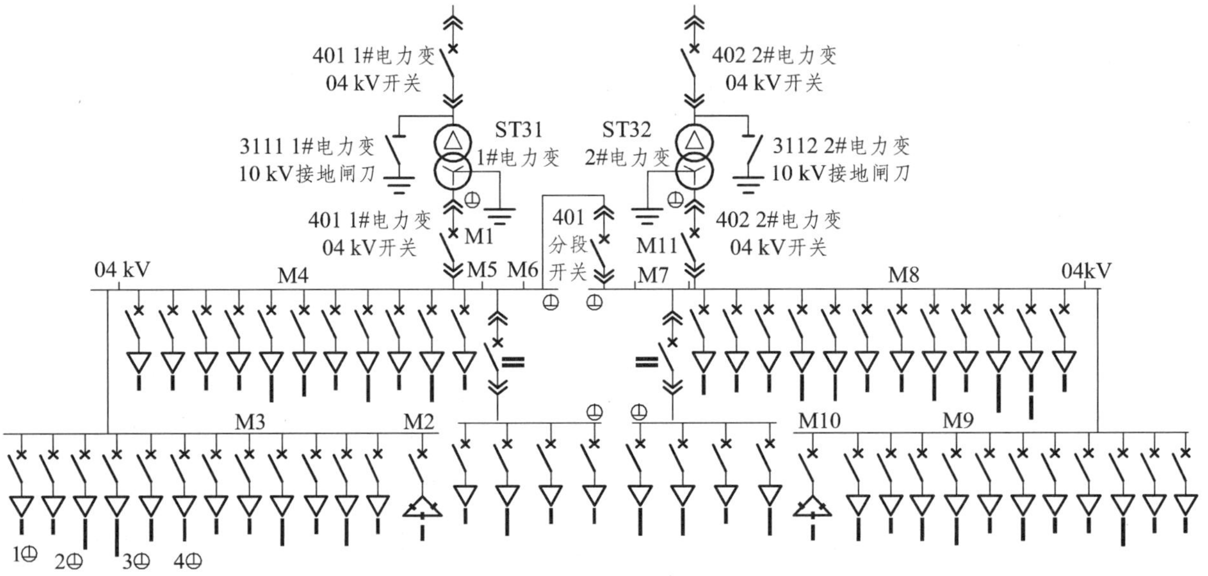

图 1-8 降压变电站 0.4 kV 母线接线图

五、直流开关网络直流供电系统

如图 1-9 所示，整流器的正端通过正极闸刀将直流电送到 1 500 V 正母线，正母线通过四台直流高速开关和触网闸刀将直流电分别送到上、下行触网，供给电客列车。电客列车又将回流电通过车轮、钢轨和回流电缆将回流电送到回流箱，再由回流箱将回流电送回整流器负端。为了防止操作过电压对设备造成破坏，在整理器正、负极之间并接避雷器。而 1 500 V 正母线上的避雷器是为了防止雷电浪涌而安装的。

从图 1-9 可以看出，这种接线存在以下缺点：

（1）当 1 500 V 直流母线发生故障或要清扫、检修时，就要全部停电。

（2）当连接在母线上的四台直流高速开关柜中的任何一台需要维修时，需要全部停电。

（3）修理任何一台直流高速开关小车时（211 ~ 214），直流高速开关所在的线路一定要停电。

这种接线存在的优点：

（1）接线结构简单、清晰、操作简便，并且直流高速开关小车与开关柜之间容易做成可靠的联锁，可以避免发生误操作。这种接线投资少，运行费用相对较低。

（2）无论在上行线或下行线触网上都有绝缘分段器，分别接在上行线和下行线的两台触网闸刀之间，并且和触网联络闸刀（2131 或 2124）并接在一起，当该牵引站因故退出运行时，可以合上触网联络闸刀，使得分段绝缘器两边的触网连接在一起，实行大双边供电方式，保证了供电点的连续可靠性。

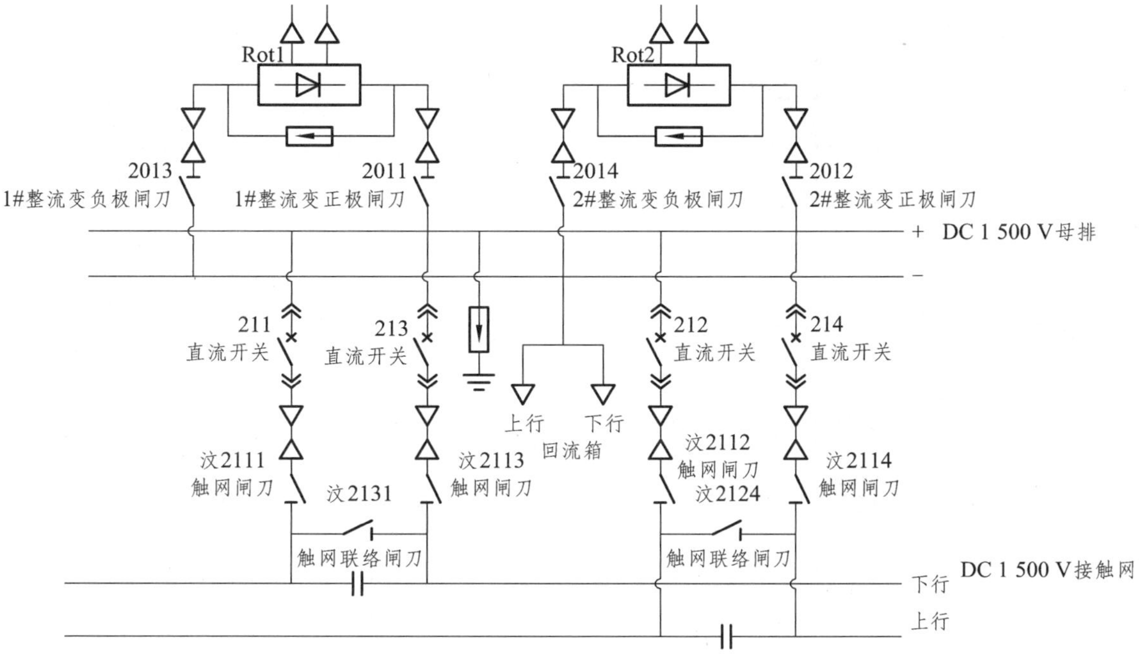

图 1-9　1500 V 直流母线接线图

（3）为了维护和检修方便，每个牵引站的上下行线路都各设有两台分段绝缘器，能够使得直流牵引系统故障不会被扩大，便于直流牵引系统的继电保护。主要有以下两个方面：

① 当故障时，两个牵引站的直流高速开关发生联跳，故障就被限制在两个绝缘分段之间，不会扩大，便于查找。

② 在确定直流高速开关保护整定值时，只需考虑两个绝缘分段器之间所有列车运行的工况，而不需全线的运行列车。这样更容易识别故障电流和正常电流的区别。

六、城轨供电系统的环网

（一）环网概念

城轨供电系统属于集中受电，一条线路通常有两座或两座以上主变电站，各自从不同源的市电网接受两路电源，经 1#和 2#主变降压，分别通过其 35 kV Ⅰ/Ⅱ段母线对所辖负荷构成两路供电网络，在这个网络中各牵引变电站或混合变电站相互之间都有联络线，形成相互连接的网络。各牵引变电站或混合变电站除了向主变接受电源以外，还可以通过联络线向邻站接受电源；同样也可以向邻站馈出电源。这样的一种接线形式就称为环网。如图 1-10（a）和图 1-10（b）所示。正常运行时，主变电站 35 kV Ⅰ/Ⅱ段母线对所辖负荷构分别供电。

随着城轨交通的发展，对供电需求和可靠性的要求越来越高，已经逐步有了跨线的供电环网，如上海地铁的 4# 线和 6# 线的 35 kV 供电环网，9# 线和将来的 15# 线供电环网。这种环网可以提高供电的可靠性，相对节省投资。缺点是继电保护将变得复杂和困难，变压器的备用容量应选取得较大。

（二）城轨供电系统 35 kV 环网

1. 环网形式

一般来讲城轨交通 35 kV 供电系统的环网主要有图 1-10（a）和 1-10（b）两种。图 1-10（a）

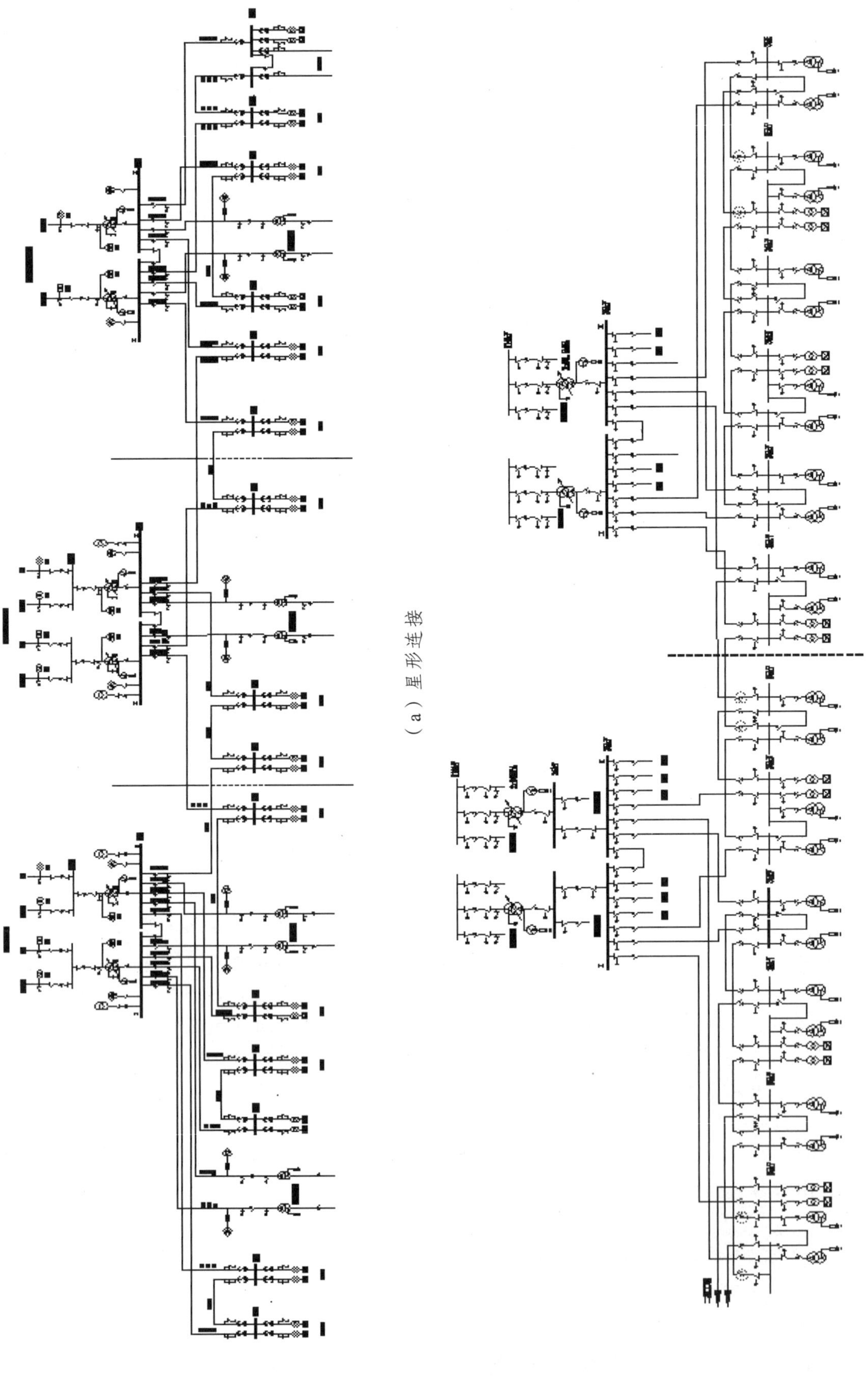

（a）星形连接

（b）串联型连接

图 1-10 城轨供电系统 35 kV 环网

称作星形连接，主变对于牵引变电站和中心降压站的供电直接从其 35 kV Ⅰ/Ⅱ段母线分别引出，有几个牵引变电站就引出几条供电线路，有几个中心降压站就分别从主变 35 kV Ⅰ/Ⅱ段母线各引出几条线路（一个中心站 35 kV Ⅰ/Ⅱ段共有两条电源线路）。这样对于一座主变站 35 kV 系统来讲就有 35 kV Ⅰ段和Ⅱ段供电网络，正常运行时各自负责所管辖的负荷供电。

为确保列车运行的供电可靠，设一座牵引变电站。当某一座牵引变电站进线电源因故退出时，相邻的牵引变电站通过联络线能进行支援，由此就构成了相互支援的供电网络，不会因一座牵引变电站进线电源失电而影响对列车的供电，从而有力地保证了供电的可靠性。对于图 1-10（a）这种类型（星形连接），如果第一座牵引变电站是从主变电站 35kV Ⅰ段受电，那么第二座牵引变电站就从主变电站 35 kV Ⅱ段受电，每座牵引变电站都有一路和邻站相连的 35 kV 线路作为备用电源。当某一座牵引变电站进线电源线路因故退出运行，就可以投入备用电源线路，即联络线路。如果某一 66 kV 进线电源或一座主变压器因故退出运行，可以通过两个主变电站 35 kV 系统 Ⅰ/Ⅱ段网联开关进行跨区域供电，保证因故退出的主变电站所辖负荷的供电。

图 1-10（b）称作串联型连接，它的特点（和星形接线相比）是从主变 35 kV Ⅰ/Ⅱ母线馈出的线路较少，一般有两三路，优点是投资节省。如图 1-10（b）可以看到从主变 35 kV Ⅰ/Ⅱ母线上分别馈出一路线送至牵降混合变电站的 35 kV Ⅰ/Ⅱ母线，然后由牵引引降压混合变电站 35 kV Ⅰ/Ⅱ馈出线开关分别再将Ⅰ/Ⅱ段电源送至下一站的 35 kV Ⅰ/Ⅱ母线，这样一站接一站地往下送，直至本区域供电的末端站。这样的接线方式缺点是只要中间有一个节点故障，后面几个站的供电都将受影响。

为此牵引降压混合变电站的 35 kV Ⅰ/Ⅱ母线分段开关，正常运行时是处于热备用状态。如果牵引降压混合变电站的 35 kV 进线电源线路故障，分段开关自切，由无故障的一段担负本站或本供电区域内失电段的牵引和一、二级负荷的供电。此时下一级牵引降压变电站的 35 kV 分段开关则不能合闸。各站 35 kV 分段开关自切配合时间为

$$T_n = I + n \times 0.5$$

式中　n——本供电区域末端第 n 座变电站（$n = 1$、2、3、4…）；

T_n——本供电区域末端第 n 座牵引降压混合变电站的分段开关自切时间；

T——主变电站 35 kV 分段开关自切时间，$T = 0.3$ s。

对于图 1-10（b）串联型接线，如果某一 66 kV 进线电源或一座主变电站因故退出运行，同样可以通过两个主变电站 35 kV 系统 Ⅰ/Ⅱ段网联开关进行跨区域供电，保证因故退出的主变电站所辖负荷的供电。但被跨区域供电的变电站 35 kV 分段开关自动切换功能应退出，以防止两个不同源的电源意外并网。

2. 环网的跨区域供电及相互支援

电力支援的方法是通过合上 35 kV Ⅰ段或Ⅱ段网联开关，使得相邻主变电站的电力跨区送到因故失电区域。网联开关通常位于供电区域分界线的两侧，正常运行时被置于冷备用或非自动状态。需要投入运行时，需先调整各级开关继电保护整定值，然后由调度发令进行倒闸操作。对于图 1-10（a）来说 35 kV Ⅰ段或Ⅱ段网联开关分别在供电区域分界线两侧的两个牵引变电站，如果要投入 35 kV Ⅰ段网联开关，则合上分界线左侧牵引站的网联开关，如果是Ⅱ段的，就合上右侧牵引站的。需要注意的是，一旦进行跨区环网供电，主变电站 35 kV 分段开关必须处于冷备用或非自动状态，以防止非同源的电源意外合并。而对于图 1-10（b）来说 35kV Ⅰ段或Ⅱ段网联开关分别在供电区域分界线一侧的同一个牵引降压变电站，如果要投入 35 kV Ⅰ段或Ⅱ段网联开关，可分别合上牵引降压变电站的 35 kV Ⅰ段或Ⅱ段网联开关。同样也要注意，一旦进行跨区环网供电，被跨区域供电的变电站 35 kV 分段开关必须处于冷备用或非自动状态，以防止非同源的电源意外合并。

一条轨道交通线通常有两至三座主变电站，它们都有各自的供电区域，正常运行时区域内主变

各自的供电网络互不相连，但当某主变电站的进线电源或主变压器因故退出运行时，就需要相邻主变电站的电力支援，而不是通过本站 35 kV 分段开关合闸来实现对失电段供电。因为在本站供电的运行方式下，其备用电源不具备 $N-1\geqslant 1$ 的要求（N 为引入的电源数量，包括备用的），连续供电的可靠性不高。

3. 跨区域供电情况下的继电保护

一般来说整个 35 kV Ⅰ/Ⅱ段环网供电系统的各级开关共设有三组继电保护整定值，第一组为正常运行方式的整定值；第二组为非正常运行方式整定值，此时左侧主变电站 35 kV Ⅰ段或Ⅱ段进线电源退出运行，由右侧主变电站 35 kV Ⅰ段或Ⅱ段跨区域向左侧失电区域供电；第三组也为非正常运行方式整定值，此时右侧主变电站 35kV Ⅰ段或Ⅱ段进线电源退出运行，由左侧主变电站 35 kV Ⅰ段或Ⅱ段跨区域向左侧失电区域供电。注意：在改变运行方式之前必须先改变失电区域各级开关的整定值。

环网继电保护每一组的配置主要有：主保护为线路纵差；后备保护为过流、零序和失压，其中过流和零序各自又可以根据需要分为一阶段和二阶段。

课后习题

一、填空题

（1）直流供电馈线柜的保护有________、________、________、________、________、________、________。

（2）直流供电柜在系统中起直流电能的________、________、________、________作用。

（3）停电拉闸操作的顺序依次是________、________、________。

（4）直流断路器的控制保护功能有________，________，电容快速脱扣，静态脱扣，机械顶杆脱扣，________。

（5）直流供电系统由中压进线隔离开关、中压断路器、变压器、________、________、________、________这几部分构成。

（6）在牵引变电所内通过整流变压器将________电压降到________电压，经整流器转换成________电压向接触网供电。

二、判断题

（1）直流馈线的三段式电流保护由瞬时过电流，过流延时、过流速断三段构成。（　　）

（2）在运行电流互感器二次回路工作时，严禁将电流回路断开，在运行的电压互感器二次回路上工作时，严格防止短路和接地。（　　）

（3）钢轨电位限制装置是检测交流设备漏电电流的。（　　）

（4）数字电压表除显示一组轨电位实时数字外，还有一组数字显示轨电位的最大值。（　　）

（5）整流器的额定交流输入电压为 1180 V。（　　）

（6）整流器的过载能力为 100% ——连续；150% ——2 h；300% ——1 min。（　　）

（7）如果将电流表并联在线路中测量，则电流表有可能会因过载而被烧坏。（　　）

（8）测量直流电流时，电流表应与负载串联在电路中，并注意仪表的极性和量程。（　　）

（9）电阻、电感、电容可以用万用表直接测量。（　　）

（10）变压器电源侧发生故障时，变压器的瓦斯保护装置应动作。（　　）

（11）变电所开关控制、继电保护、自动装置和信号设备所使用的电源，属于备用电源。（　　）

（12）继电保护在需要动作时不拒动，不需要动作的不误动是对继电保护基本要求。（　　）
（13）变电所开关控制、继保、检测与信号装置所使用的电源属于操作电源。（　　）
（14）配电装置中高压断路器属于一次设备。（　　）
（15）定时限电流保护具有动作电流固定不变的特点。（　　）
（16）无论备用电源是否有电压，只要工作电源断路器跳闸，备用电源断路器均自动投入。（　　）
（17）高压断路器又叫高压开关。（　　）
（18）在紧急情况下，可操作脱扣杆进行断路器分闸。（　　）
（19）中性点经消弧线圈接地属于有效接地系统。（　　）
（20）中性点经高阻接地属于非有效接地系统。（　　）
（21）中性点直接接地系统，发生单相接地时，既动作于信号，又动作于跳闸。（　　）
（22）变压器型号中横短线后面的数字表示变压器的额定容量，其单位是 kV · A。（　　）
（23）配电变压器按用途分为升压和降压变压器。（　　）
（24）变压器的防爆管有防止因变压器内部严重故障时油箱破裂的作用。（　　）
（25）变压器电源侧发生故障时，变压器的电流速断装置应动作。（　　）
（26）变压器电源侧发生故障时，变压器的瓦斯保护装置应动作。（　　）
（27）蓄电池是用以储蓄电能的，能把化学能储存起来，使用时把化学能转化为电能释放出来。（　　）
（28）断路器在合闸状态时，在操作机构指示牌可看到指示“合”字。（　　）
（29）高压开关操作机构机械指示牌是观察开关状态的重要部分。（　　）
（30）保护接地的目的是为了防止人直接触电，保护人身安全。（　　）
（31）在正常情况下，避雷器内部处在导通状态。（　　）
（32）高压断路器是一次设备。（　　）
（33）降压配电变压器的二次输出的额定电压要高于用电设备额定电压 5%左右。（　　）
（34）变压器投入正常运行后，要定期进行巡视和检查。（　　）
（35）变压器利用电磁感应原理，把交流输入电压升高或降低为不同频率的交流输出电压。（　　）

三、选择题（部分为多项选择题）

（1）35 kV 开关柜包括几种类型（　　）。
A. 进线柜　B. 出线柜　C. 负极柜　D. 动力变柜
（2）整流变开关柜的电气元件有（　　）。
A. 带电显示器　B. MS 综保　C. 直流手车
（3）允许在（　　）二次回路上带电进行较简单的工作。
A. 测量　B. 信号　C. 控制
D. 保护回路上　E. 可能触电
（4）整流器的额定交流输入电压为（　　）V。
A. 1 500　B. 1 180　C. 1 800
（5）电流互感器的二次绕组严禁（　　）。
A. 开路运行　B. 短路运行　C. 负载是容性　D. 负载是感性
（6）电压互感器的二次绕组严禁（　　）
A. 开路运行　B. 短路运行　C. 负载是容性　D. 负载是感性
（7）脉波整流电路由两组（　　）脉波整流电路构成。
A. 6　B. 8　C. 10　D. 12
（8）12 脉波整流电路由两个（　　）脉波 3 相整流桥并联组成。

A. 6　　B. 8　　C. 10　　D. 12

（9）值班人员手动合闸于故障线路，继电保护动作将断路器跳开，自动重合闸将（　　）。

A. 完成合闸动作

B. 不动作

C. 完成合闸并报警

（10）带有储能装置的操作机构在有危及人身和设备安全的紧急情况下可采取紧急措施进行（　　）。

A. 合闸　　B. 分闸　　C. 储能

（11）可移动手车式高压开关柜断路器在合闸位置时（　　）移动手车。

A. 能　　B. 不能　　C. 可根据需要

（12）正常情况下，氧化锌避雷器内部（　　）。

A. 通过工作电流

B. 通过泄漏电流

C. 无电流流过

（13）干式变压器绕组的最高允许温度应不大于（　　）°C。

A. 100　　B. 105　　C. 155

（14）降压配电变压器的输出电压要高于用电设备的额定电压，目的是（　　）。

A. 减小导线截面

B. 补偿功率因数

C. 补偿线路电压损失

（15）变压器吸潮器内的硅胶吸潮后变为（　　）色。

A. 淡蓝　　B. 黑　　C. 淡红

（16）电路主要由负载、线路、电源及（　　）组成。

A. 开关　　B. 变压器　　C. 发电机

（17）当供电系统发生故障时，只有离故障点最近的保护装置动作，而供电系统的其他部分仍正常运行，满足这要求的动作称为（　　）动作。

A. 快速性　　B. 选择性　　C. 可靠性

（18）变电所开关控制中，继电保护、自动装置和信号设备所使用的电源称为（　　）。

A. 操作电源　　B. 交流电源　　C. 直流电源

（19）对带有接地闸刀的高压开关柜必须在主闸刀（　　）的情况下才能闭合接地闸刀。

A. 分闸　　B. 合闸　　C. 操作时

（20）高压开关柜进行停电操作时，各开关设备的操作顺序是（　　）。

A. 断路器—电源侧刀闸—负荷侧刀闸

B. 电源侧刀闸—断路器—负荷侧刀闸

C. 断路器—负荷侧刀闸—电源侧刀闸

（21）发生电气火灾时，在火灾区应先切断电源再救火。切断电源正确的方法是（　　）。

A. 先拉隔离开关，有明显断电后再拉断路器

B. 可直用接手操作断路器

C. 用绝缘工具操作断路器再拉隔离开关

（22）电力电缆按照电缆的电流（　　）来选择的。

A. 电压等级　　B. 载流量　　C. 最小值

（23）变压器（　　）保护动作后在未查明原因前不能再次投入运行。

A. 温度　　B. 失压　　C. 重瓦斯

（24）运行中的电压互感器相当于一个（　　）的变压器。

A. 短路运行　　B. 空载运行　　C. 带负荷运行

（25）电磁操作机构是利用（　　）产生的机械操作力矩使开关完成合闸的。

A. 电动力　　B. 电磁功　　C. 弹簧力

四、简答题

1. 地铁变电所是怎样分类的？
2. 钢轨电位限制装置设备功能概述？
3. 直流开关柜进线断路器合闸的条件是什么？
4. 整流器的保护有哪些？
5. 交直流屏系统是由哪些主要设备组成的？

模块二　高压变电基础

任务一　认识城市轨道交通供电系统主要设备

内容摘要

城市轨道交通供电系统主要设备有油浸式变压器、干式变压器、整流变压器、互感器、断路器、电缆、杂散电流防护装置、蓄电池等。本章节主要介绍各种设备的结构、原理和基本参数。

学习目标

（1）掌握油浸式变压器的结构、原理和基本参数。
（2）掌握干式变压器的结构、原理和基本参数。
（3）掌握整流变压器的结构、原理和基本参数。
（4）掌握互感器的结构、原理和基本参数。
（5）掌握断路器的结构、原理和基本参数。
（6）掌握电缆的结构、原理和基本参数。
（7）掌握杂散电流防护装置的结构、原理和基本参数。
（8）掌握蓄电池的结构、原理和基本参数。

2.1.1　油浸式主变压器

一、作用和原理

变压器是一种通过改变电压而传输交流电能的静止感应电器。它根据电磁感应的原理，把某一等级的交流电压变换成另一等级的交流电压，以满足不同负荷的需要。在电力系统中，变压器占有极其重要的地位。

1. 单相变压器的工作原理

变压器主要由铁芯和绕组组成，前者构成磁路，后者构成电路，它是根据电磁感应原理工作的。

图 2-1 中，在闭合的铁芯上，绕有两个互相绝缘的绕组，接入电源的一侧称一次侧绕组，输出电能的一侧称二次侧绕组。当交流电压 $\dot{U}_1$ 加到一次侧绕组后，有交流电流 $\dot{I}_1$ 通过该绕组，在铁芯中产生交流磁通 $\dot{\Phi}$。交变磁通穿过一次侧绕组，同时也穿过二次侧绕组，两个绕组上分别产生感应电势 $\dot{E}_1$ 和 $\dot{E}_2$。如果二次侧绕组与外电路的负荷接通，便有电流 $\dot{I}_2$ 流入负荷，即二次侧绕组有电能输出。

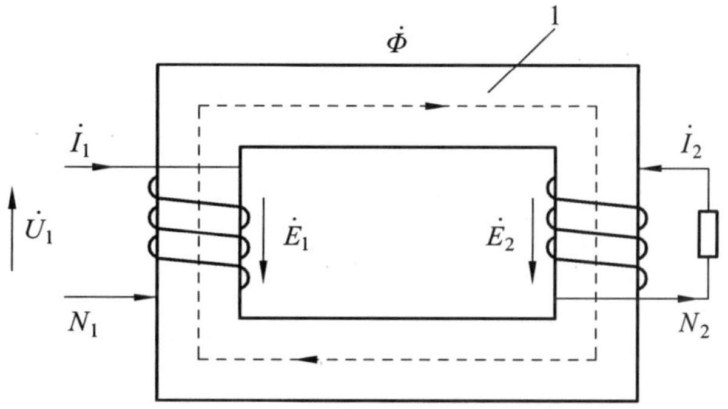

图 2-1　单相变压器电路原理

根据电磁感应定律可以导出：

一次绕组感应电动势　　$E_1 = 4.44 f N_1 B_m S \times 10^{-4}$　　(2-1)

二次绕组感应电动势　　$E_2 = 4.44 f N_2 B_m S \times 10^{-4}$　　(2-2)

式中　f——电源频率，Hz；

N_1——一次绕组匝数，匝；

N_2——二次绕组匝数，匝；

B_m——铁芯中磁通密度的最大值；

S——铁芯截面积，cm^2。

由式（2-1）、式（2-2）得出 $\frac{E_1}{E_2}=\frac{N_1}{N_2}$。即变压器一、二次侧感应电动势之比等于一、二次侧绕组匝数之比。

由于变压器一、二次侧的漏电抗和电阻都比较小，可以忽略不计，因此，可近似地认为 $U_1 = E_1$，$U_2 = E_2$，于是

$$\frac{U_1}{U_2}=\frac{E_1}{E_2}=\frac{N_1}{N_2}=K \qquad (2\text{-}3)$$

式中　K——变压器的变压比（变比）。

变压器一、二次绕组匝数不同将导致一、二次侧绕组的电压高低不等，匝数多的一侧电压高，匝数少的一侧电压低。

在一、二次绕组电流 I_1、I_2 的作用下，铁芯中总的磁势为

$$\dot{I}_1 N_1 + \dot{I}_2 N_2 = \dot{I}_0 N_1 \qquad (2\text{-}4)$$

式中　I_0——变压器的空载励磁电流。

由于 I_0 比较小，其值可以忽略不计，因此（2-4）可改写为

$$\dot{I}_1 N_1 = -\dot{I}_2 N_2 \qquad (2\text{-}5)$$

取绝对值后有如下关系：$\frac{I_1}{I_2}=\frac{N_2}{N_1}=\frac{1}{K}$

由此可见，变压器一、二次电流之比与一、二次绕组的匝数成反比。

2．三相变压器的工作原理

如果把三台单相变压器按照一定的规律连接起来则可以组成一个三相变压器组，这时每一台变压器有自己独立的磁路，各相磁路互不相关。如果把三相的一、二次绕组同时绕制在同一台铁芯上，则可以构成一台三相变压器。三相变压器的铁芯一般有 3 个芯柱，每个芯柱都套装着一、二次绕组，各相磁路相互关联。在对称负荷下，各相电压、电流大小相等，相位彼此相差 120°。

三相变压器的铁芯磁路不对称，中柱激磁电流较边柱激磁电流小，一般 A、C 相空载电流相同，约为 B 相空载电流的 1.2 ~ 1.5 倍。由于变压器的空载电流数值很小，与额定电流相比可以忽略不计，因此，空载电流的不平衡，对变压器运行不会产生显著的影响。

大型的三相变压器为降低其高度，将铁芯做成三芯五柱式，如图 2-2 所示，中间三个铁芯柱上分别套有 A、B、C 三相绕组。

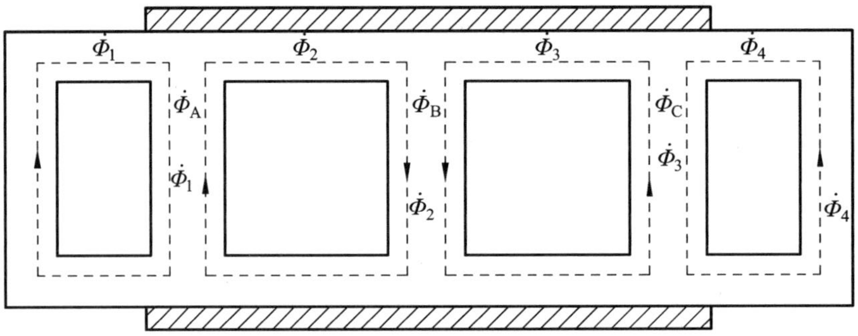

图 2-2　各段铁轭中磁通流向图

设各段铁轭中磁通分别为 $\dot{\Phi}_1$、$\dot{\Phi}_2$、$\dot{\Phi}_3$、$\dot{\Phi}_4$，则

$$\dot{\Phi}_A = \dot{\Phi}_2 - \dot{\Phi}_1$$
$$\dot{\Phi}_B = \dot{\Phi}_3 - \dot{\Phi}_2$$
$$\dot{\Phi}_C = \dot{\Phi}_4 - \dot{\Phi}_3$$
$$\dot{\Phi}_1 = \dot{\Phi}_4$$

则
$$\dot{\Phi}_C = \dot{\Phi}_1 - \dot{\Phi}_3$$

所以，三芯五柱式各磁通的向量关系同普通三相星形连接时相电压和线电压的关系相似。当三相磁路对称时，铁轭和边柱中的磁通 $\dot{\Phi}_1$、$\dot{\Phi}_2$、$\dot{\Phi}_3$、$\dot{\Phi}_4$ 将为铁芯柱中磁通 $\dot{\Phi}_A$、$\dot{\Phi}_B$、$\dot{\Phi}_C$ 的 $1/\sqrt{3}$，与三柱式铁芯相比，磁轭（或铁轭）截面及其高度可缩成 $1/\sqrt{3}$，从而使整个铁芯高度降低。三相变压器由于铁芯材料省，成本低，因此得到广泛的应用。

3．变压器参数

1）变压器型号

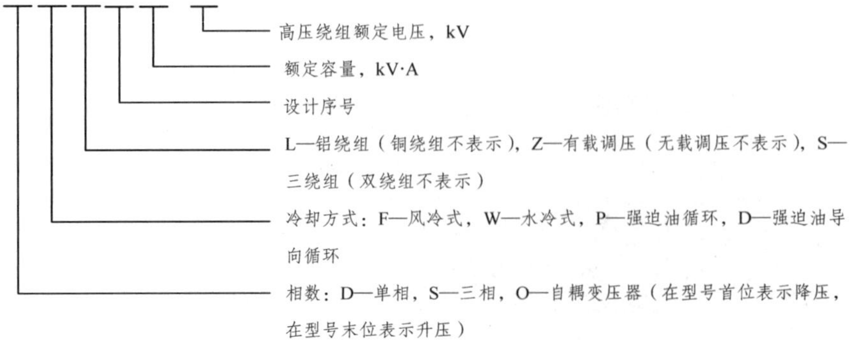

在型号后可加注防护型代号，TH 为湿热型；TA 为干热型。

例如，SZ-31500/110 表示三相有载调压，额定容量为 31 500 kV·A，高压绕组额定电压为 110 kV 电力变压器。

2）额定容量

额定容量指变压器在额定电压、额定电流下连续运行时能输送的容量，其计算公式：

单相电力变压器　　$S_e = U_e I_e \times 10^{-3}$（kV·A）

三相电力变压器　　$S_e = \sqrt{3} U_e I_e \times 10^{-3}$（kV·A）

式中　U_e、I_e——变压器一次侧的额定电压、额定电流；

S_e——额定容量。

变压器按其额定容量可分为：小型变压器（1 600 kV·A）、中型变压器（1 600 ~ 6 300 kV·A）、大型变压器（8 000 ~ 63 000 kV·A）和特大型变压器（大于 63 000 kV·A）。

3）额定电压

额定电压指变压器长时间运行时所能承受的工作电压，一般以 kV 表示。

4）额定电流

额定电流指变压器在额定容量下，允许长期通过的线电流。

5）空载电流

主变压器一次绕组接入额定电压，二次绕组开路时，流过一次绕组的电流，称为空载电流 I_0，通常以其与额定电流 I_e 之比的百分数表示，一般只有 $1\% \sim 5\% I_e$，大型变压器在 $1\% I_e$ 以下。

6）空载损耗（铁损）

对应于变压器空载运行状态下，变压器产生的有功损耗，称为变压器的空载损耗 P_0。空载损耗由两部分组成，即空载电流 I_0 流经一次绕组在其电阻 R_1 上的有功损耗和磁通在铁芯中引起的损耗，由于 I_0 很小，$I_0^2 r_1$ 可以忽略不计。因此，空载损耗主要为铁芯中的损耗，故空载损耗又称为铁损。

铁损主要由磁滞损耗和涡流损耗两部分组成，另外还有漏磁通在铁芯夹件、油箱等构件中引起的涡流损耗，以及铁芯接缝处磁通分布不均所引起的损耗，统称附加铁损。这些损耗都和电源频率及磁通密度有关，因此除采用优质硅钢片（晶粒取向冷轧硅钢片）做铁芯外，还应在工艺上采用斜接缝，减少接缝数，用非磁性材料绑扎带代替夹紧螺栓等措施以降低总铁损。

7）负载损耗

当变压器一次绕组接到额定电压上，二次绕组接上负载时，在一、二次绕组内就有负载电流 $\dot{I}_2'$ 和 $\dot{I}_2$，变压器就进入负载运行状态。一次绕组内的负载电流 $\dot{I}_2'$ 和空载电流 $\dot{I}_0$ 合成一次电流 $\dot{I}_1$，表示为

$$\dot{I}_1 = \dot{I}_0 - \dot{I}_2'$$

$$\dot{I}_2' = \dot{I}_2 / K$$

式中　K——变压器的变比。

负载电流流过一、二次绕组时，在其导线内产生的电阻损耗，称为变压器的负载损耗。实际的负载损耗还包括导线的涡流损耗、环流损耗、引线损耗等附加损耗。

变压器的额定负载损耗是指变压器绕组中通以额定电流时在一、二次绕组中产生的负载损耗，并将绕组直流电阻折算至 75 °C 时的损耗值。通常将低压绕组短路，高压绕组处于额定分接位置，施加额定频率的额定电流时，负载从电源吸取的有功功率即为额定负载损耗。

8）阻抗电压

阻抗电压指变压器二次绕组短路，一次绕组上所施加的使一次绕组达到额定电流值时的电压与一次绕组额定电压的百分比值。

二、接线组别和应用

变压器接线方式有 4 种基本连接形式：“Y，y”、“D，y”、“Y，d”和“D，d”。我国常用“Y，y”、“D，y”和“Y，d”。由于 Y 连接时还有带中性线和不带中性线两种，不带中性线则不增加任何符号表示，带中性线则在字母 Y 后面加字母 n 表示。在变压器的连接组别中“Yn”表示一次侧为星形带中性线的接线。例如，“Yn，d”表示一次侧接线为星形带中性线的接线，二次侧为三角形接线。

接线组别是用来表示变电器各侧绕组的连接方式及两侧相应的线电压之间的相位差。变压器的连接组别的表示方法是：大写字母表示一次侧（或原边）的接线方式，小写字母表示二次侧（或副边）的接线方式。Y（或 y）为星形接线，D（或 d）为三角形接线。数字采用时钟表示法，用来表示一、二次侧线电压的相位关系，一次侧线电压相量作为分针，固定指在时钟 12 点的位置，二次侧的线电压相量作为时针。例如 Y，d11 在变压器的连接组别中“Y”表示高压侧为星形接线；“d”表示低压侧为三角形接线。“11”表示变压器低压侧的线电压 U_{ab} 滞后高压侧线电压 U_{ab} 330°（或超前 30°）。

在城轨供电系统中牵引变电站会有大量的谐波产生，考虑到抑制奇次谐波，在 35 kV 侧主变压器、整流变压器和中心降压变压器都是三角形接线；110 kV 是直接接地系统，在操作时为防止操作过电压和涌流需要将主变压器中性点接地，所以主变压器 110 kV 侧为星形接线。这样主变压器的接线组别一般为：Y，d 系列。中心降压变压器的 10 kV 侧为经电阻接地的小电流接地系统，所以中心降压变压器的接线组别一般为：D，y 系列。而牵引变压器为了适应 24 脉波直流的输出，其低压侧输出是两路，每台的两组低压绕组输出的相位差是 30°，这样构成 12 脉波整流变压器，每台在 35 kV 侧采用延边三角形接线各自移相 ± 7.5°，两台整流变压器就组成 24 脉波整流变压器。所以整流变压器的接线组别为：D，d + 7.5° 和 D，d – 7.5°。其中 D 为延边三角形接线。

采用这种变压器的目的，就是为了组成 12 脉动、24 脉动、48 脉动整流方式，提高出现的电力谐波的次数和幅度，防止整流中出现的电力谐波向系统（电源侧）传送，保障自身和其他电力用户的电能质量。

只有用两台变压器联合接线，即将两个变压器的高压接在一起，低压也“对应”接在一起，才能完成提高脉动次数、降低谐波幅值和提高谐波次数的目的。

三、油浸式变压器结构

油浸式电力变压器主要由器身（铁芯、绕组等）、油箱、冷却装置、保护装置、出线套管、绝缘油等组成。在设计、制造和运行方面，油浸式变压器累积了丰富经验，比较可靠地运行于大多数场合，特别在大容量、超高压系统中，油浸式变压器得到了广泛的应用。油浸式电力变压器结构示意见图 2-3。

1. 铁　芯

铁芯是变压器最基本的组成部分之一。常采用的变压器铁芯结构有两种，内铁式（芯式）和外铁式（壳式），目前绝大多数变压器都是内铁式结构。内铁式是垂直放置的，铁芯截面多为分级圆柱式，绕组包围芯柱。外铁式是铁芯包围绕组、水平放置、铁芯截面为矩形，有旁轭。

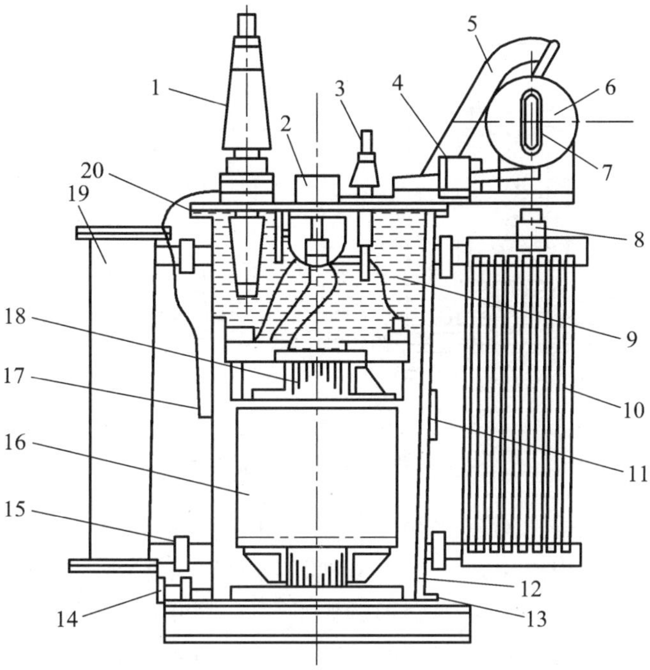

图 2-3　油浸式电力变压器结构示意图

1—高压套管；2—分接开关；3—低压套管；4—气体继电器；5—安全气道；6—储油柜；7—油位计；8—吸湿器；9—变压器油；10—散热器；11—铭牌；12—接地螺栓；13—油样活门；14—放油阀门；15—蝶阀；16—绕组；17—信号油温机；18—铁芯；19—净油器；20—油箱

铁芯的夹紧装置是将导磁体组成整体的紧固结构。根据电压等级和容量的不同，目前夹紧结构主要采用两种方式，即无孔绑扎、拉螺杆结构和无孔绑扎、拉板结构。这两种夹紧方式，取消了老式的加紧装置穿芯螺杆，芯柱部分由环氧无纬玻璃丝带绑扎，硅钢片不穿孔，既简化了工艺和减少了铁芯损耗，又消除了因穿芯螺杆绝缘损坏而导致铁芯多点接地的隐患。无孔绑扎、拉螺杆结构用于 10 ~ 35 kV 级 6 300 kV · A 及以下中小型变压器铁芯上，无孔绑扎、拉板结构用于 110 kV 级 6 300 kV · A 以上的大型变压器铁芯。

铁芯材料要求磁导率高，磁滞、涡流损耗小，目前普遍使用的是 0.25 ~ 0.35 mm 厚的冷轧硅钢片，其表面经过绝缘漆处理，以降低和限制涡流损耗。一般冷轧硅钢片采用 45° 斜切硅钢片的叠装法，降低空载损耗，而且使变压器的噪声减小。

小容量变压器为简便起见，铁芯截面的形状一般做成方形或长方形，而大型变压器为了节省材料和充分利用空间，做成多级阶梯形，并在铁芯中设计了散热油道。

变压器在运行中或试验时，在铁芯或其他金属构件上由于静电感应将产生静电荷积累，出现悬浮电位，造成对地放电，威胁变压器的安全运行。因此，必须将铁芯及其所有金属构件（穿芯螺杆除外）可靠接地。由于铁芯叠片间的绝缘电阻较小，只需将铁芯和任意一片及金属构件经油箱接地即可。值得注意的是，铁芯只允许有一点接地，如果有两点或两点以上接地，则接地点之间可能形成闭合回路，产生环流，使铁芯局部过热，严重时会将铁芯局部烧坏。因此，对于不同夹紧结构的铁芯，采用不同的接地结构。图 2-4 是铁芯经油箱接地的结构图。

2. 绕　组

绕组又称线圈，也是变压器的基本元件之一，常用绝缘铜导线或铝导线绕制而成，大容量变压器的绕组都用铜导线制成。绕组一般都绕成圆形，因为这种绕组有较好的机械性能，不易变形，节省铜线，同时也易于绕制。高低压绕组一般用同心式排列，即高压绕组在外面，低压绕组在里面。下面介绍几种主要的线圈形式。

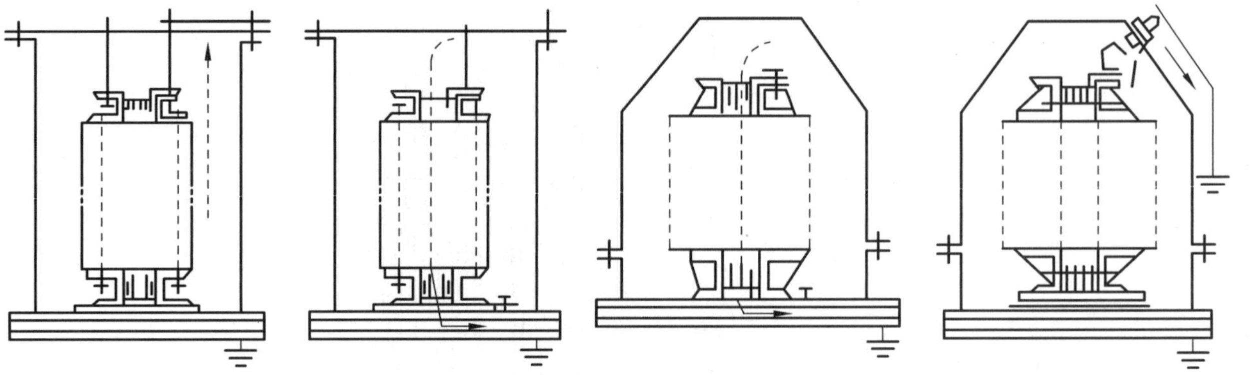

（a）有拉螺杆和吊螺杆　（b）只有拉螺杆　（c）上下夹件绝缘　（d）有拉板经套管引出接地

图 2-4　铁芯经油箱接地的结构

（1）圆筒式绕组。圆筒式绕组可绕成单层、双层和多层的结构，见图 2-5。单层绕组多用于小容量变压器的低压绕组，多层绕组多用于小容量变压器的高压绕组。圆筒式绕组常用圆导线或扁导线绕制，各个线匝靠紧，顺着绕成一个螺旋形的圆筒，层间可留有供散热的油隙，但端部支撑的稳定性较差。圆筒式绕组一般适用于容量在 630 kV · A 以下电压较低的变压器。

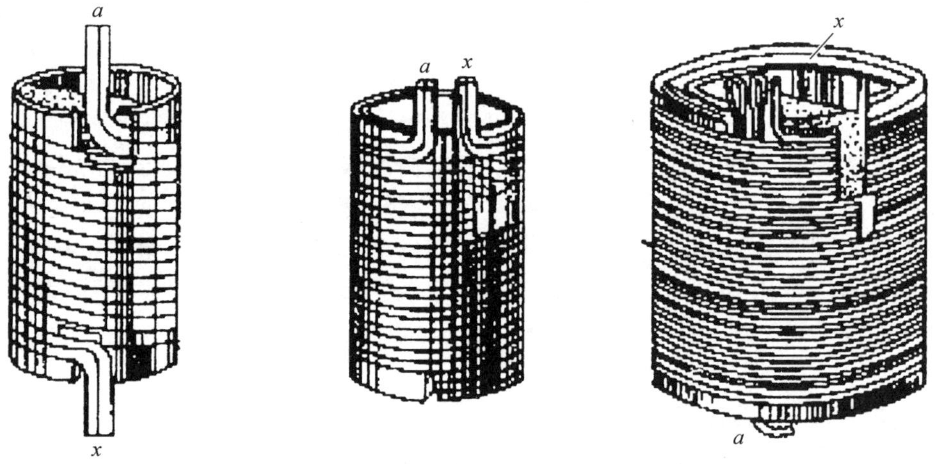

（a）单层　（b）双层　（c）多层

图 2-5　圆筒式绕组结构图

（2）饼式绕组。饼式绕组由扁铜线盘绕而成，先在辐向绕成线饼，各个线饼再沿轴向排列组成，常做成双饼，使线段的起始端头和终了端头都在线圈的外侧，以便串联组成一个完整的绕组，见图 2-6。

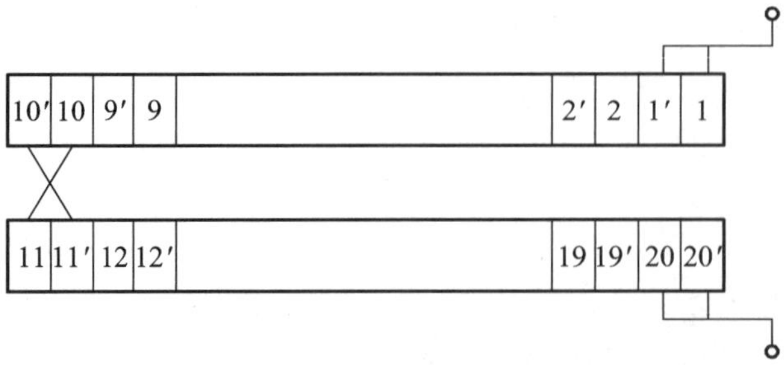

图 2-6　双饼绕组结构图

（3）连续式绕组。连续式绕组实际上属于饼式绕组，是由一根或多根导线绕制成连续的线段（线饼），在各个线段的过渡处进行导线换位，线段和线段之间的交替地连接在线圈的内侧和外侧，且都是由绕线导体本身自然连接，见图 2-7。这种绕组机械强度高，散热性能好，适用于容量较大的变压器。缺点是制造要求高。

（4）纠结式绕组。纠结式绕组是一种特殊的连续式绕组，其相邻的两线段在电气上是间隔几个线段后再相串联，绕组绕制时需要进行交错纠结换位。纠结使绕组的串联电容增大，改善遭冲击电压时的电压分布。纠结式绕组在大型电力变压器的高压绕组中得到广泛应用，全绝缘的 110 kV 变压器高压绕组采用纠结式绕组。

（5）螺旋式绕组。将多根扁线沿辐向叠在一起，再沿轴向绕成一个螺旋式的绕组，它的每一匝即形成一个“饼式”线段，匝间用垫块隔开，既作径向油道散热用又作绝缘用，因此也属于饼式绕组结构。螺旋式绕组一般用于电压为 35 kV 及以下、容量为 800 kVA 以上的变压器的低压绕组上，匝数多的高压线圈一般不采用。

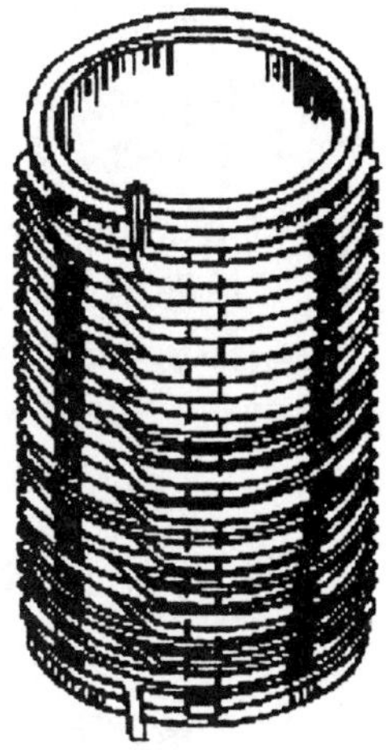

图 2-7　连续式绕组

3. 油　箱

油箱是油浸式变压器的外壳，器身放置在油箱内，箱内充满了变压器油。变压器油的作用是绝缘和散热。油箱按变压器容量大小分，其结构基本上有以下两种形式。

1）吊芯式油箱

吊芯式油箱结构一般用于容量较小的变压器，如图 2-8 所示。箱壳用钢板焊接而成，变压器器身放在箱壳内。箱壳上焊有（或安装）散热器和净油器的连接法兰、吊耳、放油阀门、铭牌座等。油箱的上部箱盖可以打开，箱盖上开有安装各种附件的孔洞，靠箱沿四周许多螺丝与箱壳紧固在一起。变压器本体检查或检修时，可拆卸箱盖后，将器身整体吊出。

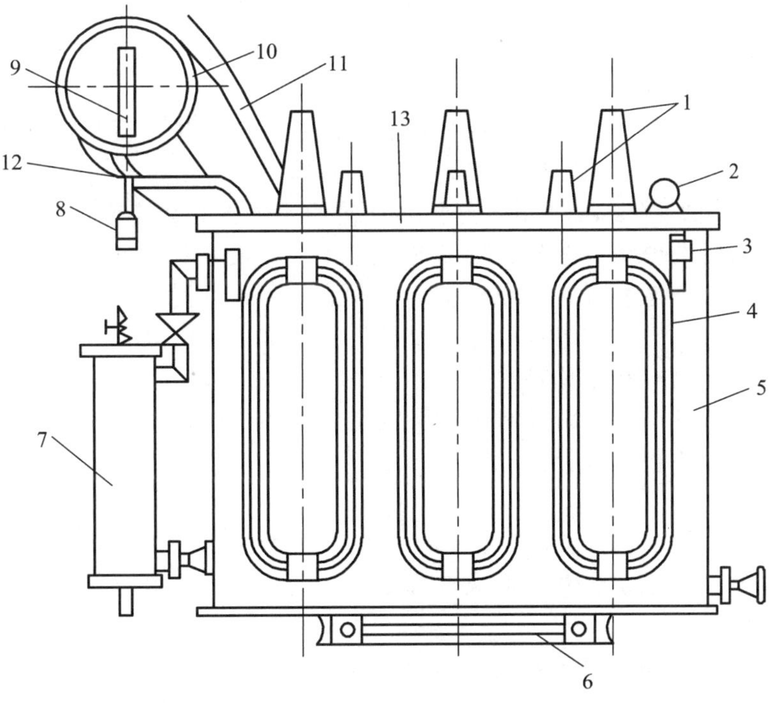

图 2-8　吊芯式油箱结构图

1—高、低压出线套管；2—箱盖吊环；3—吊攀；4—拆卸式散热器；5—箱壳；6—底座；7—净油器；8—吸湿器；9—油位计；10—油枕（储油柜）；11—安全气道（防爆管）；12—气体继电器；13—箱盖

2）吊罩式油箱

这种箱壳像一只钟罩，如图 2-9 所示。吊罩式油箱分为上节油箱和下节油箱。在上节油箱的拱顶及箱壁上焊有安装各种附件的结构件，下节油箱上布置有器身定位件、放油阀门管接头、密封胶条护框、吊轴及吊轴槽钢、小车底板、接地螺栓等。当器身要进行检查或检修时，只要拆去箱沿四周的紧固螺丝，吊起外面钟罩形状的箱壳，即上节油箱，器身便全部暴露在空气中。目前这种油箱结构在大型电力变压器中得到广泛应用。

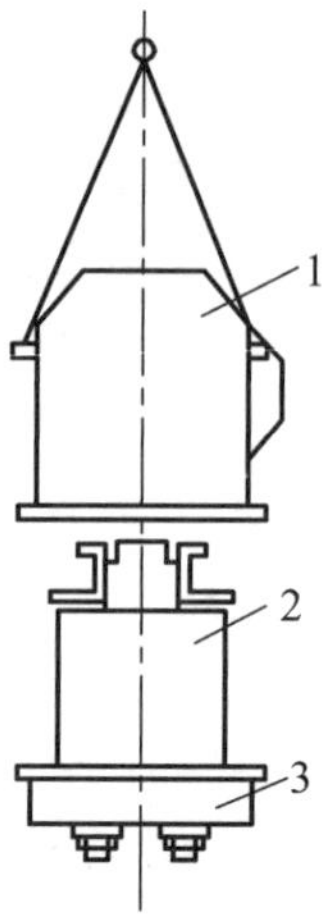

图 2-9 吊壳式变压器

1—钟罩式箱壳（上节油箱）；2—器身；3—下节油箱

四、分接开关

电力系统正常运行时，必须控制电压的波动，电压波动范围一般规定不得超过额定电压值的 ±5%。为了保证电压波动在一定范围内，就必须进行调压。调压方式分为无载调压和有载调压两种，相应的分接开关有无载分接开关和有载分接开关。

无载分接开关是在变压器没有电压的情况通过手动切换分接开关来改变变压器绕组的匝数，由此调节变压器的电压。分接开关的操动机构可以装在变压器箱盖上或油箱的侧壁。有载分接开关是在变压器不中断负载的情况下，通过改变变压比来调整变压器的电压。

1. 有载分接开关的分类

有载分接开关就其结构形式可以简单分为复合式和组合式。

1）组合式有载分接开关

组合式有载分接开关由切换开关和分接选择器组成，并由安装在变压器箱壁上的电动机构经垂直传动轴、散齿轮和水平传动轴传动。切换开关主要由快速机构（弹簧储能释放）、切换负荷电流的切换机构、过渡电阻器和油室构成。

分接选择器主要由级进传动机构、选择分接头的触头系统、扩大调压级数的转换选择器构成。电动机构主要由齿轮传动机构、分接位置控制和指示机构、伞齿轮箱和传动轴构成。以 M 形有载分接开关为例，其外形结构如图 2-10 所示。分接开关借助开关头安装于变压器箱盖上。

切换开关的主要组成部分是开关头、切换开关芯子、切换开关油室、分接选择器。切换开关位于有载筒内，由筒底齿轮和选择开关形成机械上的联系，但在油路上不通，可带电切换。切换开关触头系统采用双电阻过渡，并联双断口“尾推补偿”对开式接触。切换开关的动作是通过快速机构来实现的，快速机构采用枪机释放原理。

选择开关采用笼形套轴结构，由带有定触头的绝缘板条、传动管、桥式触头及上、下法兰等组成。位于变压器本体内，不带电翻挡。

2）复合式有载分接开关

复合式有载分接开关把切换开关和分接选择器的功能合而为一，因此，结构上是把切换开关的切换机构与分接选择器触头系统合并，形成选择开关的切换机构，其他部件与组合式有载分接开关几乎保持不变。

以 V 形有载分接开关为例，外形结构如图 2-11 所示，V 形有载分接开关的主要部分有开关头、油室、齿轮机构和开关芯子。

开关头的功用是将分接开关安装到变压器箱盖上，上面装有连接储油柜连管的管接头和油室放油的吸油管管接头。开关头用盖板封住，盖板设计成具有压力释放阀功能。带传动轴的上齿轮盒也装在盖板上。管接头和上齿轮盒都可以调转方向。

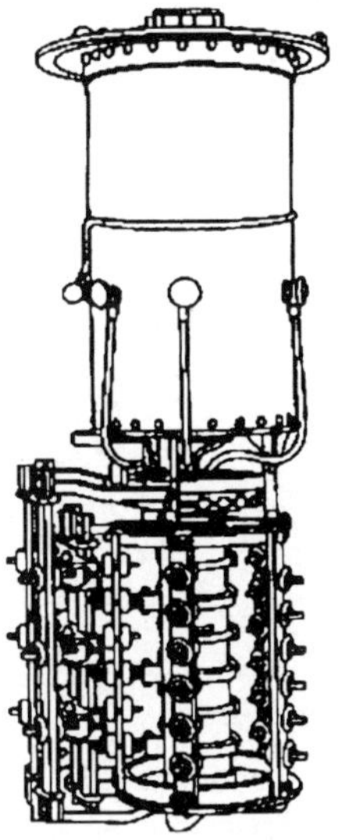

图 2-10　M 形有载分接开关外形结构

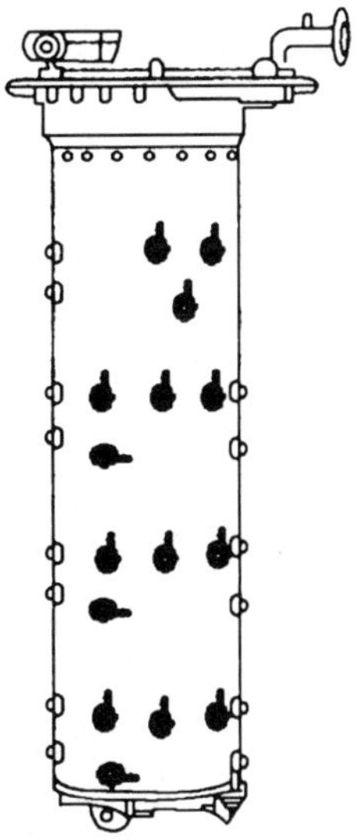

图 2-11　V 形有载分接开关形结构

油室是由玻璃纤维补强聚酯制成的绝缘筒。筒的上端安装开关头，下端有筒底封闭。转换选择器和选择开关的定触头分别沿绝缘筒的不同高度安装在筒的内壁上，并连接到筒壁外表面的接线端子。

沿外部端子四周具有特殊设计的屏蔽环，改善了静电场的分布，提高了雷电冲击耐压和工频耐压水平。驱动选择开关轴和转换选择器的齿轮机构装在开关头内的机构底板上，它包括弹簧储能机构、操动选择开关的逐级机构和操动位置指示器与转换选择器的另一套逐级机构。逐级齿轮机构有自锁功能。经受高机械强度的所有零件都经过表面热处理。齿轮机构无须维修。

分接开关芯子包括分接开关的整个动触头系统（选择开关和转换选择器的触头支座）。

开关轴上端借助销子离合器连接到齿轮机构。其下端定位于筒底中心的轴承中。转换选择器的触头支架位于开关轴的顶部，可以和开关轴分开转动。

开关元件安装在开关轴与定触头相应的高度上。每个开关元件并排装有三个滚柱触头，它们在分接变换动作中的功能分别是通断触头或过渡弧触头。

2. 有载分接开关的工作原理

有载分接开关的电路分为三个部分，调压电路、选择电路和过渡电路。调压电路是变压器绕组调压时所形成的电路。选择电路是选择绕组分接设计的一套电路，所对应的机构为分接选择器和转换选择器等。过渡电路就是短路分接间串接阻抗的电路，对应的机构为切换开关（包括快速机构），切换开关将电流从工作分接转移到预选分接，在此快速转换过程中，欧姆电阻被接入电路以保证电流转移不间断。

调压绕组的连接有三种基本方式：线性调压，正反调压和粗细调压，如图 2-12 所示。图 2-12（a）所示的线性调压绕组与基本绕组是接死的，引出的每个分接头都只有一个电压与之相对应，开关的分接头端子数目与调压级数的相同。调压范围为 $\pm 3\times 2.5\%$ 及以下均可采用。图 2-12（b）所示的正反调压绕组与基本绕组的连接可以正接，也可以反接，开关不仅有分接选择器，还有改变调压绕组与基本绕组接法的极性选择器，开关的分接头端子数目只有调压级数的一半，在相同的调压绕组上调压范围可增加一倍。图 2-12（c）所示的变压器有基本绕组、粗调绕组和细调绕组三部分。基本绕组与粗调绕组是接死的，细调绕组的首端与粗调绕组的引出端的连接是可以改变的。此时，开关不仅有选择细分接头的部分，而且有改变细调绕组与粗调绕组接法的粗调分接选择器，开关细调分接头端子数目只有调压级数的一半。

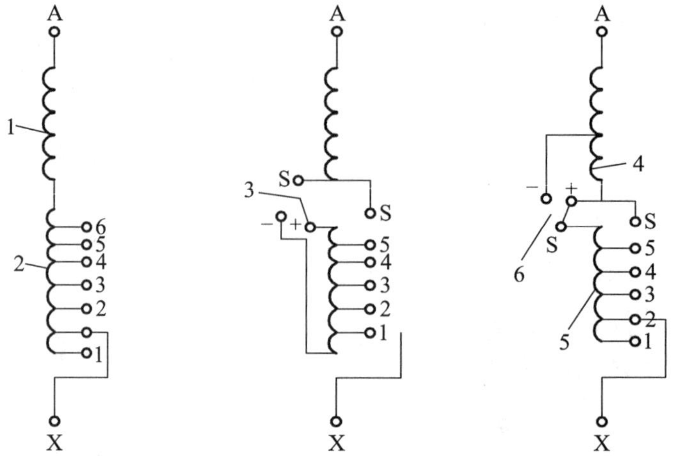

（a）线性调压　　（b）正反调压　　（c）粗细调压

图 2-12　有载调压接线方式

1—基本绕组；2—调压绕组；3—极性选择器；4—粗调绕组；
5—细调绕组；6—粗调分接选择器

三种连接方式均可用于三相调压电路中，三相星形连接的绕组多采用中性点调压方式，三角形连接的绕组可采用中部调压和线端调压形式。

此外，开关的操作是电动的，所以还有驱动（电动）机构，可以用按钮进行手动操作和远方操作，也可用手柄进行手动操作。分接开关从一个工作位置运动到邻近的一个工作位置的过程中，电动机构由单一的控制信号起动，不间断地完成一次切换操作。电动机构备有防止两末端超位的电气限位装置，同时具有机械闭锁，万一电气开关失灵，机构输出轴也不能向超越极限位置的方向转动，以确保开关本体的安全。

1）组合式有载分接开关工作过程

分接选择器和切换开关组合的有载分接开关，其变换过程分两个步骤：第一步是分接选择器在无电流下预选一个与工作分接相邻的分接；第二步，切换开关将电流从工作分接转移到预选分接。整个顺序由电动机构驱动，包括驱动电机、减速机构和控制与保护装置等。

上述机构通过星形槽轮驱动分接选择器，与此同时使储能机构储能，当储能弹簧储能完成后即驱动切换开关快速地完成操作循环。它的转换时间决定于开关形式和结构，约为 40 ~ 60 ms。一旦弹簧释放，不管电动机构是否在驱动，切换开关的操作循环即告完成。过渡电阻接入电路后承受负荷的时间随开关形式和结构而不同，转换时间约为 20 ~ 30 ms。从电动机构启动到分接切换结束，变换一次总共需用的时间，随分接开关的形式和结构不同而不同，一般为 10 s。

组合式有载分接开关电路和结构示意图如图 2-13 所示。调压电路分接头 1 ~ 9 各通过分接引线与选择电路的对应定触头 1 ~ 9 相连接。选择电路的触头分为两组，双数组动触头 S2 工作时，单数组动触头 S1 可在不带负载下选择一个分接头；反之也一样，因而选择电路中触头无烧蚀。过渡电路的定触头分为单数侧和双数侧触头，单数侧定触头 K1 和选择电路中单数组动触头 S1 的引出线相连，双数侧定触头 K4 和动触头 S2 的引出线相连；其动触头 J 按一定的操作程序左右带负载切换，就能切换到不同分接。其触头有烧蚀，因此用弹簧储能释放机构快速切换。

组合式有载分接开关的切换分接头过程（由 4 分接头向 3 分接头切换）如图 2-14 所示。其工作程序为：接通某一分接头，选择下一分接头，选择结束，切换开始，桥接两分接头，切换结束，接通下一分接头。

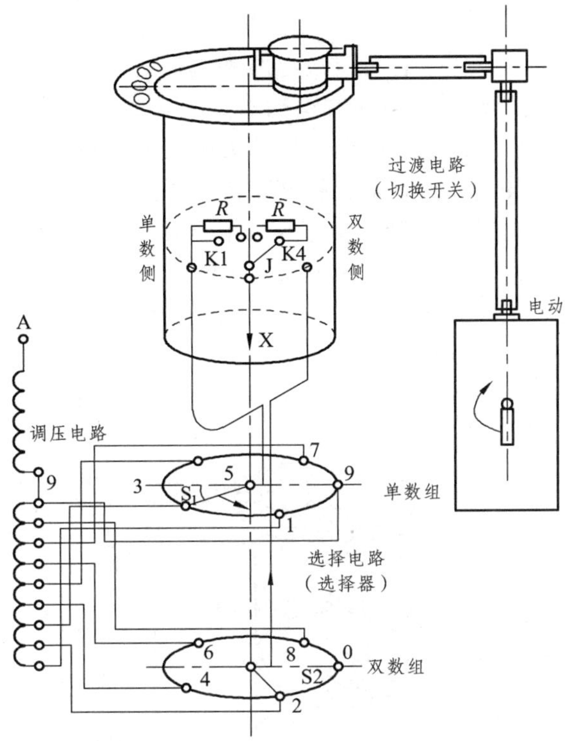

图 2-13　组合式有载分接开关的示意图（只表示一相）

A—绕组线端；1～9—分接头；S1、S2—动触头；K1、K4—定触头；J—动触头；R—过渡电阻；K—电流引出端

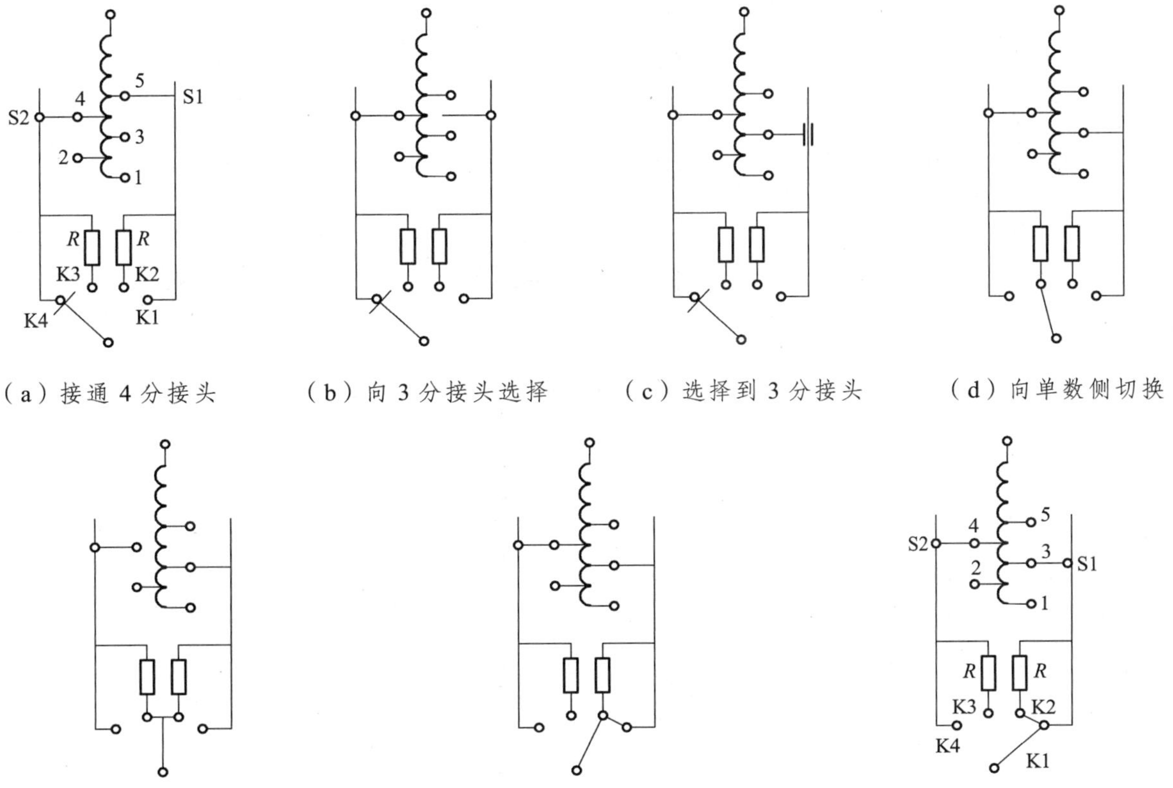

（a）接通 4 分接头　（b）向 3 分接头选择　（c）选择到 3 分接头　（d）向单数侧切换

（e）桥接 3、4 分接头　（f）切换至单数侧　（g）切换结束，接通 3 分接头

图 2-14　有载分接开关的选择电路和过渡电路切换分接的工作程序

2）复合式分接开关工作过程

这种分接开关没有单独的过渡电路，它将过渡电路和选择电路合二为一，在结构上也就没有单独的切换开关。复合式分接开关的选择开关的电路和结构示意图如图 2-15 所示。电动机构输出的转动力经垂直转动轴、圆锥齿轮传动箱、水平传动轴送至分接开关头盖上的圆锥齿轮传动装置，然后传送至储能机构推动释放曲柄，储能弹簧拉伸过死点释放，使槽轮拨槽件拨动槽轮转过一个槽，选择开关操作轴转过一个角度，使切换组件从一个定触头运动到相邻的一个定触头上，从而完成了一次分接的变换。利用槽轮的弧形凹面与拨槽件连锁，为下一次切换做准备。转换选择器的动作由转换选择器凸轮和转换选择器操作曲柄来完成。选择开关从工作分接位置变换到相邻分接位置是一步完成的，实际变换时间随开关形式和结构的不同而不同，约为 40 ~ 180 ms。选择开关的切换过程（由 3 分接头向 2 分接切换），如图 2-16 所示。其工作程序为：接通某一分接头，切换开始，桥接两分接头，切换结束，接通下一分接头。

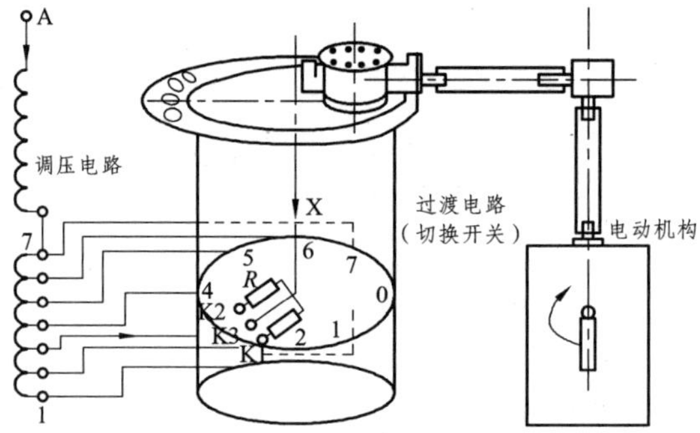

图 2-15 选择开关示意图

A—绕组线端；1 ~ 7—分接头；0 ~ 7—定触头；K—主通断（主弧）触头；K1、K2—过渡触头；R—过渡电阻；X—电流引出端

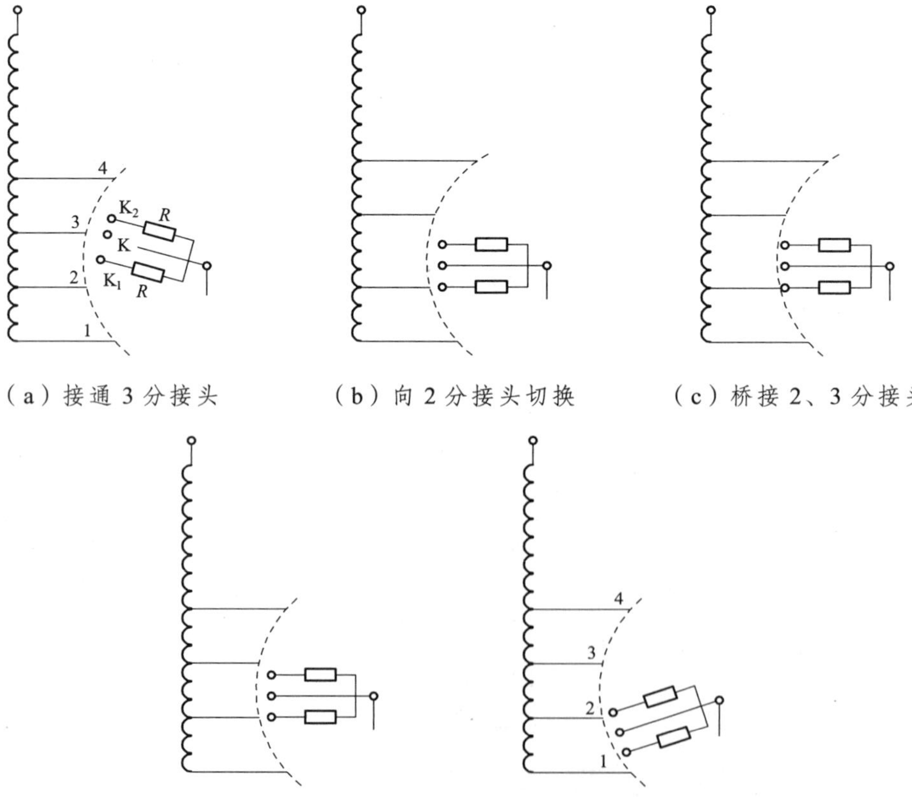

（a）接通 3 分接头　（b）向 2 分接头切换　（c）桥接 2、3 分接头

（d）切换至 2 接头　（e）接通 2 分接头

图 2-16 选择开关切换分接的工作程序

五、变压器附件

变压器附件由套管、储油柜、防爆装置、冷却装置、气体继电器、净油器、油位计、油温测量装置及吸湿器等组成。

1. 套　管

套管是绕组引出线从油箱内引致油箱外的绝缘支撑元件，使引线对地绝缘，并起到固定引线的作用。变压器常用的套管类型有瓷绝缘套管、充油式套管和电容式套管三种形式。充油式套管由于外形尺寸大，技术落后，已被淘汰。

1）瓷绝缘套管

瓷绝缘套管主要用于 35 kV 及以下的电压等级，按其结构分为对夹式、导杆式和穿缆式三种，见图 2-17。按使用场所要求又分为普通型和加强型两种。不同电压等级，其基本结构都是相同的，只是瓷套的瓷裙个数有所差别，电压高的裙数多。在套管最下部一个磁裙与固定台之间喷涂金属，以降低电场强度，防止放电。

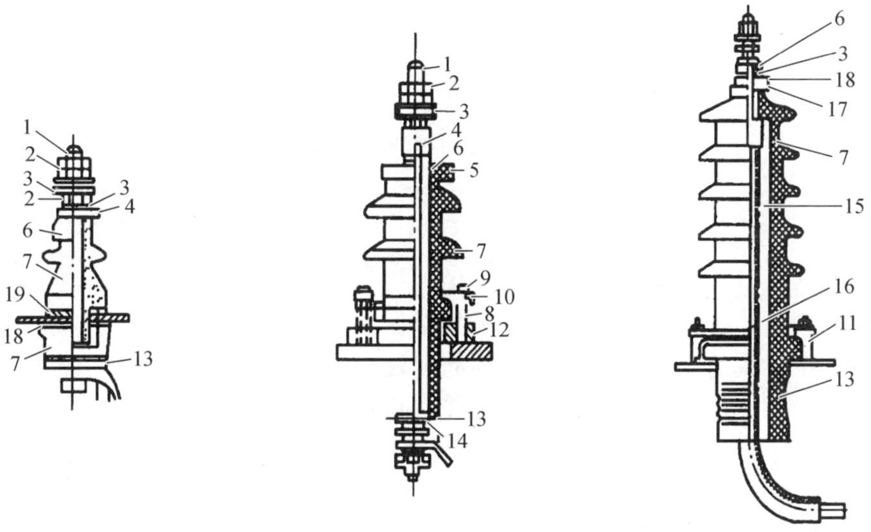

（a）对夹式　　（b）导杆式　　（c）穿缆式

图 2-17　瓷绝缘套管

1—导电杆；2、9—螺帽；3—垫圈；4—铜杆；5—衬垫；6—瓷盖；7—磁伞；8—螺杆；10—加持法兰；11—压圈；12—钢板；13—绝缘垫圈；14—铜垫圈；15—电缆；16—卡圈；17—放气塞；18—罩；19—密封垫圈

电容式套管以绝缘烧制的电容芯子作主绝缘，由于其性能优良，外形尺寸小，质量轻，因此在 110 kV 及以上高压出线广泛使用。电容型套管分胶纸电容式和油纸电容式两种（图 2-18）。

① 胶纸电容式。胶纸电容式套管的电容芯子由 0.05 ~ 0.07 mm 厚的电缆纸上单面涂酚醛树脂或环氧树脂后与铝箔一起加温加压交错卷制在导电铜管上，经加热固化、外表加工和浸漆处理，再配上储油柜、上瓷套、安装法兰、尾部均压球、接线端子等，充以绝缘油构成。胶纸电容芯子有很高的电气绝缘性能，可直接用于干燥清洁的室内。

② 油纸电容式。油纸电容式套管的电容芯子为 0.08 ~ 0.12 mm 厚，经真空干燥处理，除去内部空气与水分，并用变压器油浸渍，因而成为具有耐电强度较高的油纸复合绝缘。套管的瓷套仅起着外部绝缘及保护内部绝缘不受外界大气的侵蚀作用。为了确保套管的密封，油纸电容式套管具有上、下瓷套，用强力弹簧通过导管将上下瓷套压紧，连接处用耐油橡皮圈密封。套管内绝缘油与变压器

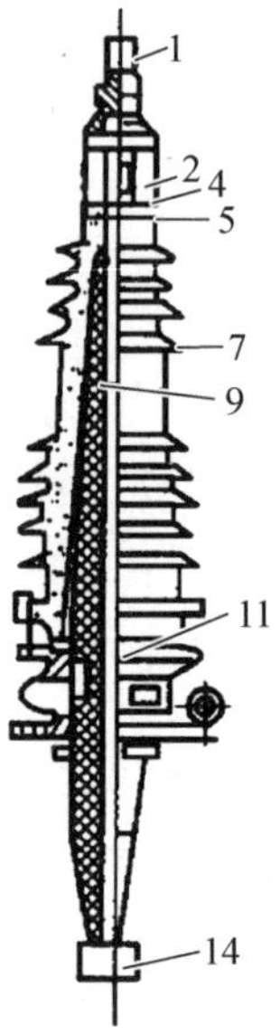

（a）油纸电容式

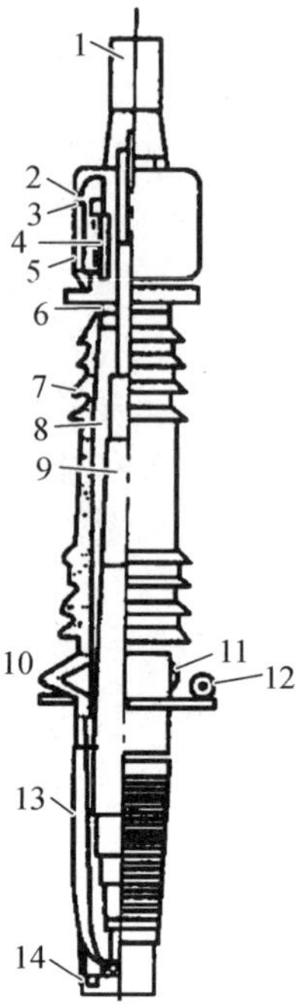

（b）胶纸电容式

图 2-18　电容式套管

1—接线端子；2—均压罩；3—压圈；4—导管及弹簧；5—储油柜；6—密封垫圈；
7—上瓷套；8—绝缘油；9—电容芯子；10—接地套管；11—取油样塞子；
12—中间法兰；13—下瓷套；14—均压球

本体油和大气隔绝，具有防潮能力强、绝缘强度高、油质稳定、体积小、质量小、安装方便等特点。套管的储油柜为全密封式的结构，避免了大气的侵蚀，为避免温度增高时油体积膨胀而造成套管内压力过大，在储油柜上部留有一定的空间，起缓冲作用。

2. 储油柜

储油柜又称油枕，是一种油保护装置，安装于变压器油箱上部，用弯曲联管与变压器油箱连接，其容积一般为总油量的 10% 左右。储油柜主要有以下两个作用：

变压器在运行中由于油温变化（降低）或长期渗漏油使油位下降，严重时会使铁芯和绕组露在空气中，这样影响器身的散热和绝缘。油枕的作用就是用储存的备用油，及时调节油位的变化，确保可靠散热和器身绝缘水平。

减少油和空气的接触面，防止油被过快地氧化和受潮。油枕的油面比变压器油箱的油面要小，另外，油枕里的油平常几乎不参与油箱内油的循环，它的温度要比油箱内的上层油温低得多，而油在低温下氧化过程较慢，因此，有了油枕，对防止油的过快氧化是很有用的。储油柜分为胶囊式和隔膜式两种，胶囊或隔膜将变压器油与空气隔离，大大缓慢了油的老化速度。

大型变压器常用密封式储油柜，有胶囊式储油柜和隔膜式储油柜两种结构。

胶囊式储油柜在储油柜内装设一个由 0.06 mm 的多层丁腈或氯酊橡胶制成的胶囊，使变压器油与空气隔离，其结构原理如图 2-19 所示。变压器安装时，在储油柜内注油的同时应将胶囊与柜壁间的空气排尽，胶囊内腔气体经吸湿器与大气连通，胶囊下部浮贴在油面上，使油与空气隔离并可胀缩。为了实现全密封，采用小胶囊油表，油表内油与油枕不通。

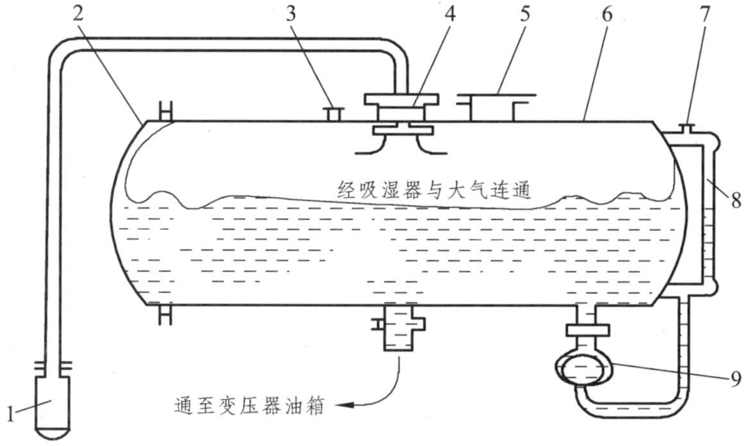

图 2-19　胶囊式储油柜结构原理

1—吸湿器；2—胶囊；3—放气塞；4—胶囊压板；5—安装手孔；6—储油柜本体；7—油位计注油及呼吸塞；8—油位计；9—油位计胶囊

隔膜式储油柜由两个半圆壳组成，两半圆壳之间压装着一个半圆式耐油尼龙橡胶隔膜，隔膜周边固定在柜沿上，隔膜浮在油面上，将油面与空气隔开。在隔膜上安有连杆，随着油面的升降而浮动，并由连杆操作油位计。隔膜式储油柜的结构如图 2-20 所示。

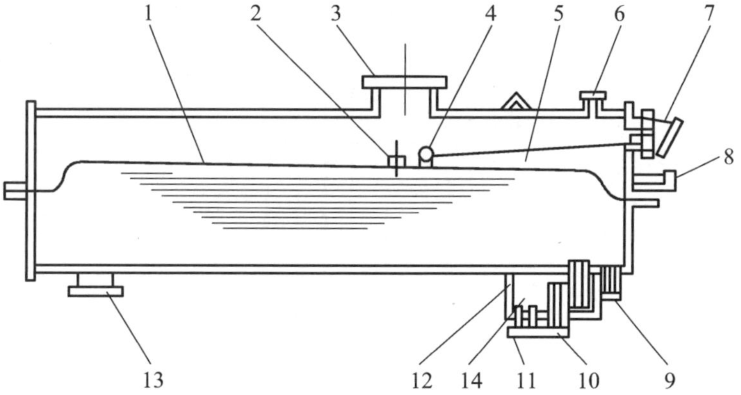

图 2-20　隔膜式储油柜结构图

1—隔膜；2—放气嘴；3—视察孔；4—支架；5—连杆；6—接吸湿器管接头；7—油位计；8—放水塞；9—加油管接头；10—放气管接头；11—气体继电器管接头；12—集气室；13—集气盒油位计；14—集污盒

3．防爆装置

防爆装置安装在电力变压器的油箱盖上，当变压器内部发生故障时，油箱内部产生的高压力使防爆装置释放，从而保护了变压器。

采用防爆管作为释放压力的保护装置，当变压器内部发生故障时，其内部压力迅速增加，当压力达到一定值时，防爆膜被冲破，将油分解出的气体及油压及时排出，避免器身及外壳的变形。

采用压力释放阀作为释放压力的保护装置，当变压器内部发生故障时，变压器油大量气化，油箱内压力急剧上升。当压力达到释放阀的开启压力时，膜盘被顶开，将油气压力释放，同时机械信号杆被顶出，表示事故。当接有电气信号，则锁板带动动合触点，接通跳闸或信号回路。当油箱压力降到关闭压力时，膜盘在弹簧的压力下恢复原位，防止变压器油外溢。机械信号杆要手动按下复位，并推动复位把手将电气信号触点复位。

压力释放阀与防爆管相比，具有开启压力误差小、延迟时间短、控制精度高，且能重复动作使用等优点，故得到普遍推广应用。

4. 冷却装置

散热器、潜油泵、风扇等都是冷却装置。散热器可以分为自冷散热器、风冷式散热器、强油循环风冷却器、强油水冷却器等。自冷式散热器是靠热油经散热器自然对流冷却，由于片式散热器的散热效率最高，所以被大量采用。在油冷却循环系统中加入潜油泵，可提高油流循环速度，增加散热效果。散热器通风用风扇装置由三相鼠笼式电动机和风扇组成，每个散热器上一般装设两只风扇。

5. 气体继电器

气体继电器又称瓦斯继电器，装设于变压器油箱与油枕之间的连管上，是变压器的主要保护设施，它可以反映变压器内部的各种故障及异常运行情况，如油面降低、空气进入本体。气体继电器上的箭头方向应指向油枕，并要求有 1%～1.5% 的安装坡度，以保证变压器内部的气体能顺利地流向气体继电器。继电器外壳上镶有带刻度的玻璃，用以指示其中充入气体的数量（cm^3）。当变压器内部出现轻微故障时，则因油分解而产生的气体聚积于继电器上部，当气体总量达到 250～300 cm^3 时，开口杯 1 下沉，继电器内轻瓦斯触点接通（接通信号回路的触点 a、b）发出报警信号，如果是变压器内部故障严重，出现强烈的油气流，冲动继电器内挡板（浮杯 2），使重瓦斯触点闭合，将断路器跳闸回路触点 c、d 接通，切断变压器电源。另外，利用气体继电器还可以观察气体的颜色及数量，并取气样。气体继电器动作原理见图 2-21。

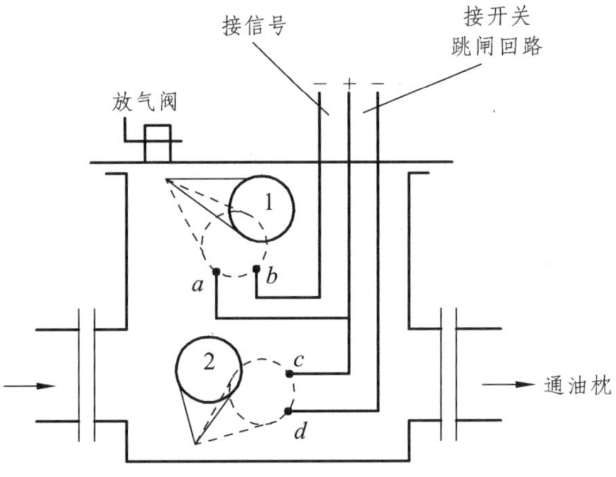

图 2-21 气体继电器结构原理图

1—开口杯；2—浮杯

6. 净油器

净油器是一个充满吸附剂（硅胶或活性氧化铝）的容器，它安装在变压器油箱的侧壁或强油冷却器的下部。油流经净油器时，油中的水分、杂质、游离酸、氧化物等被吸附剂吸收，使油质维持清洁，延长变压器油的使用寿命。

7. 油位计

油位计又称为油表或油标，用来监视变压器的油位变化。油位计上标出相当于温度为－30 °C、＋20 °C 和＋40 °C 的三个油面线标志。常用的油位计有板式、管式、磁力式。

板式油位计结构简单，不易损坏，但油位标志不明显，在侧面无法观察油位，因此适用于小型电力变压器的储油柜上和充油套管的储油柜上，目前已逐步淘汰，其结构如图 2-22 所示。

管式油位计用于胶囊密封式储油柜，见图 2-23，玻璃管 7 内放一只红色浮球 6，从它浮在管内的位置，可以观察出油面的高度。玻璃管 7 用上下压盖 5、8 紧固在上下油表座 4、11 之间，利用螺栓将下座固定在储袖柜端盖上。向外旋出螺纹塞子 10，即可堵塞油位表和储油柜之间的通路，更换玻璃管。其优点是结构简单，油面直观清晰，缺点是玻璃管易损坏，且管内的油受日光直射，易老化。

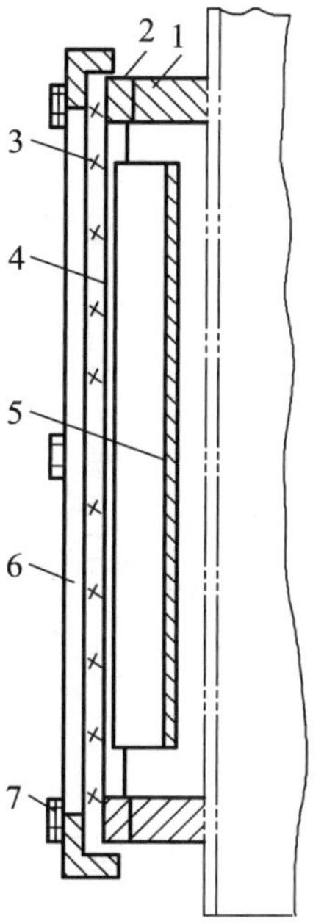

图 2-22　板式油位计结构

1—法兰；2—密封垫圈；3—衬垫；4—玻璃板；5—反光镜；6—外罩（压盖）；7—螺栓

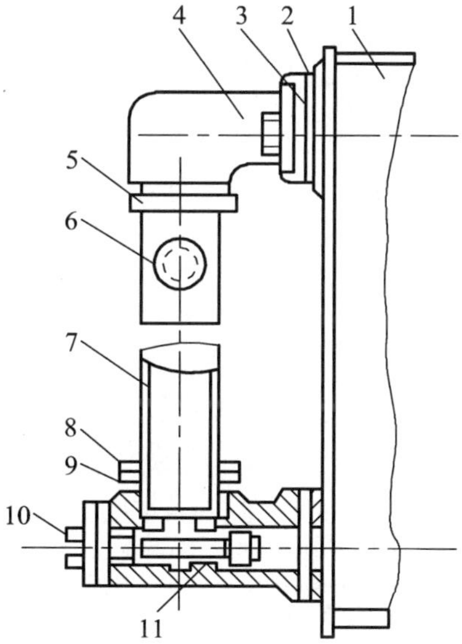

图 2-23　管式油位计结构

1—储油柜；2—法兰；3，9—胶垫；4—上油位座；5，8—压盖；6—红色浮球；7—玻璃管；10—螺纹塞子；11—下油表座

磁力式油位计用于隔膜式储油柜，当储油柜内的油位升高或降低时，隔膜随之升降，通过连杆带动油位计齿轮和伞齿轮，使与齿轮同轴的主动磁钢转动，并依靠磁力作用，带动从动磁钢相应转动，从而使与从动磁钢同轴的指针在表盘上指示出油位来。

8. 油温测量装置

温度计用于监视变压器的上层油温，小型变压器可用水银温度计直接插入温度计管座里进行测温监视，大中型电力变压器应装设信号温度计及远方测温装置。

1）压力式信号温度计

压力式信号温度计的结构，如图 2-24 所示。带电气触点的温度计表盘 10 和测温管 3 之间用金属软管 2 连接。测温管插在油箱顶盖上的一个注有变压器油的开口管座内。

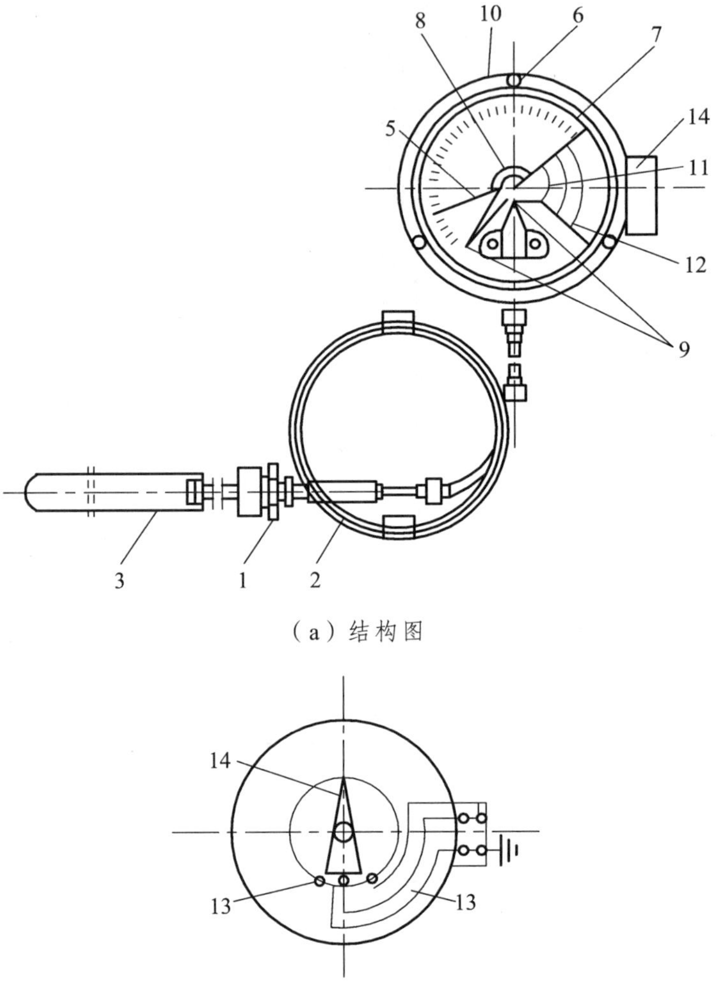

（a）结构图

（b）线路图

图 2-24　压力式信号温度计结构

1—管接头；2—金属软管；3—测温管；4—接线盒；5—指针；6—固定孔；7—外壳；8—调节孔；9—上下限触电指针；10—表盘；11—齿轮传动机构；12—弹簧管；13—下限解点；14—动触点

测温管内的温包经紫铜毛细管连接到表盘内的单圈弹簧管 12，其内充以蒸发液（如氯甲烷、乙醚、丙酮等），蒸发液的压力跟着油温变化而变化，通过毛细管传递使弹簧管变形带动指针偏转，指示出相应的温度数值。当达到设定值，将启动冷却装置或接通报警回路。

2）电阻温度计

电阻温度计用作远距离测温用，它由测温电阻和表头两部分组成，其原理接线图见图 2-25。表头内部是电桥电路，测温电阻 2 通过电缆连接到电桥电路的一臂，其电阻值随着油温的变化而变化，电桥平衡同时受到影响，于是表头部分即显示相应的油温值。显示方式有指针式和数字式两种。

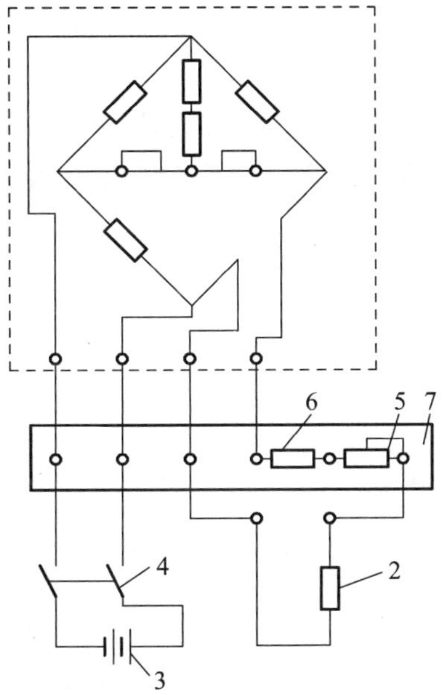

图 2-25　电子温度计的原理接线

1—测温计；2—测温电阻；3—蓄电池；4—开关；5—校正电阻；6—平衡电阻；7—接线板

9. 吸湿器

吸湿器又称呼吸器，如图 2-26 所示，通常与储油柜配合使用，内部充有吸附剂（硅胶或活性氧化铝），下部带有盛油器，用以过滤、清除空气中的杂质和水分。当硅胶由蓝色变为淡红色时，表明吸附剂已经受潮，必须更换或干燥。初次使用时，必须拧下下罩 8，拆除密封圈（运输、储存时用），按下罩 8 上油面线注入变压器油后，再将下罩拧上，并检查玻璃筒两端密封良好后即可投入使用。

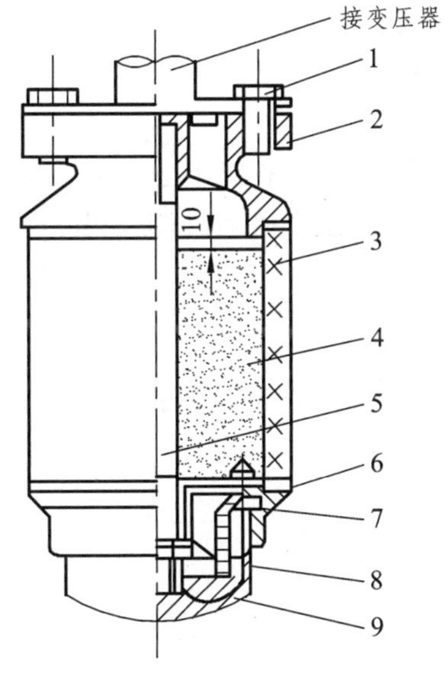

图 2-26　吸湿器结构

1—螺栓；2—法兰；3—玻璃筒；4—吸附剂；5—螺杆；6—下座；7—密封圈；8—下罩；9—变压器油

10. 油浸式变压器绝缘结构

变压器的绝缘在运行中应能承受三种电压，即长期的工作电压、短时的内部过电压和外部过电压。不同电压等级的变压器都规定了相应的绝缘水平。

变压器的绝缘分为主绝缘和纵绝缘两大部分。主绝缘是指绕组之间，绕组对铁芯、油箱等接地部分，引线对铁芯、油箱以及分接开关对铁芯、油箱的绝缘。纵绝缘是指同一电压等级的一个绕组匝间、层间、绕组对静电屏之间的绝缘。

变压器的绝缘结构分为全绝缘和分级绝缘两种，全绝缘结构指变压器中性点部分的绝缘水平与绕组端部的绝缘水平相同；分级绝缘又称半绝缘，指变压器绕组中性点部分的绝缘水平比绕组端部的绝缘水平低的一种绝缘结构。分级绝缘变压器主要用于 110 kV 及以上中性点直接接地系统中。

2.1.2 干式变压器

一、干式变压器的特点

环氧树脂浇注式干式变压器具有油浸式变压器无法比拟的优点。

（1）绝缘强度高：浇注用环氧树脂具有 18 ~ 22 kV/mm 的绝缘击穿场强，且与电压等级相同的油浸式变压器具有大致相同的雷电冲击强度。

（2）抗短路能力强：由于树脂的材料特性，加之绕组是整体浇注，经加热固化成型后成为一个刚体，所以机械强度很高，经突发短路试验证明，浇注式变压器因短路而损坏的极少。

（3）防灾性能突出：环氧树脂难燃、阻燃并能自行熄灭，不致引发爆炸等二次火灾。

（4）环境性能优越：环氧树脂是化学上极其稳定的一种材料，防潮、防尘，即使在大气污秽等恶劣环境下也能可靠运行，甚至可在 100% 湿度下正常运行，停运后无须干燥预热即可再次投运。可以在恶劣的环境下运行，是环氧浇注式干式变压器较之浸渍式干式变压器的突出优点之一。

（5）维护工作量很小：由于有了完善的温控、温显系统，目前环氧浇注式干式变压器的日常运行维护工作量很小，从而可以大大减轻运行人员的负担，并降低运行费用。

（6）运行损耗低，运行效率高，噪声低。

（7）体积小、质量小，安装调试方便。

（8）不需吊芯检修，节约占地面积，相应节省土建投资。

缺点是树脂绝缘缺陷和损伤的不可恢复性和不可修复性，一般会在制作过程中产生缺陷，在运行过程中产生损伤。

二、环氧树脂浇注式干式变压器的绝缘构成

1. 固体绝缘

环氧树脂浇注式干式变压器的固体绝缘由浇注树脂加树脂浸渍材料（如玻璃纤维、薄膜等）组成。主要有绕组内部绝缘（如匝绝缘）、分段层式绕组的段间绝缘以及绕组和引线间的绝缘等部分，都采用固体绝缘。固体绝缘最严重的缺陷是在浇注件中出现空穴或运行中出现开裂而引起局部放电，从而引起绝缘的长期老化以致击穿。

2. 复合绝缘

主要有高、低压绕组间的绝缘、高压绕组对铁芯的绝缘（对地绝缘）以及高压绕组与高压绕组间的绝缘（相间绝缘）等部分为复合绝缘。

3. 沿面绝缘

沿面绝缘指浇注绕组表面的端子之间，以及浇注绕组与支持绝缘表面之间的绝缘。沿面绝缘的主要问题是沿面放电，这时表面的污秽以及吸潮对其都有较大的影响。

三、常用干式变压器特点

1. 制　造

SC（B）型环氧浇注干式变压器，其高压绕组外层，以网格玻璃纤维，在高真空状态下浇注环氧树脂，经固化后形成一密封的整体。绕组具有很好的电气和机械性能。在短路和温度冷热变化情况下，由于网格纤维作用免除绕组开裂之忧，并可防止化学物质腐蚀，不易受潮。

低压绕组由铜箔绕制，层间采用 F 级半固化绝缘材料，绕组外层用玻璃纤维增强树脂包封。经固化后，形成一坚实的刚体，铜箔绕组与高压绕组安匝平衡处于最佳状态，大大降低了轴向短路电动力，增强其抗短路能力。

其铁芯采用晶粒取向优质硅钢片叠装而成。全斜结构，绕组与铁芯采用弹性固定，可降低空载损耗和噪声。

2. 结　构

高压绕组直接绕在低压绕组上，导线采用 H 级绝缘（极限温度可达 180℃）漆包铜线，高压绕组层间以及外层均采用浸润树脂的玻璃纤维丝缠绕。由于玻璃纤维含量高达 80%，缠绕时加入的玻璃纤维直接与交叉束绕有机结合，经固化后，绕组整体十分坚固，径向、轴向的机械强度均十分高，抗短路能力强，高低温度下冲击稳定性极佳，防止热膨胀系数差异而造成开裂。高压绕组可按散热需要设置单个或多个外轴向冷却气道。

3. 材　料

干式变压器铁芯采用晶粒取向优质硅钢片叠装成阶梯状，具有极佳的空间利用率和较低的空载损耗值。心柱与轭接缝呈 45° 交接使磁通方向与晶粒取向一致。铁轭不冲孔，消除了螺杆与铁轭相通而引起铁芯多点接地的危险。在绕组与上、下铁芯夹件之间设置缓冲弹性垫块，以降低变压器的噪声。

2.1.3　整流变压器

一、整流变压器的结构（以德国 Trofo-Union 的 GEAFOL 干式整流变压器为例）

GEAFOL 环氧树脂浇注干式变压器的铁芯采用高导磁晶粒取向冷轧硅钢片层层压铸而成，见图 2-27。其低压绕组为铝箔绕制的 F 级圆筒式绕组，绕组端部用树脂浇注。高压绕组采用分段圆筒式结构，在真空状态下采用环氧树脂用模具进行浇注。高压绕组由铝箔组成，因为铝和树脂混合料的膨胀系数比较接近，这对防止环氧树脂层的开裂是比较有利的。铝箔涂有优质绝缘薄膜。每相绕组由几个分开的、串联而成的线圈组成，线圈先烘干然后在真空下封闭在树脂中。

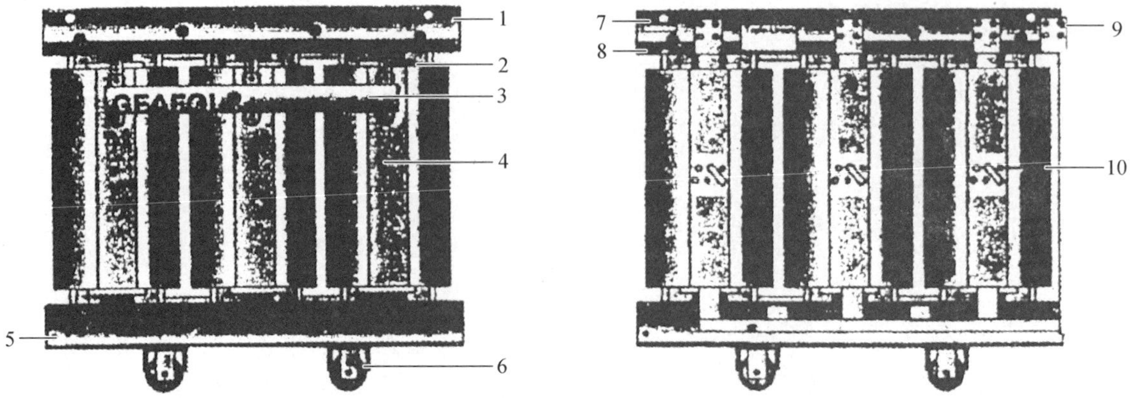

图 2-27　GEAFOL 干式整流变压器

1—吊耳；2—高电压端子；3—加密封套的连接端子板；4—加密封套的高电压绕组；5—接地端子；6—轮子（能转 90°）；7—低电压接线端；8—低电压星点端子，2N 型；9—低电压星点端子，2N 型；10—高电压转换开关

二、整流变压器的绕组接线（即接线组别）

变压器每一相分别有两个独立的高、低压绕组，上下串成一个整体，即每相铁芯上有两个低压在内，高压在外的绕组，上面的绕组为 Dy5，下面的绕组为 Dd0。每个线圈上下都有四块硅橡胶绝缘垫块将线圈与铁芯做缓冲联结，以作避震，兼作绝缘。高压绕组的三相连接线由环氧树脂浇注的连接板置于变压器正面。见图 2-28。

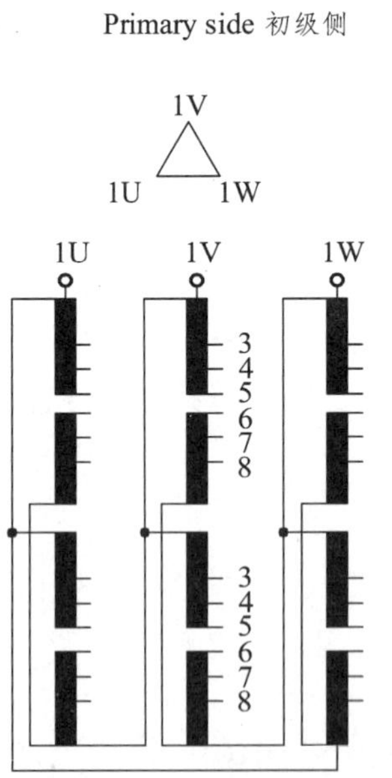

电压伏　联接线

Tension V	Connection
34 650	5~6
33 825	4~6
33 000	4~7
32 175	3~7
31 350	3~8

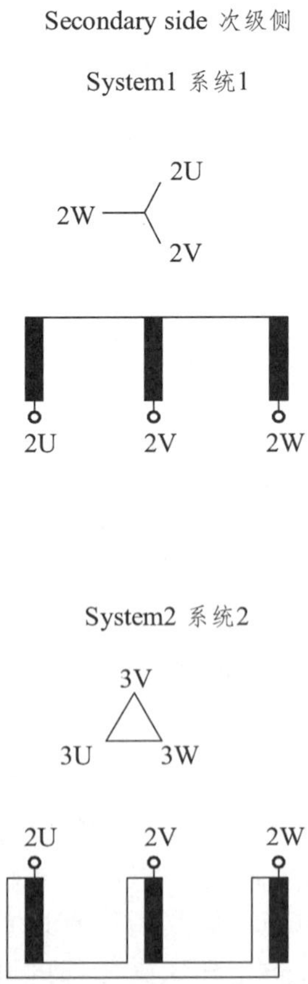

图 2-28　GEAFOL 干式整流变压器接线

三、整流变压器的分接头

整流变压器设置了五挡分接头，高压侧电压在 (33 kV ± 2) × 2.5% 范围内调整，分接头为无载调压，通过调整绕组上的分接连接片实现调压。出厂时设定为额定分接，当低压输出电压偏高时，将分接片向上调（匝数增加），电压将下降；当低压输出电压偏低时，将分接片向下调（匝数减少），电压将上升。由于整流变压器为四绕组变压器，在调整分接头时，必须同时调整二组高压绕组相对应的分接头，以保证两个低压绕组的输出线电压相一致。

四、整流变压器的运行温度控制

为了不缩短变压器的寿命，绕组温度不能连续超过一个定值，该值依据变压器的绝缘形式而定。因此，温度监视系统的传感器必须测量绕组温度，以保护它们避免过热或过载。对于标准 GEAFOL 变压器，热敏电阻型热保护包括温度传感器（3 芯 PTC 热敏电阻）和一个常规热敏电阻跳闸元件。

温度传感器是一个小型电阻，它的阻值随着温度变化而变化，一到预先设定的响应温度，阻值几乎在瞬间增大。温度传感器与跳闸元件中的接触器串联，温度传感器阻值增大，使接触器线圈失电，接点动作，产生报警或使变压器开关跳闸。当绕组温度降至 6K 低于传感器响应温度时，传感器电阻降低，接触器线圈再次得电，变压器再次运行。保护系统有自检回路，为接触器回路提供自动跳闸保护和电源故障保护。

温度传感器为串联连接，接线在上部夹紧梁上的端子排上。监视系统的跳闸元件通常接在控制盘上。在温度传感器和跳闸元件之间必须敷设控制电缆。跳闸元件上的端子允许接入横截面不大于 2.5 mm^2 的电缆，控制电缆总电阻不大于 100 Ω。

五、GEAFOL 环氧树脂浇注干式变压器的特点

1）局部放电值低

GEAFOL 独特的结构和制造工艺可以达到在 1.1Um 下，局放值小于 1Pc。

2）耐雷电冲击能力强

箔式绕组起始电压分布接近线性，因此，GEAFOL 变压器具有很好的耐雷电冲击能力。

3）抗短路能力强

低压绕组的铝箔宽度就是电抗高度，低压电流按绕组间的安匝平衡要求匹配，高、低压绕组因短路引起的轴向力几乎为零。

4）抗开裂性能好

GEAFOL 变压器采用填料型树脂和全铝箔结构，绝缘材料与铝导体的热膨胀系数最相近，能满足低温、高温及温度变化范围大的场合，并且能满足长期运行后的抗开裂要求。

5）过负载能力强

若相同容量的变压器负载损耗相等，则铝箔的截面积将比铜导体相应放大，体积增大后，填料树脂用量多，因此绕组热容性大，变压器短时过载能力强。

变压器的过载能力与变压器结构、环境温度、初始负载等诸多因素有关。GEAFOL 变压器过负载能力的典型曲线见图 2-29。

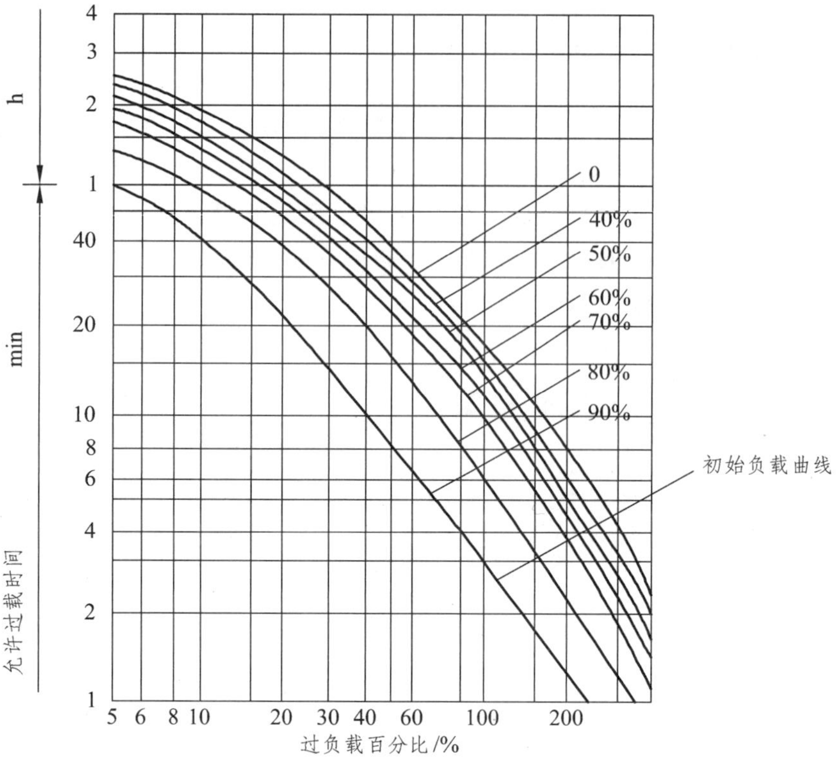

图 2-29 GEAFOL 变压器过负载能力的典型曲线

GEAFOL 变压器过载能力典型数据表见表 2-1（最大环境温度 + 45 °C）。

表 2-1 GEAFOL 变压器允许过载时间 单位：min

过载能力/%		10	20	30	40	50	60	80	100
初始负载/%	50	85	56	42	33	28	23	16	14
	60	80	53	39	29	25	19	14	12
	70	74	47	33	25	21	16	12	9
	80	57	35	25	19	19	12	8.5	7
	90	37	21	18	11	8	6.5	5	3.5

6）阻燃特性好

采用填料树脂浇注工艺有利于环境保护。GEAFOL 变压器具有免维护、防潮、抗湿热、阻燃和自熄特性，可用于商住区、地铁、电厂、轮船、海洋钻井平台等各种环境及条件恶劣的场所。

7）噪声低

GEAFOL 变压器整体噪声水平较国家专业标准中的噪声值低 10 ~ 13 dB（A）以上。

8）损耗低

SCB9 系列与国内通常使用的“8”型产品相比，总损耗平均降低 10% ~ 15%，具有很好的经济效益。

2.1.4 互感器

一、电流互感器

1. 基本原理

电流互感器是一种电流变换装置，用来将大电流变换成小电流，二次侧一般为 5 A 或 1 A。其工作原理与变压器相同，它的一次绕组匝数很少，串接在线路中。一次电流 I_1 经电磁感应变为二次绕组较小的电流 I_2，二次绕组匝数很多，与仪表及继电器电流线圈相串联。由于电流互感器二次回路的负荷阻抗很小，所以正常工作时二次侧接近于短路状态。

电流互感器在理想情况下，一次电流 I_1 与二次电流 I_2 之比等于匝数比的倒数，即 $I_1/I_2=N_2/N_1$。但电流互感器在实际变流过程中，励磁的损耗会引起测量误差，即变比误差和相角误差。变比误差是指实测的二次电流乘以额定变比后与实测一次电流的差值，通常以一次电流的百分数表示。相角误差是指实测的一次电流和倒相 180° 后的二次电流间的夹角，通常以分表示。

2. 分　类

按安装地点，可分为户内式、户外式和装入式。

按绝缘方式可分为干式、浇注式、油浸式、充气式。

按安装方式可分为穿墙式和支持式。

按匝数可分为单匝和多匝式。

3. 型号含义

电流互感器的型号含义如表 2-2 所示。

表 2-2　电流互感器型号含义

序号	含　义
第一个字母	L-电流互感器
第二个字母	A-穿墙式，Y-低压式，R-装入式，C-瓷箱式，B-支持式，F-贯穿复匝式，D-贯穿单匝式，J-接地保护，Q-线圈式，M-母线式，Z-支柱式
第三个字母	C-瓷绝缘，Z-浇注绝缘，L-电缆型，G-改进型，K-塑料壳，S-速饱和的
第四个字母	D-差动保护用，B-过流保护用，J-加大容量，Q-加强型，X-适用于配电箱，W-户外用

型号后数字表示产品的设计序号和电压等级。

例如：LDZB7-35 表示过流保护用贯穿单匝式浇注绝缘电流互感器，额定电压为 35 kV。

4. 电流互感器的基本技术参数

1）额定电流

额定电流是作为电流互感器性能基准的电流值。额定一次电流的标准值为：10、12.5、15、20、30、40、50、60、75 A 及它们十进位的倍数或小数。额定二次电流的标准值为 5 A 或 1 A。

2）额定变比

额定变比是额定一次电流与额定二次电流之比。由于二次绕组的额定电流规定为 5 A 或 1 A。所以额定变比的大小取决于额定一次电流。

3）额定二次负荷与实际二次负荷

额定一次负荷是确定互感器准确等级所依据的一次负荷；实际二次负荷是电流互感器二次线圈所接仪表、装置、继电器等与二次连接电缆线路阻抗的总和。

4）额定输出伏安

在额定二次电流和接有额定二次负荷的情况下，互感器在规定的功率因数下供给二次回路的视在功率。其标准值为：2.5、5、10、15、20、30、40、50、60、80、100 V·A。

5. 电流互感器的误差与准确等级

1）电流互感器的误差

（1）变比误差。变比误差又叫电流误差，它是互感器电流测量值乘以变比后与一次电流实际值之间的差值，以一次电流实际值的百分数表示。

$$\Delta I\% = \frac{KI_2 - I_{1n}}{I_{1n}} \times 100\% \tag{2-6}$$

式中 K——电流互感器的变比；

I_{1n}——电流互感器一次额定电流；

I_2——二次电流实测值。

（2）角误差。角误差是指二次电流相量旋转 180° 后与一次电流相量之间的夹角 δ。规定二次电流相量超前于一次电流相量时为正角差，反之为负角差。正常运行的互感器其 δ 一般都在 2° 以下。

（3）电流互感器的误差与下列因素有关。

① 与励磁安匝数（I_0N_1）的大小有关，也就是说与铁芯的质量和结构形式有关，铁芯质量差时 I_0 增大，误差增大。

② 与一次电流大小有关，在额定范围内一次电流增大，误差减小。

③ 与二次负载阻抗大小有关，阻抗加大，误差加大。

④ 与二次负载感抗有关，当功率因数 $\cos\varphi_2$ 减小时，电流误差增大，而角误差相对减小。

2）电流互感器的准确等级

电流互感器的准确等级是指规定的二次负荷范围内，一次电流为额定时的最大误差极限值。我国规定的标准准确级分为 0.1 级、0.2 级、0.5 级、1 级、3 级和 5 级等六个等级，特殊使用要求的电流互感器的准确级有 0.2S 和 0.5S 级。

对于 0.1、0.2、0.5 和 1 级四个准确级次当二次负荷在 25%~100%额定负荷范围内变化时，在额定频率下其电流的误差极限分别为 ±0.1%、±0.2%、±0.5% 和 ±1%，相应的角差极限值分别为 ±5′、±10′、±30′、±60′。对于 3 级和 5 级负荷在 50%~100% 范围内变化时，额定频率下电流误差的极限值分别为 ±3% 和 ±5%，角差不作规定。

3）保护用电流互感器的 10% 误差曲线

电流互感器的误差与励磁电流 I_0 有着密切的关系，为了保证继电保护装置在短路故障时能正确地动作，对于保护范围内可能出现的短路电流，要求保护用（B 级）电流互感器最大误差极限值不超过 -10%。当短路电流增加到一次额定电流的 n 倍时，电流误差达到 -10%，此时的一次电流倍数 n 称为 10% 倍数。10% 倍数越大表示该互感器的过电流性能越好，10% 倍数与互感器二次允许最大负荷阻抗的关系曲线就是电流互感器的 10% 误差曲线，如图 2-30 所示。

按照实际计算出的一次电流倍数可从曲线上查出二次允许最大负荷阻抗值，只要互感器的二次负荷阻抗小于该阻抗值，就能保证其误差不超过 10%。

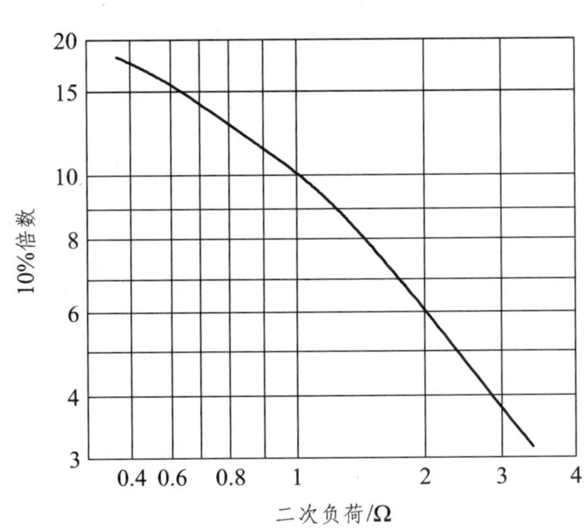

图 2-30　LQJC-10 型 10% 倍数

6. 电流互感器的使用注意事项

① 电流互感器在接入电路时，必须注意电流互感器的端子符号和极性，一般一次侧电流从 L_1 流入，L_2 流出时，二次侧从 K_1 流出经测量仪表流向 K_2，即 L_1 与 K_1、L_2 与 K_2 分别为同极性端子。

② 电流互感器二次侧必须有一端接地，以防止互感器一、二次绕组绝缘击穿时，危及人身和设备安全。

③ 电流互感器二次侧在工作时不得开路。否则一次电流全部被用于励磁，总磁势比正常值增加几十倍，铁芯过热并在二次绕组中感应出危险的高电压，其值可达几千伏甚至更高，严重威胁人身和设备的安全。因此，二次回路绝不允许开路，并不允许装熔断器。

7. 电流互感器的极性及测定方法

电流互感器与二次负载连接的图示如图 2-31 所示。电流互感器一次绕组的端子 L_1、L_2 串接在被保护元件的电流回路中，二次绕组的端子接二次负载。一次侧电流从 L_1 流入，L_2 流出时，二次侧从 K_1 流出经二次负载流向 K_2，即 L_1 与 K_1、L_2 与 K_2 分别为同极性端子（同名端），同极性端子上标注“*”号。

同极性端子可以用下述试验方法确定，如图 2-32 所示。一次绕组通过开关 S 再串联一个电池，二次绕组接入一电流计。合上开关 S，如电流表指针正向偏转，则电池正极所接端子与电流计正表棒所接的端子为同极性端子；如果电流计指针反向偏转，则电池正极所接端子与电流计正表棒所接的端子为反极性端子。

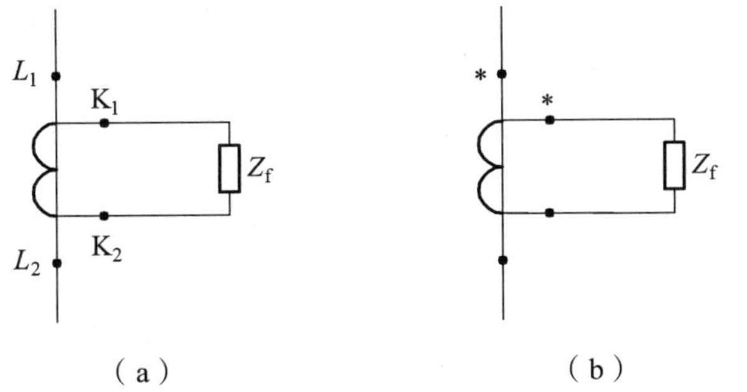

图 2-31　电流互感器端子标号图

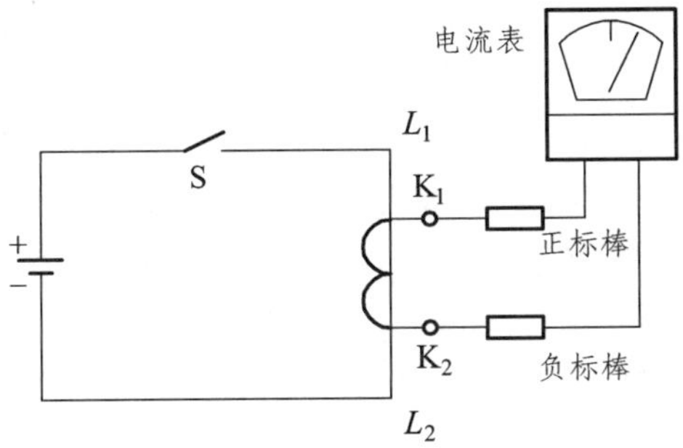

图 2-32　同极性端子试验测定法

二、电压互感器

1. 基本原理

电压互感器是电力系统中供给测量仪表和保护装置使用的重要设备，将系统的高电压变成标准的低电压（100 V、$100/\sqrt{3}$ 或 100/3 V）用于给测量仪表和继电器供电。其工作原理与变压器一样，两个相互绝缘的线圈绕在公共的闭合铁芯上，一次侧高电压 U_1 经电磁感应后，在二次侧感应出低电压 U_2。在理想情况下，电压互感器的电压比等于匝数比，即 $U_1/U_2=N_1/N_2$。

2. 分　类

按工作原理可分为电磁感应式和电容分压式。

按结构形式可分为单相、三相、双绕组、三绕组。

按安装方式，可分为户内式、户外式。

按绝缘方式可分为干式、浇注式、油浸式、充气式。油浸式又可分为普通式和串级式。

干式电压互感器结构简单，利于防火，但绝缘强度低，一般用于 3 ~ 10 kV 户内配电装置。浇注式电压互感器结构紧凑，维护方便，适用于 3 ~ 35 kV 户内装置。油浸式电压互感器技术成熟，价格便宜，广泛用于 10 ~ 220 kV 以上的输变电所。充气式电压互感器技术先进，绝缘强度高，但价格较贵，主要用于 110 kV 及以上系统中。

3. 型号含义

电压互感器的型号含义如表 2-3 所示。

表 2-3　电压互感器型号含义

序号	含　义
第一个字母	J-电压互感器
第二个字母	C-串级结构，D-单相，S-三相
第三个字母	C-瓷绝缘，J-油浸绝缘，Z-环氧树脂浇注绝缘，R-电容分压式
第四个字母	J-有接地保护用辅助线圈，W-三相五线圈，B-有补偿角差的线圈

型号后数字表示产品的设计序号和电压等级。

4. 电压互感器的基本技术参数

1）额定一次电压

电压互感器的额定一次电压与其连接系统的相关电压一致：三相电压互感器用于三相系统线间，或用于单相系统的电压互感器与它们所接系统的标称电压一致；用于三相系统线与地之间的单相电压互感器，额定一次电压为所接系统的相电压。

2）额定二次电压和第三绕组二次电压

单相接于线间的电压互感器的额定二次电压为 100 V，接于相对地间的电压互感器的额定二次电压为 $100/\sqrt{3}$ V。

用于中性点直接接地系统的电压互感器，第三绕组的二次电压为 100 V；用于小电流接地系统的电压互感器，第三绕组的二次电压为（100/3） V。

3）额定二次负荷

电压互感器的额定二次负荷是指在功率因数为 0.8（滞后）时，能保证二次线圈相应准确级次的基准负荷，又称为额定输出标准值，以视在功率伏安数表示。对于三相电压互感器，标准值为每相的额定二次负荷。二次负荷指二次回路中所有仪器、仪表及连接线的总负荷。

额定输出标准值有 10*、15、25*、30、75、100*、150、200*、250、300、400、500*V·A，其中有*号者应优先选用。

5. 电压互感器的误差及准确度等级

1）电压互感器的变比误差和角误差

电磁式电压互感器存在变比误差和角误差。

（1）比差：电压互感器二次绕组的输出电压 U_2 与变比 K 的乘积与一次电压数值之间的误差称为比值误差。用公式表示为

$$\Delta U\% = \frac{U_2K - U_{1n}}{U_{1n}} \times 100\% \tag{2-7}$$

式中　U_{1n}——电压互感器一次额定电压；

U_2——二次电压实测值。

K——电压互感器的额定电压比。

（2）角差：是指二次电压相量 U_2 与一次电压相量间的夹角 δ。该误差称为角误差 δ。如果二次侧电压转过 180° 后，超前于一次电压，角误差为正，反之为负。

电压互感器的两种误差与下列因素有关：

① 与励磁电流有关，励磁电流增大时，误差也增大。

② 与互感器的电阻、感抗及漏抗有关，阻抗和漏抗增大时误差加大。

③ 与负载和功率因数有关，负载加大，误差也增大；功率因数减小时，角误差明显加大。

④ 与电压波动有关，只有当一次电压在规定的范围内波动时，才能保证不超过准确度规定的允许值。

2）电压互感器的准确度等级（级次）

电压互感器供测量用绕组的准确度等级以额定电压和相应准确度等级所规定的额定负荷下最大允许电压误差的百分数来标称。我国电压互感器的标准准确级分为 0.1、0.2、0.5、1、3 五级，其规定条件下的电压误差极限分别为 ±0.1%、±0.2%、±0.5%、±1%、±3%，相应的角误差分别为 5′、10′、20′、40′ 和不规定。

供保护用绕组的标准准确度有 3P 和 6P，其标称数字“3”与“6”表示在 5%～100% 额定电压范围内相应准确级次最大允许电压误差的百分数，数字后面的标注 P 代表供保护用。3P 和 6P 相应的角误差分别为 120′和 240′。电压互感器的每个准确等级，都规定有相应的二次负荷额定容量，用 V·A 表示。不同的准确度等级与相应的额定容量在铭牌上都有标注。当实际二次负荷超过规定的额定容量时，电压互感器的准确度将会降低，所以应注意运行互感器的二次侧所接总负荷不能超出所需准确度的额定容量。

6. 电压互感器一、二次侧熔断器

在电压互感器一次侧安装熔断器的作用是为了防止高压系统受电压互感器本身或其引线上故障的影响，以及保护电压互感器本身。装于室内配电装置的高压熔断器，是装有石英填料的，能切断 1000 MV·A 的短路功率。在 110 kV 及以上的配电装置中，电压互感器高压侧不安装熔断器，是由于高压系统灭弧问题较大，高压熔断器制造较困难，价格昂贵，且电压互感器故障机会较少。

电压互感器二次侧安装熔断器是为了保护电压互感器二次侧短路，但在一些情况下，二次侧不安装熔断器。如二次开口三角形的出线一般不装熔断器，这是为了避免接触不良导致发不出接地信号；中性线上不安装熔断器。110 kV 及以上的电压互感器二次侧现在一般安装空气小开关而不用熔断器。

二次侧熔断器的熔断时间必须保证在二次回路发生短路时，小于保护装置动作时间。熔断器的容量应满足熔断器额定电流大于最大负荷电流，且取可靠系数为 1.5。

7. 电压互感器的极性及测定方法

电压互感器一次绕组的端子用 1U1、1U2 表示，二次绕组的端子用 2U1、2U2。一次和二次绕组按同一方向绕线，绕在同一铁芯柱上，在某一瞬间 1U1 端电位高于 1U2 端电位，2U1 端电位也高于 2U2 端电位，此时称 1U1、2U1 是同极性端（同名端）。

这种接线称为同极性或减极性，将二次电压折算到一次电压的向量应同相。如果二次绕组与一次绕组绕向相反，这种接线称为异极性或加极性，将二次电压折算到一次电压的向量应相差 180°，1U1、2U2 或 1U2、2U1 是同极性端（同名端）。

8. 测定电压互感器的极性的方法有直流法和交流法

（1）直流法。如图 2-33 所示，用 1.5 ~ 3 V 干电池或 2 ~ 6 V 蓄电池，正极接于互感器高压侧 1U1 端，负极接于高压侧 1U2 端，直流毫伏表的正极接于低压侧 2U1 端，负极接于低压侧 2U2 端。当合上开关 S 瞬间表针正偏，断开瞬间表针反偏，则被测互感器为减极性，1U1、2U1 为同极性端。如果表针偏转方向与上述相反，则为加极性。

（2）交流法。如图 2-34 所示，将互感器的高压和低压绕组的一对同名端 1U1、2U1 或 1U2、2U2 用导线连接起来，在高压侧加交流电压，用一个电压表测量高压所加的交流电压 U1，另一个电压表测量另一对同名端子 1U2、2U2 或 1U1、2U1 间电压 U2。若 U1>U2 则为减极性，否则为加极性。

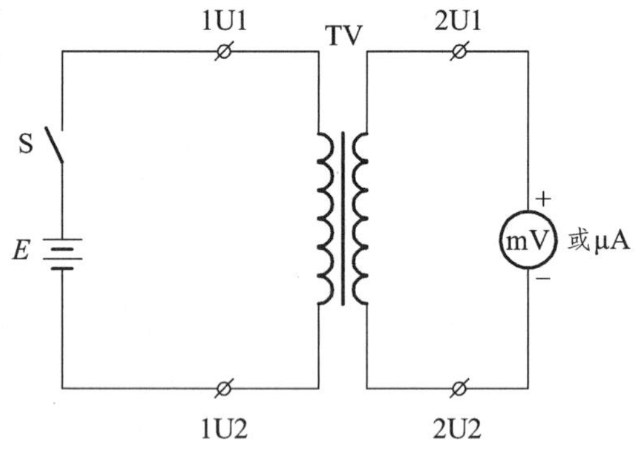

图 2-33 直流法测变压器极性接线图

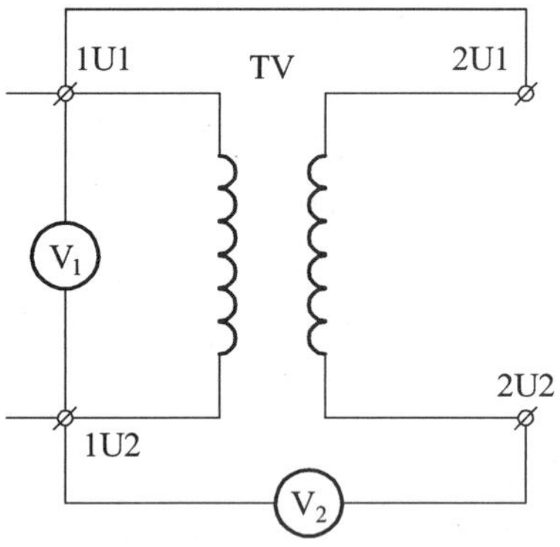

图 2-34 交流法测变压器极性接线图

9. 使用注意事项

（1）电压互感器在投运前要进行极性校核，二次绕组应有一个可靠的接地点，以防止互感器一、二次绕组匝间击穿时，危及人身和设备安全。

（2）运行中的电压互感器在任何情况下二次侧都不得短路，否则会烧坏互感器或危及系统和设备的安全运行。所以在电压互感器的二次侧要装设熔断器保护，有的还在一次侧加熔断器保护。

（3）互感器在停电检修期间，为防止二次侧检修电源向一次侧倒送电，应将一次侧的隔离开关及一、二次侧的熔断器都拉开。

2.1.5　断路器

一、断路器基本概念

1. 断路器的用途和基本结构

断路器是开关设备中最主要的设备。它在电力系统中起着两方面的作用：一是控制作用，即根据电力系统运行需要，将一部分电力设备或线路投入或退出运行；二是保护作用，即在电力设备或线路发生故障时，通过继电保护装置作用于断路器，将故障部分从电力系统中迅速切除，保证电力系统的无故障部分正常运行。

断路器的类型很多，但就其结构来讲，都是由开断元件、支撑绝缘件、传动元件、基座及操动机构五个基本部分组成。

开断元件是断路器的核心元件，控制、保护等方面的任务都需由它来完成。其他组成部分都是配合开断元件，为完成上述任务而设置的。

（1）开断元件是断路器进行关、合开断电路的执行元件，包括触头、导电部分及灭弧室等，通常由支撑绝缘件支撑。

（2）支撑绝缘件的作用是把处于高电位的开断元件与低电位部件在电气上隔绝，承受断路器的操作力与各种外力。支撑绝缘件通常指断路器的瓷柱、瓷套及其他固体绝缘件等部件。

（3）传动元件是将操作指令及操作力传递给开断元件的触头和其他部件的中间环节。它可由各种连杆、齿轮、拐臂、液压或空气管道等组成。

（4）基座是整台断路器基础，一般指断路器的底座或底架。

（5）操动机构向开断元件的分、合操作提供能量，并实现各种规定顺序的操作。操动机构包括合闸机构、维持机构和分闸机构三个部件。断路器的操动机构常用的有电磁式、弹簧式、手动操动机构和液压操动机构。

2. 断路器的灭弧原理

1）电弧的形成

当断路器断开电路时，在触头的分离过程中，一方面由于动、静触头间的接触压力和接触面积不断下降和减少，接触电阻迅速增大，所以接触处的温度将急剧升高；另一方面在触头初分瞬间，由于触头间的距离很小，所以其间电场强度很高。作为阴极的触头在高温和强电场的作用下，将发生热电子发射（电极的高温使金属内的自由电子从金属表面逸出）和强电场发射（电场力的作用把金属中的自由电子从阴极表面拉出）。

由阴极发射出的电子在电场力的作用下，逐渐加速运动，迅速奔向阳极。在高速运动的电子奔向阳极的过程中，不断与气体分子碰撞，当积累足够大的动能时，可使中性分子分离成自由电子和正离子，这一过程称为碰撞游离。新产生的电子将和原有的电子一起以极高的速度向阳极运动，当它们和其他中性气体分子相碰撞时，再次发生碰撞游离，由此连续不断地碰撞游离，触头之间的电子和正离子使触头之间的导电性能大大增加，电路中的电流也就愈来愈大，最后形成了电弧。

电弧的形成过程实际上是个连续的过程。最初由阴极借强电场和热电子发射提供起始自由电子，然后，由碰撞游离而导致介质击穿，产生电弧，最后靠热游离来维持。

2）断路器的灭弧

电弧燃烧过程中总是同时存在游离与去游离两种现象。灭弧就是设法控制电弧的电导率，使电导率有很大的变化范围和很快的变化速度，促使电弧通道中的去游离作用增强、电导率降低。当电导率趋近于零时，电弧就将失去导电性而熄灭。断路器的灭弧正是利用电弧的游离和去游离的矛盾，加速去游离的进行，减弱热游离过程。在电弧电流过零后，一方面，灭弧介质使电弧冷却，迅速降低弧隙电导率并增强去游离，从而加速介质绝缘强度的恢复；另一方面，加在弧隙上的电力系统电压也在不断上升，企图增加弧隙电导率重新点燃电弧。当断路器弧隙中的介质绝缘强度大于电网恢复电压时，电弧才能熄灭。

3. 断路器的类型及基本参数

1）断路器的类型

断路器按灭弧介质进行分类，可分为油断路器、压缩空气断路器、真空断路器、SF_6 断路器四种类型。目前地铁变电站内广泛采用真空断路器和 SF_6 断路器。

利用真空介质的高绝缘强度来熄灭电弧的断路器，称为真空断路器。断路器触头在真空中不易氧化，具有寿命长，行程短，体积小等特点。

采用具有优良灭弧性能和绝缘性能的 SF_6 气体作为灭弧介质的断路器，称为 SF_6 断路器。SF_6 是一种无色、无臭、无毒、不燃的气体，具有绝缘性能好、灭弧性能好，有优良的高温导热性等优良的物理、化学、电气性能。SF_6 断路器具有开断能力强，断口电压较小，允许连续开断次数多，适于频繁操作，噪音小，无火灾危险等特点。

2）断路器的主要技术参数

（1）额定电压。

额定电压是指断路器能承受的正常工作线电压。额定电压不仅决定了断路器的绝缘要求，而且在相当程度上决定了断路器的总体尺寸和灭弧条件。

（2）额定电流。

额定电流是指断路器可以长期通过的工作电流。断路器长期通过额定电流时，其各部分的发热温度不超过允许值。额定电流决定了断路器触头及导电部分的截面，并且在某种程度上也决定了它的结构。

（3）额定开断电流。

在额定电压下，断路器在规定的时间内能可靠切断的最大电流的有效值，称为额定开断电流（I_K），它表示断路器的断路能力。

（4）动稳定电流。

断路器在闭合位置时，所能通过的最大短路电流，称为动稳定电流，亦称额定峰值耐受电流，它表明断路器在冲击短路电流作用下，承受电动力的能力。这个值的大小由导电及绝缘等部分的机械强度所决定。

（5）热稳定电流。

热稳定电流是指断路器在某规定时间内，允许通过的最大电流，它表示断路器承受短路电流热效应的能力。在规定时间内能够保证断路器不损坏的条件下，允许通过的短路电流值，称为规定时间的热稳定电流，以短路电流的有效值表示。

（6）额定短路关合电流。

额定短路关合电流是指断路器在额定电压、规定的使用和性能条件下，断路器能保证正常关合的最大短路峰值电流。

二、几种常见的断路器

1. 真空断路器

1）真空断路器的基本结构和特点

真空灭弧室是真空断路器的核心元件，具有开断、导电和绝缘等方面的功能。灭弧室主要部分组成如图 2-35 所示，基本元件有外壳、波纹管、动静触头和屏蔽罩等元件。

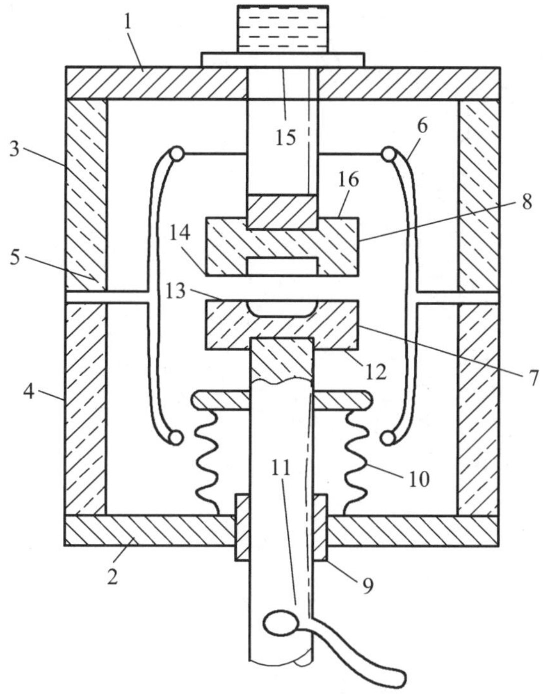

图 2-35 真空灭弧室基本结构

1、2—灭弧室金属盖；3、4—灭弧室外壳；5—中间封接环状金属部件；6—金属屏蔽罩；7—动触头；
8—静触头；9—导向管；10—金属波纹管；11—动触头导电杆；12—动触头金属基座；
13、14—动静触头铜铬合金表层；15—静触头导电杆；
16—静触头金属基座

真空灭弧室外壳能承受真空造成的压力，可用玻璃或套瓷制成。在真空灭弧室内装有一对动、静触头，既是关合时的通流元件，又是开断时的灭弧元件，其几何造型和金属元素成分随制造厂各不相通。铜-铬合金的触头材料主要用于高电压，触头形状有横向磁场触头和纵向磁场触头。动端用波纹管密封，波纹管使动触头有一定活动范围，而不使灭弧室内真空空间压强发生变化，它是灭弧室中最容易损坏的部件，决定了真空灭弧室的机械寿命，一般采用不锈钢制作。触头周围是屏蔽罩，在燃弧期间可冷凝吸附大量金属蒸汽和金属液滴，均匀电场分布，加速弧后间隙绝缘强度的恢复速度，提高灭弧室的开断能力，可防止触头间隙燃弧的生成物玷污外壳，以保护外壳内表面绝缘。灭弧室不能拆开或换触头，有问题时就全部更换。分合闸时通过动触杆运动，拉长或压缩波纹管而不破坏灭弧室内真空的装置。

图 2-36 为真空断路器的典型结构图。

真空断路器具有绝缘性能好、灭弧能力强、使用寿命长、结构简单、体积小、质量小、噪声低、无污染、维修间隔时间长、维护方便等优点。同时也有不足之处，比如在满容量断开短路电流后其冲击电压强度普遍存在下降趋势，在运行中对其真空尚无完善的检测手段，价格较贵，参数较低，等。

2）真空断路器的灭弧原理

当断路器触头带电刚分时，触头局部区域的温度随着接触电阻的增大很快上升到触头材料的熔点。随着触头继续运动，该局部熔化的金属被拉成很细的液态桥。随着触头的进一步分离，金属桥截面变细，短路电流产生的热量使金属桥发生爆炸式气化，产生大量的金属蒸气、金属离子、炽热的金属液滴等等，在间隙电场作用下，在很短的时间内燃弧，并且由电极本身蒸发的金属蒸气维持。因此，只要使电极间和触头周围金属蒸气的密度降到一定程度，真空电弧自然熄灭。

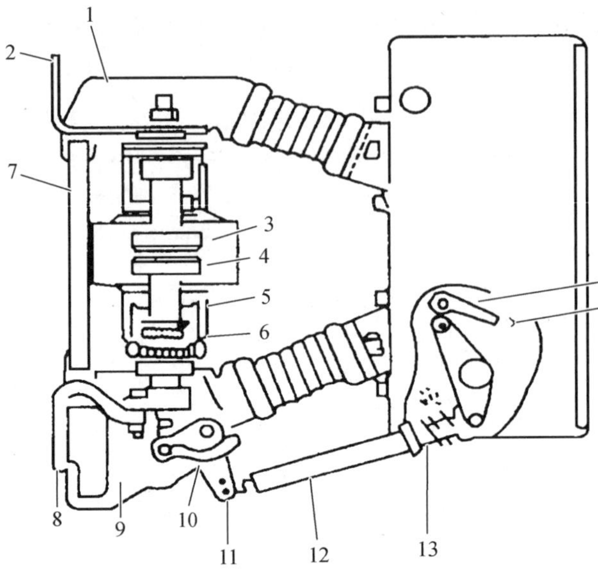

图 2-36 真空断路器的典型结构

1—上支架；2—上接线端；3—静触头；4—动触头；5—灭弧室外壳；6—波纹管；7－—绝缘杆；
8—下接线端；9—下支架；10—导向杆；11—角杠丁；12—绝缘拉杆；
13—触头弹簧；14—释放棘爪；15—合闸位置

真空电弧的形态对灭弧至关重要，分扩散型和集聚型两种。电弧电流较小时，阴极上只存在一个称为阴极斑点的强烈发光点，并发射电子，产生金属蒸气，电流密度很大，温度可达到金属沸点。

当电流逐渐增大，斑点开始分裂，阴极斑点增多，并在阴极表面不停地运动，处于不断熄灭、产生和分裂的动态过程中，真空电弧由其燃烧而成。这种不断向四周扩散的真空电弧称为扩散型真空电弧。当阴极斑点移动后，熔化的金属在微秒数量级时间内就会凝固。在交流电流过零时，由于电子与金属原子碰撞形成的电弧极间的等离子体密度迅速降低，使触头间隙的介质强度迅速提高，电弧被开断。

当真空电弧电流超过一定极限（10 kA 左右），使阳极表面严重过热，成为能量密集的阳极斑点，则原来扩散型的弧柱变成了集聚型的弧柱。电流过零时，残余等离子体向四周扩散，但其电极表面大面积的熔区在熄弧后数毫秒内仍向间隙输送大量金属蒸气，集聚型真空电弧几乎不可能开断。

横向磁场触头结构和纵向磁场触头结构是目前比较普遍使用的两类触头的结构，具有较高的开断能力。

横向磁场触头的原理是利用电流流过触头本身产生横向磁场驱使集聚型电弧运动，避免触头表面局部过热，抑制或推迟阳极斑点的产生，这对提高开断能力有明显效果。横吹触头有螺旋槽触头和杯状触头两类，见图 2-37。

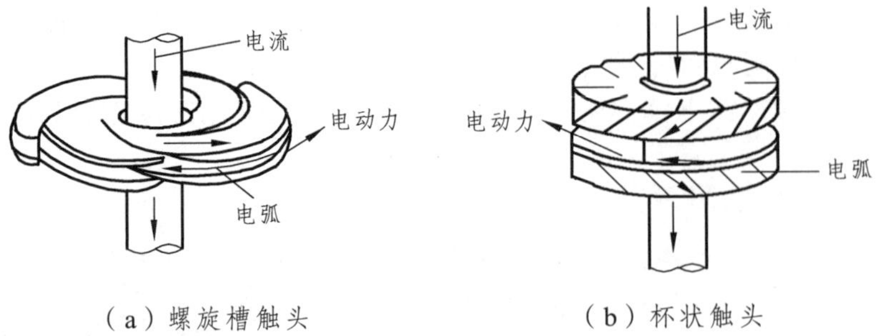

（a）螺旋槽触头　　（b）杯状触头

图 2-37 横向磁场的触头

螺旋槽触头（图 2-38）的中部突起处是圆环状的接触面，接触面周围的圆盘上开有螺旋槽，并延伸到圆盘的边缘。当触头分开时，在接触面上产生的电弧在电磁场作用下从位置 a 向外移到 b。电弧受到螺旋槽的限制，分解为切向分量 i_1 和径向分量 i_2。切向分量 i_2 产生的磁场 B 与电弧电流形成的电动力是沿切线方向的，它使电弧在触头外缘上下不断沿触头圆周旋转，从而使电弧分散在触头表面较大面积范围内，减轻触头表面局部过热。

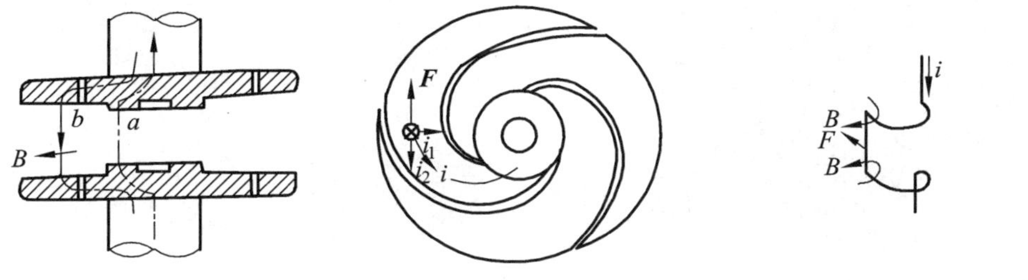

（a）纵剖面图　（b）下触头顶视图　（c）电流与磁场走向

图 2-38　螺旋槽触头

杯状触头的杯壁上开有很多倾斜的槽，动静触头上的槽方向相反。电流流过斜槽呈现很大的切向分量，从而产生横向磁场。杯状触头带电分离时形成很多并行的电流不太大的聚集型电弧，相互之间因斜槽限制无法进一步集聚，因此，杯状触头的电弧电压比螺旋槽的更低，电磨损率也较小，开断性能更好。

纵向磁场触头是较新型的结构形式，触头结构见图 2-39。线圈为轮状，有四个轮辐，中心与导电杆连接，阴影突起部分与盘形触头固定。盘形触头上八条槽用来减少涡流，保证交流电流过零时，纵向磁场强度同时为零。在分断短路电流时，电流经导电杆进入线圈的中心部分，然后分成四路经轮辐流向轮缘，再由突起部分流入盘形触头，经触头间的电弧进入上触头。电弧间隙中的纵向磁场由上下两个线圈共同产生，纵向磁场强度与电弧电流成正比。纵向磁场触头具有开断容量大、截流水平低、截流过电压小等优点，从而得到越来越广泛的使用。

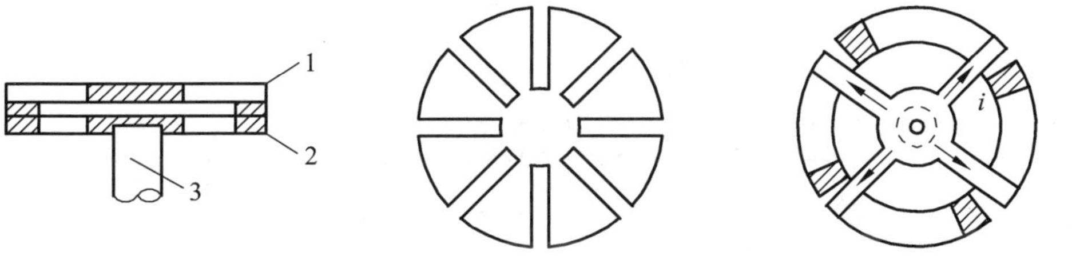

（a）纵剖面图　（b）盘形触头　（c）线圈

图 2-39　纵向磁场触头

1—盘形触头；2—线圈；3—导电杆

3）常用真空断路器介绍

（1）西门子 3AF 型真空断路器。

3AF 型真空断路器由机械外壳、带真空断路器的三个开关极、树脂浇注支撑绝缘子、支柱和操作杆组成，见图 2-40。机械外壳用可移动盖板封装。机械室内部装有操作和控制元件，每个开关极都由两个绝缘子支撑，绝缘子分别用螺栓固定在横梁和开关极板上。开关极由带有上出线端的上部支撑、真空断路器、带有下出线端的下部支撑、带有活动连接器的夹钳以及角形杆组成。带有操作杆的接触压力弹簧由玻璃纤维和环氧树脂制成，将操作机构的动作传动给开关极。

图 2-40 真空断路器 3AF

（2）ZN-10 型真空断路器。

ZN-10 型真空断路器的整体结构见图 2-41。三相真空灭弧室用螺栓固定在上下铝支架间，经由绝缘子固定在底板上。铝支架间由绝缘子支撑，下出线端上有软连接与灭弧室导电杆上的导电夹相连。导电杆通过一轴销与下出线座内拐臂相连。断路器主轴通过绝缘拉杆把力传给导电杆，使断路器分合闸。ZN 系列真空断路器配用铜铬合金触头封闭结构的小型化灭弧室。灭弧室直径小，开断能力强，电寿命长，截电流小。

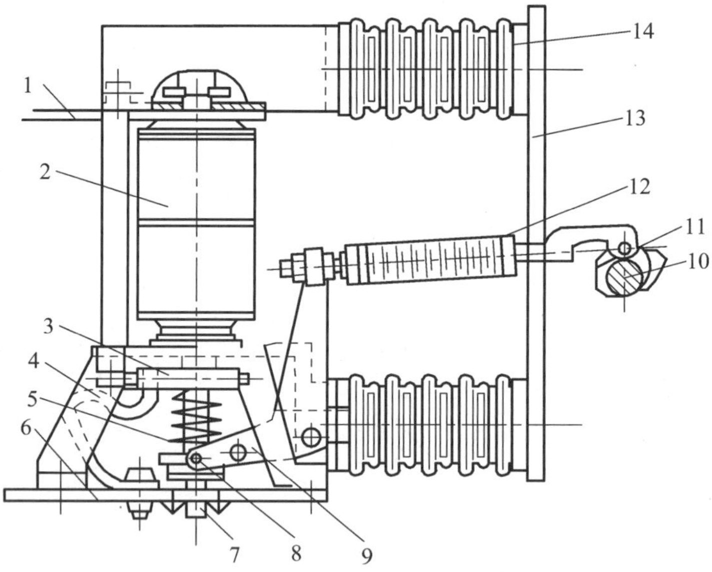

图 2-41 ZN-10 型真空断路器的整体结构图

1—上出线端；2—真空灭弧室；3—导电夹；4—软连接；5—触头弹簧；6—下出线端；7—导向杆；8—轴销；9—拐臂；10—主轴；11—拐臂；12—绝缘拉杆；13—底板；14—绝缘子

ZN-10 型断路器采用弹簧储能操动机构，由储能机构、锁定机构、分闸弹簧、合闸弹簧、主轴、缓冲器及控制装置等组成。弹簧可由电动机储能，也可用手柄人力储能。如果断路器处于分闸状态，而弹簧已储能，合闸时接通合闸线圈，使弹簧锁扣释放，在弹簧力的作用下推动连杆完成合闸动作。合闸完成后，会自动起动电动机，使弹簧重新储能。如果需要分闸，则接通分闸线圈电路，使分闸弹簧锁扣释放，在分闸弹簧作用下完成分闸。

（3）东芝 VK 型真空断路器。

VK 型真空断路器手车包括触指型隔离插头、绝缘筒、真空断路器及操作机构。操作机构采用弹簧储能式操作机构，具有手动储能和电动储能功能。并且有防跳装置，操作机构装设有机械和电气联锁，达到防止误操作的功能。带缓冲弹簧的操作机构在分闸过程中可以把真空断路器的触头在断开时产生的反弹限制在最小，以降低操作过电压。底部配有底盘车，可实现关门操作。外观见图 2-42。

图 2-42　VK 型真空断路器外观图

2. SF_6 断路器

1）SF_6 气体的特性

六氟化硫（SF_6）是一种无色、无臭、无毒、不可燃的惰性气体，化学性能稳定，有优良的灭弧和绝缘性能。SF_6 气体与空气的主要物理特性见表 2-4。

表 2-4　SF_6 气体与空气的主要物理特性

物理量	SF_6 气体	空气
分子量	146.07	约 28.8
临界压力/MPa	3.85	N_2：3.46 O_2：5.16
临界温度/°C	45.6	N_2：−147 O_2：−118.8
介质常数（0.1 MPa，25 °C 时）	1.002	1.005
密度（0.1 MPa，25 °C 时）/（$g \cdot L^{-1}$）	6.25	1.166
导热率（30 °C 时）/（$J \cdot ms^{-1}$）	0.014	0.021
定压比热（0.1 MPa，25 °C 时）/（$J \cdot kg^{-1} \cdot K^{-1}$）	0.666×10^3	0.996×10^3
绝热系数（0.1 MPa，0 ~ 1000 °C）	1.088 ~ 1.057	1.4 ~ 1.35
粘滞系数（25 °C 时）/（$Pa \cdot s$）	1.61×10^{-3}	1.72×10^{-3}
音速（20 °C 时）/（$m \cdot s^{-1}$）	134	349
气体常数（0.1 MPa，0 °C 时）$\Big/\left(\frac{kg \cdot m}{kg \cdot K}\right)$	5.81	29.27
分子结合能/eV	22.4	N_2：9.7 O_2：5.1

SF_6 气体具有良好的热化学性与强负电性，因此是很好的灭弧介质。

热化学性是指 SF_6 气体有良好的热传导特性。由于 SF_6 气体导热率较高，弧芯表面具有很高的温度梯度，冷却效果显著，所以电弧直径较细，有利于灭弧。同时，SF_6 在电弧中热游离作用强烈，热分解充分，弧芯存在着大量单体的 S、F 及其离子和电子等，电弧燃烧过程中，电网注入弧隙的能量比空气和油等作灭弧介质的断路器低得多。因此，触头材料烧损较少，电弧比较容易熄灭。

强负电性是指 SF_6 气体分子或原子生成负离子的倾向性强。SF_6 气体和由它分解产生的卤族分子和原子强烈吸附由电弧电离所产生的电子，再与正离子复合还原为中性分子和原子。因此，弧隙电导率很快降低，从而促使电弧熄灭。

纯净的 SF_6 气体是无毒的，但断路器内的 SF_6 气体在开断电流过程中，在高温电弧的作用下使 SF_6 分解，与触头或容器金属化合，生成氟化物，同时 SF_6 气体中有少量的水分与氧气存在，又与之化合，生成多种有毒化合物，对人体有害。

2）SF_6 断路器的灭弧室

SF_6 断路器灭弧室从结构上可分为：双压式、压气式、旋弧式、自吹式。双压式 SF_6 断路器结构复杂，目前已被淘汰，下面介绍其他三种结构的灭弧室。

压气式灭弧室是按压气活塞的原理制成单压式。开断时，利用动触杆的活塞运动，将压气缸中的 SF_6 气体压缩，当喷口被打开时，在触头喷口间产生气流吹弧，当分断动作完毕，压力作用即停止，触头间又恢复为正常的气压状态，吹弧能量来自操动机构。单压式压力较低，结构简单，动作可靠。

旋弧式灭弧室是在静触头附近设置磁吹线圈。开断时，线圈被电弧串入回路，在动静触头间产生磁场，使被开断的电弧围绕触头中心旋转，最终熄灭。旋弧式灭弧室结构简单，触头烧损轻微。

自吹式灭弧室是依靠磁场使电弧旋转或利用电弧阻塞原理，由电弧的能量加热 SF_6 气体，使之压力增高形成气吹，使电弧熄灭。由此可见，高压力气体是依靠电弧本身能量加热气体而产生，开断电流愈大，压力升高愈大，吹弧效果愈好，电弧熄灭也愈容易。但是这种灭弧室由于在开段小电流时电弧能量小，因此必须与压气式灭弧室结合使用。

3）HB12 型 SF_6 断路器

HB12 型 SF_6 断路器的整体结构见图 2-43，为自吹式灭弧。

灭弧室是永久性密封的，三极柱置于基座上，弹簧操动机构通过拐臂，绝缘拉杆使动触头导电管做上下运动。分闸操作时，动触头导电管向下运动，电弧由引弧接触指转移到引弧环上，磁吹线圈自动接入，电弧在径向磁场作用下轴向旋转，加热周围的 SF_6 气体，压力升高，高压力的 SF_6 气体通过动触头导电管的内腔排出，使电弧冷却而熄灭。为了提高小电流时的灭弧性能，HB 型断路器上设有辅助压力活塞，它随导电杆一起向下移动，压气室的气体经导电杆内腔向外喷出使电弧熄灭。

该断路器的操动机构是 KHB 型弹簧操动机构。由一组螺旋形压力弹簧组装而成，所储存的能量足以进行一次“合—分”操作，所释放的能量通过差动轮系传到驱动杆上，使该轴朝一个方向转动，固定在驱动轴上的凸轮将运动传给断路器。弹簧操动机构有手动和电动两种储能方式。

三、1500 V 直流高速断路器

1. 直流高速开关结构及原理

直流高速断路器主要用来使直流电路在正常负荷下接通和断开，以及在短路时切断短路电流。直流高速断路器和交流断路器相似，一般由导电部分、灭弧部分、操作和传动部分等组成。触头系统一般分为二级，动、静触头上覆有银复合材料，弧触头及弧杆为铜制且易于更换，弧触头通过编织铜带接到主触头上。断路器“分”“合”时，主动触头动作在先，不会被电弧灼损，电弧迅速通过弧触头引弧杆引向灭弧室，受损的仅是弧触头及引弧杆，它们可定期方便地予以更换。

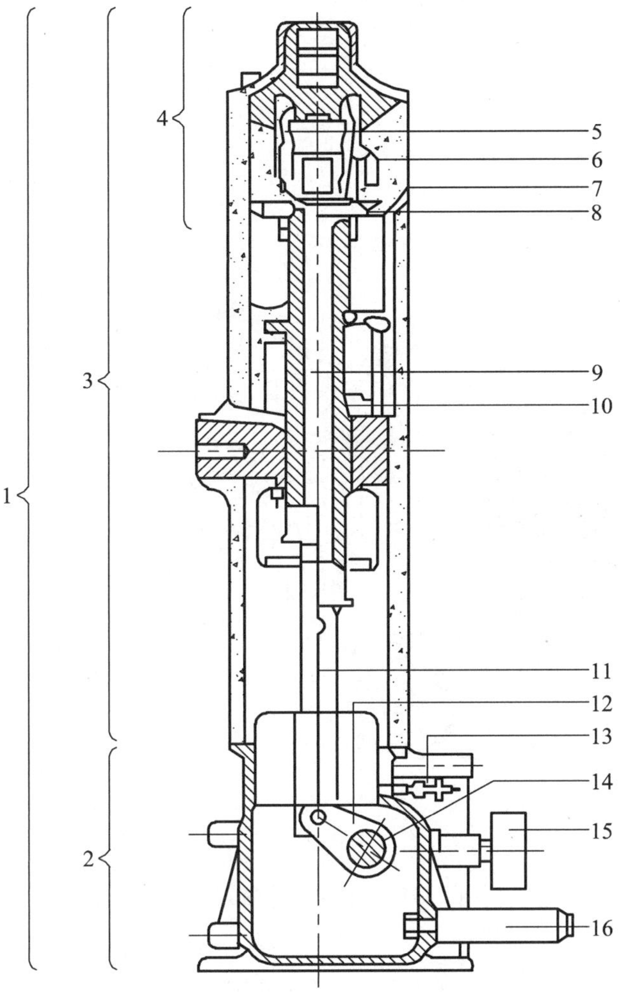

图 2-43　HB12 型断路器单相剖面图

1—单极灭弧装置；2—铸铝基座；3—灭弧室；4—静触头装配；5—静触头；6—引弧接触指；7—圆筒形线圈；8—引弧环；9—动触头导电管；10—辅助压气活塞；11—绝缘拉杆；12—拐臂；13—充气阀；14—六角传动轴；15—SF_6气压表；16—气压传感器

2. 常用直流高速开关介绍

图 2-44 是 GE Gerapid 系列直流高速开关的结构图。

图 2-45、图 2-46 是 Secheron UR40 型直流高速开关的主要部件和工作原理图，它是一种具有电磁控制功能及自然冷却的单极高速直流开关。在过电流（或短路）等情况下，具有快速反应的性能，特别适用于在变电所直流设备的保护。

固定式绝缘杠架（1701）由加强型聚酯玻璃纤维制成，在此杠架上安装有主回路（1100）、跳闸机构（300）、过电流跳闸机构（1200）、辅助触头箱（400）以及灭弧罩（5800）。

主回路是通过直接作用在动触头上的合闸机构的帮助来实现合闸功能的。主回路由上面连接有动触头（1120）的下端连接排（1330）、上端连接排（1105）以及表面镀银合金的动、静触头（1115、1116）组成。下端连接排（1130）和动触头之间为柔性弹性元件。开关在过流或正常分闸命令情况下分闸，推杆（710）促使主回路断开，同时推杆也会带动五副可变换辅助触点（420）改变状态。

合闸机构（300）是由一个整块的筒装磁性体组成，筒内还有一浇注式的合闸线圈（320）。磁性体内装配有移动芯（335），触头压力弹簧（336）和移动铁芯储能弹簧（334），所有这些部件都组装在合闸操作杆上（333），叉开部件（1330）安装在杆的表端。动触头通过叉形部件（1330）接通，

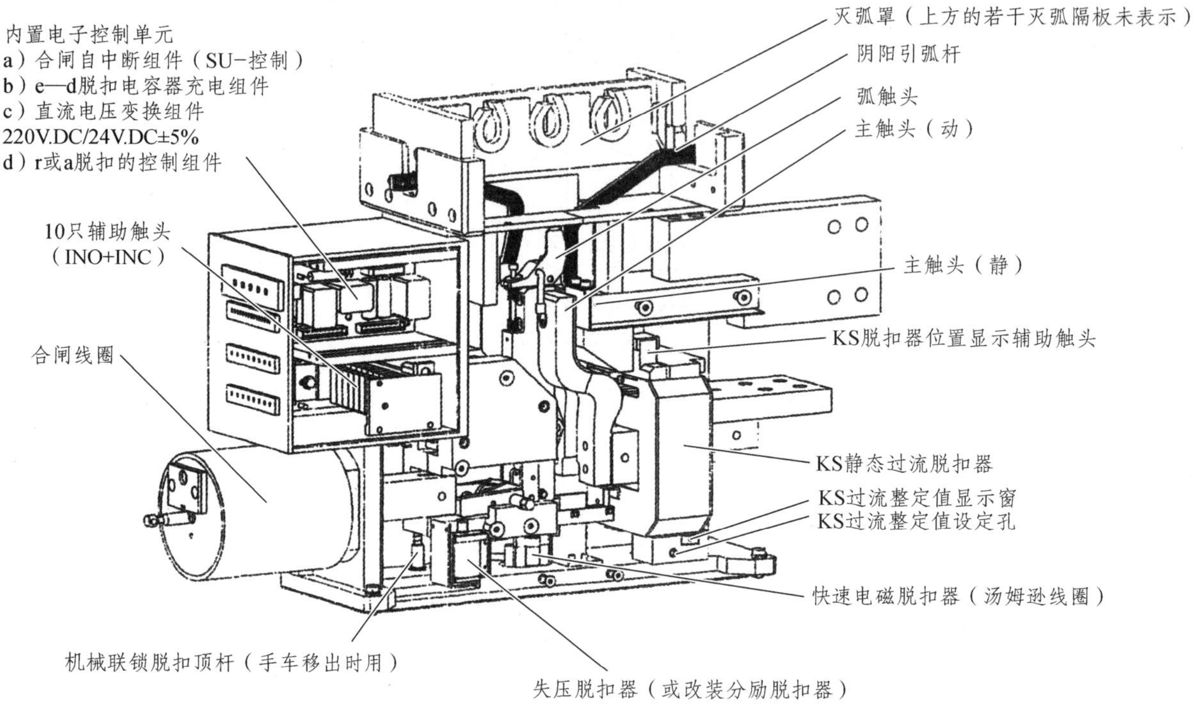

图 2-44　GE Gerapid 系列直流高速开关

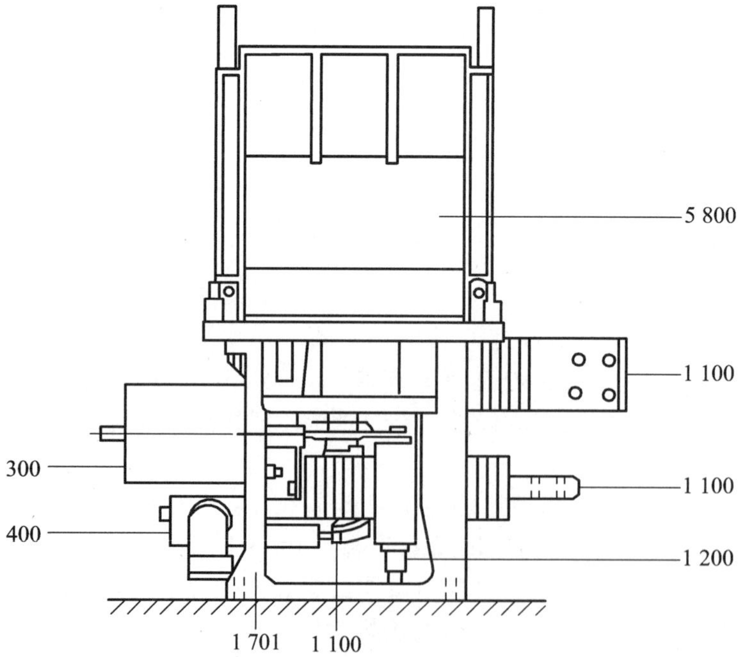

图 2-45　UR40 主要部件

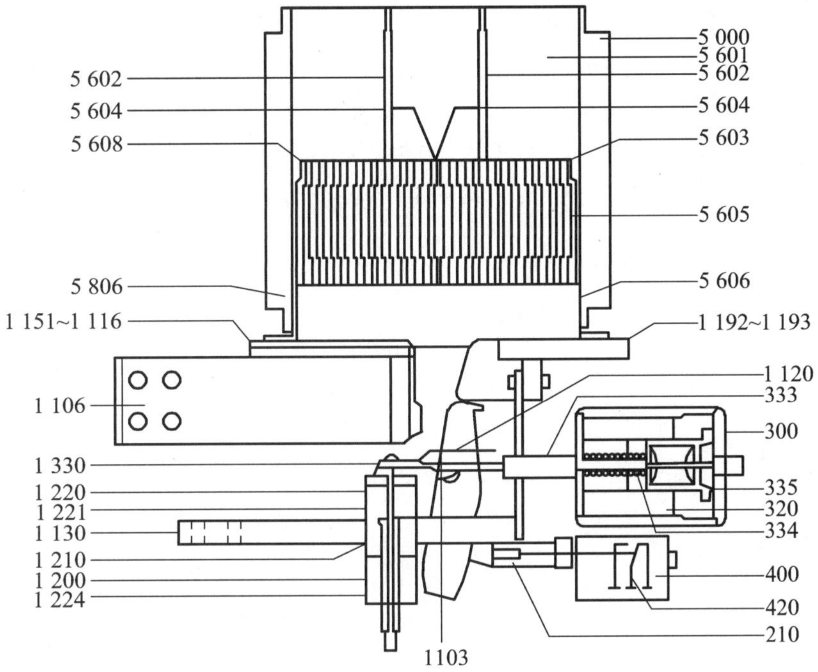

图 2-46　R40 工作原理图

1701—固定式绝缘杠架；1100—主回路；300—跳闸机构；1200—过电流跳闸机构；400—辅助触头箱；5800—灭弧罩；1120—动触头；1330—下端连接排；1105—上端连接排；1115、1116—表面镀银合金的动、静触头；710—推杆；420—可变换辅助触点；335—磁性体内的移动芯；336—触头压力弹簧；334—移动铁芯储能弹簧；333—合闸操作杆；1210—叠层构造的铁块；1221—圆杆；1224—弹簧

叉形部件由合闸机构驱动，并且紧压在动触头的棘爪上。当一个持续 0.5 ~ 1 s 的电流脉冲流过合闸线圈，开关将合闸。此电流将使磁场磁性增加，使连接在叉形部件上的可动铁芯移动，铁芯移动压缩弹簧，为触头合闸提供压力。开关合闸后通过一个保持电流或恒定电流维持在合闸位置。当开关在接收到分闸命令后分闸，储能弹簧（334）将叉形部件拉回，推杆（710）将动触头断开。

过流跳闸机构（1200）由一个叠层构造的铁块（1210），一个可动铁芯（1220）组成。可动铁芯连接在一圆杆（1221）上，圆杆则通过弹簧（1224）来限位。借助于此圆杆可以设定跳闸定值。此圆杆通过弹簧来限位，可借助于此圆杆来调整跳闸定值。在过电流（短路或过负荷）的情况下，由主回路中构成的绕组在固定衔铁（1210）中产生感应磁场，可动铁芯（1220）被吸往上拉去撞击叉形部件（1330），使动触头回路迅速断开。开关在过电流分闸后，合闸机构通过分闸命令信号复位。

过电流分闸的门槛定值调整可以通过螺帽（1226）来完成，且可以通过可动衔铁（1210）上对应的刻度读出。

五对辅助触点箱（400）里都是可变换触点（420），变换情况由动触头控制。五对触点位于合闸机构下方的塑料筒内。

灭弧罩（5800）由拉弧角（5806）、隔板（5805）及消除游离的绝缘板（5802、5803 和 5804）组成，安装在两块耐电弧板（5801）中间。

开关分闸时，触头（1105 和 1120）间产生的电弧被迅速移动到灭弧罩里，并且自然熄灭。电弧一进入灭弧罩（5800）立即被拉弧角（5806）和隔板（5805）分裂成细条，并且被强迫往上走，位于隔板上面的是绝缘板（5802、5803、5804），由于电弧而导致燃烧的气体在此完成放电过程的去游离作用。在灭弧过程中，电流从一端的动触头上部连接板（1150）和触头电荷（1115/1116）流过，再到另一极板电荷（1192/1193），并通过熄弧角（1191）流到动触头下部连接板。

开关的附属机构有：①“Imax”跳闸计数器。计数器机构外壳安装在合闸线圈背面，每次合闸-分闸释放循环中，板随着合闸线圈的中心轴运动，压迫小开关（420）一次。②触头磨损指示器：此机构外壳安装在合闸线圈背面，当触头行程大于极限值时，小开关（420）动作。③位置指示器：此机构外壳安装在辅助触头箱背面，转动块由辅助触头的推杆驱动，辅助触头动作则由组合推动器（710）中的推杆来带动。④手动合闸机构：此机构安装在合闸线圈背面，可以直接作用在合闸线圈中心轴上，从而允许手动合开关。

2.1.6 电　缆

一、电缆结构和分类

1. 电力电缆的分类

（1）按电压等级分：1 kV 及以下为低压电缆；3、6、10、35 kV 为中压电缆；60 kV 及以上为高压电缆。

（2）按电缆导电线芯截面分：共 19 种规格。

（3）按电缆芯数分：有单芯、双芯、三芯、四芯。

（4）按传输电能的形式分：分为直流电缆和交流电缆。

（5）按特殊需求分：有输送大容量电能的电缆、阻燃电缆和光纤复合电缆等品种。

（6）按电缆绝缘材料和结构分：可分为纸绝缘电缆、挤包绝缘电缆和压力电缆三大类。

2. 电缆结构及几种电缆介绍

电缆的型号以字母和数字为代号组合表示，电缆型号中字母的代号列于表 2-5 中。

表 2-5 电缆型号中字母含义

类别	导体	绝缘	内护层	外护层	其他
电力电缆（不表示）	T—铜线	Z—纸绝缘	Q—铅包	第 1 个数字：	D—不滴流
控制电缆—K	（一般省略）	X—橡胶绝缘	L—铝包	铠装层	F—分相金属护
信号电缆—P	L—铝线	（X）D—丁基橡胶	H—橡套	0—无	套
绝缘电缆—B		（X）B—乙丙橡胶	（H）F—非燃性橡套	2—双钢带	P—屏蔽
绝缘软线—R		V—聚氯乙烯	V—聚氯乙烯护套	3—细圆钢带	
移动式软电缆—Y		Y—聚乙烯	Y—聚乙烯护套	4—粗圆钢带	
市内电话电缆—H		YJ—交联聚乙烯		第 2 个数字：	
				外被层	
				0—无	
				1—纤维绕包	
				2—聚氯乙烯套	
				3—聚乙烯套	

电缆主要由导体、绝缘层、保护层、屏蔽层等组成。导体可以由铜导线或铝导线组成，由实心导体和绞线压制导线组成，由圆形或扇形导体组成，由单导体和三导体组成。绝缘层是最容易发生

故障的部位，所以采用多种绝缘方法提高电缆的安全性、经济性。保护层由护套（铅或铝）、衬垫、填料、铠装层、外被层等组成，使绝缘层避免受到潮气、水分、外力等的损伤。在中、高压电缆中屏蔽层是必须的，它的作用是防止由电晕形成的损坏；限制介质场进入电缆或导体绝缘内侧；给出对称的场强，平滑电压强度；减少感应电压；增加对人的安全性。屏蔽层可以由半导体带、薄铜带等组成，屏蔽必须接地。

1）ZRA-GJYJAV-B/1500 V 轨道交通用交联聚乙烯绝缘低烟低卤阻燃直流电缆

ZRA-GJYJAV-B 直流电缆结构如图 2-47 所示。导体采用多股圆形铜线绞合压紧型，绝缘采用交联聚乙烯材料，绝缘标称厚度为 2.0 mm。该电缆属于防水型电缆，具有径向和纵向阻水的防水层，防水层采用 0.2 mm 厚的阻水带重叠绕包；加 1.5 mm 厚的挤出型 PE 内套，组成综合防水结构。金属屏蔽采用重叠绕包的软铜带，内衬层采用挤包形式。防鼠铠装采用无卤低烟阻燃带 + 铜带 + 无卤低烟阻燃带重叠绕包组成，具有良好的阻燃性和防鼠咬功能，铜带厚度为 0.12 mm。护套采用低烟低卤阻燃 PVC 护套材料挤出外护层，不仅具有优良的低烟、低卤、阻燃性能，还具有良好的抗日照、紫外线、老化等性能。

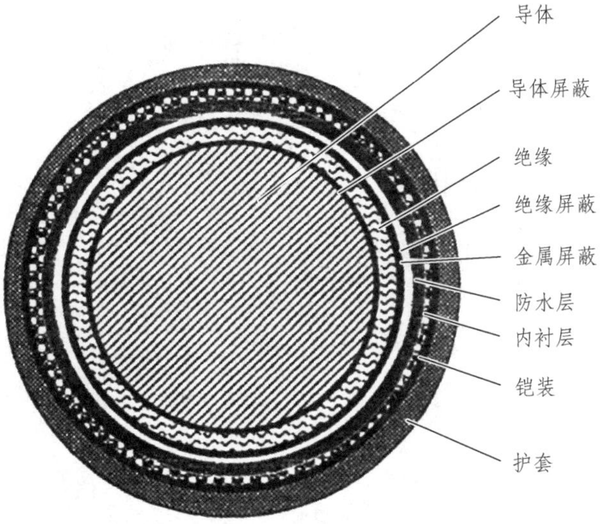

图 2-47　ZRA-GJYJAV-B 直流电缆

2）WDZB-YJE63（阻燃 B 类）26/35 kV 单芯交联聚乙烯绝缘低烟低卤阻燃交流电缆

WDZB-YJE63 单芯交联聚乙烯绝缘低烟低卤阻燃交流电缆结构如图 2-48 所示。导体采用多股圆形铜线绞合压紧型，导体表面有均匀挤包的交联型半导体层作为导体屏蔽层。绝缘采用交联聚乙烯材料，绝缘标称厚度 10.5 mm，绝缘表面有均匀挤包的交联型半导体层作为绝缘屏蔽层。金属屏蔽采用重叠绕包的软铜带，铜带标称厚度≥0.12 mm。纵包屏蔽铝带与护套黏结成一体，形成综合护套，采用一层重叠绕包的厚度为 0.12 mm 的非磁性金属材料铠装，具有良好的阻燃性和防鼠咬功能，护套采用低烟低卤阻燃护套材料。

3）YJV22 三芯交联聚乙烯绝缘钢带铠装聚氯乙烯护套交流电缆

YJV22 三芯交联聚乙烯绝缘钢带铠装聚氯乙烯护套交流电缆结构如图 2-49。导体采用多股圆形铜线绞合压紧型，导体表面有均匀挤包的交联型半导体层作为导体屏蔽层。绝缘采用交联聚乙烯材料，绝缘表面有均匀挤包的交联型半导体层作为绝缘屏蔽层。金属屏蔽采用重叠绕包的软铜带。保护层由护套、铠装层、内护套、包带、填料等组成，采用一层重叠绕包的钢带铠装，护套采用 PVC 材料。

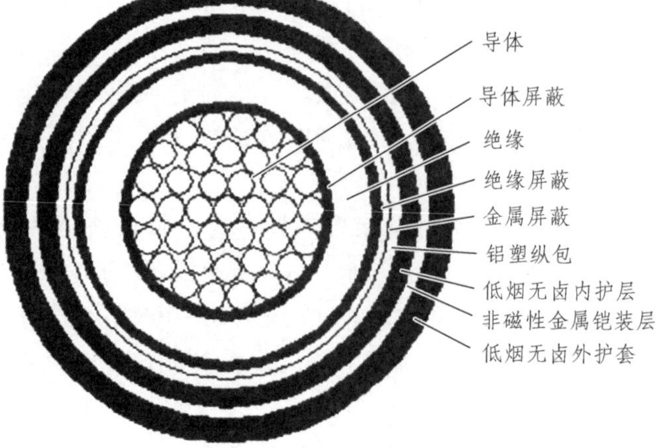

图 2-48　DZB-YJE63 单芯交联电缆结构图

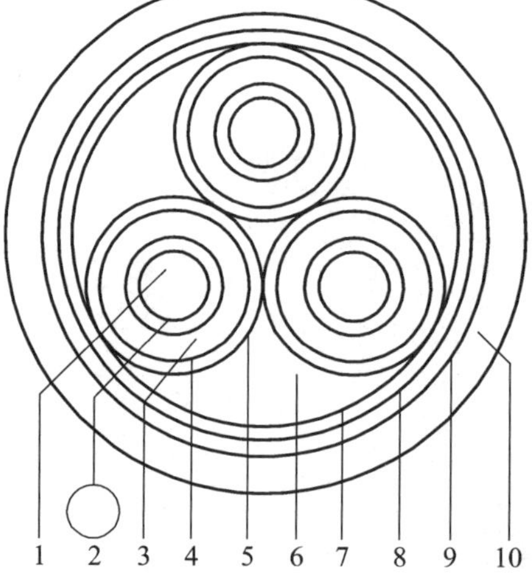

图 2-49　YJV22 三芯交联电缆结构图

1—导体；2—内半导电屏蔽；3—交联聚乙烯绝缘；4—外半导电屏蔽；5—软铜带；6—填充；7—包带；8—聚氯乙烯内护套；9—钢带；10—聚氯乙烯护套

二、电缆附件

电缆终端头和中间接头统称为电缆附件，它们是电缆线路中不可缺少的部分。

1. 电缆终端头

电缆终端头是安装在电缆线路末端，具有一定绝缘和密封性能，用以将电缆与其他电气设备相连接的电缆附件。

按使用场所不同，电缆终端可分为户内终端、户外终端、设备终端、GIS 终端；电缆终端按所用材料不同，可分为热缩型、冷缩型、橡胶预制型、绕包型、瓷套型、浇铸（树脂）型等品种。

2. 电缆中间接头

电缆中间接头是安装在电缆与电缆之间，使两根及以上电缆导体连通，并具有一定绝缘、密封性能的附件。

按其功能不同，电缆中间接头可分为普通接头、绝缘接头、塞止接头、分支接头、过渡接头、转换接头、软接头等；按所用材料不同，电缆接头有热缩型、冷缩型、绕包型、模塑型，预制件装配型、浇铸（树脂）型、注塑型等。

2.1.7　杂散电流防护

一、杂散电流的产生与危害

1. 杂散电流的形成

在直流牵引供电系统中，接触网与牵引变电站的正极连接。钢轨除用作行车外，兼作负回流线，与牵引变电站的负极连接。在地铁运行时，钢轨中流过电流，在钢轨上形成对地的电位分布，致使钢轨回流过程中的一部分电流通过过渡电阻（走行轨与排流网之间的过渡电阻和排流网与主体结构钢筋的过渡电阻，见图 2-50、图 2-51），道床、主体结构钢筋泄漏，流入大地。再由大地流回走行轨回到牵引变电站的负极。这部分由钢轨散流到大地电流就叫作杂散电流，又称地铁迷流。

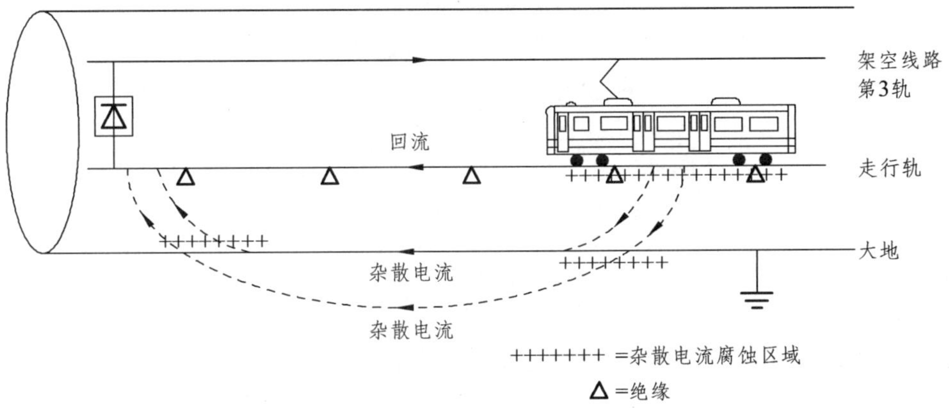

图 2-50　直流牵引系统的回流示意（隧道）

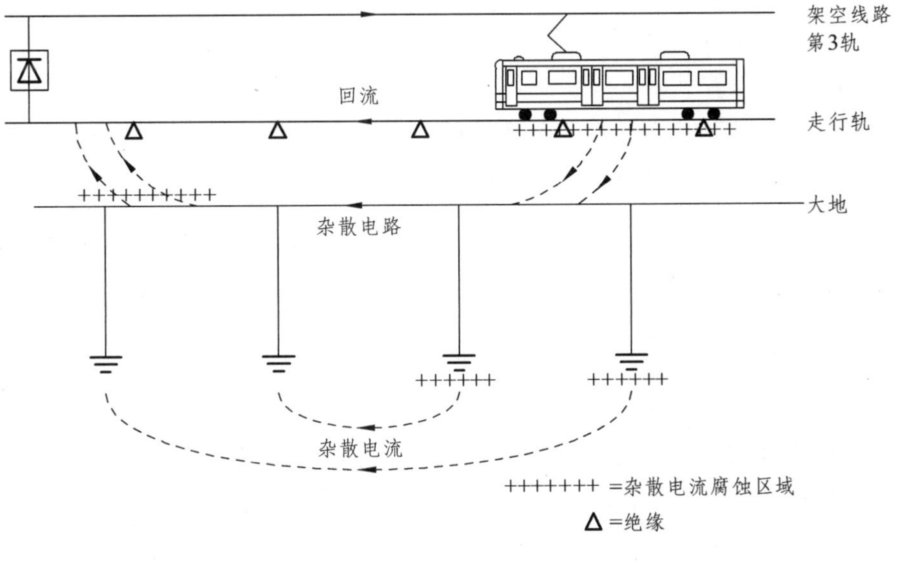

图 2-51　直流牵引系统的回流示意（高架）

2. 杂散电流的危害

杂散电流在流出主体结构钢筋和其他金属管线处会产生电化学腐蚀，见图 2-52，尤其地铁运行若干年后，钢轨与道床之间的绝缘扣件老化或者外表沾污，使钢轨与排流网之间的过渡电阻变小，导致杂散电流逐渐增大，日积月累，造成比较严重的腐蚀。当电动列车所在处附近的杂散电流从走行轨流向金属体时，使金属体对地电位形成阴极区。在变电所附近，杂散电流从金属体流回走行轨和变电所，金属体对地电位形成阳极区。

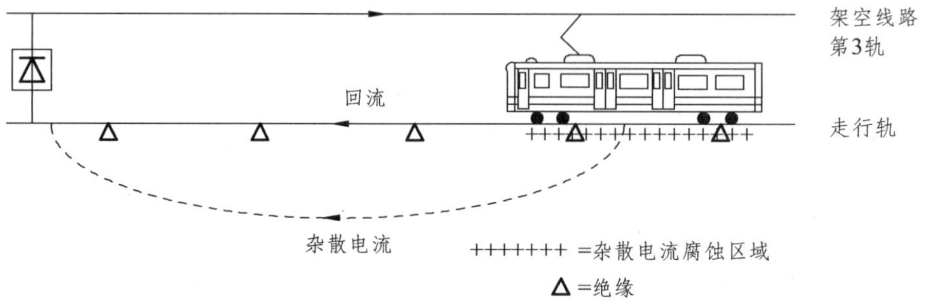

图 2-52 直流牵引系统的回流示意（地面）

在阳极区，杂散电流从金属体流出的地方将出现电解现象，这种电解现象导致金属体被腐蚀。轨道交通系统内部和附近的金属管线、各种地下电缆的金属铠装层或金属结构件，在电腐蚀的长期作用下，将受到严重的损坏，影响到设备的正常使用。

若杂散电流流入电气接地装置又将引起过高的接地电位，使某些设备无法正常工作。由此可知，杂散电流及其影响是亟需重视的问题。

二、减少杂散电流的方法

从杂散电流产生的原因，可以得到治理的方向，即按照“堵和排”的思路。

1. “堵”

“堵”包含两层意思：一是减少杂散电流量，可通过适当限制供电区段长度，减小供电区段内的负荷和钢轨电位，设置钢轨均流线和钢轨电位限制器也可降低钢轨电位。直流供电设备和回流钢轨采用绝缘安装，从而减少杂散电流。二是钢轨道与地绝缘越好，杂散电流也就越小，为此在钢轨道与混凝土轨枕之间、紧固用螺栓与混凝土轨枕之间、扣件与混凝土轨枕之间采取绝缘，要求每公里轨道对杂散电流收集网的泄漏电阻值大于 15 Ω。

对于车辆段钢轨对道床的泄漏电阻较低、杂散电流较大的区段，设置单向导通装置，限制杂散电流的扩散。

对隧道内的金属管线和其他金属设施采取材质选择和对地绝缘等措施，限制杂散电流向其泄漏。

2. “排”

“排”即设置杂散电流收集网，逐层屏蔽。利用杂散电流的首次经过的通路——道床内的结构钢筋，将钢筋良好连通形成第一道屏蔽网，防止杂散电流向道床外部泄漏；利用隧道结构钢筋连通形成第二道屏蔽网，既保护自身受到腐蚀，又防止杂散电流向隧道外部泄漏，避免危及市政公共设施。另外在牵引变电所内设置排流装置，构成排流通路。

三、轨道交通杂散电流的防护措施

牵引回流系统主要由钢轨、负回流线、上下行均流线等组成。理论和工程实践都已证明：抑制杂散电流首先要保持牵引回流回路的畅通，减小回路电阻；同时应设法尽量加大钢轨与道床的过渡电阻。为此采取下列措施：

1. 杂散电流的防护措施

（1）选择较高的直流牵引供电的额定电压，以减少牵引电流和杂散电流。

（2）采用双边供电方式。

（3）尽可能减少钢轨间的接触电阻或增加附加回流线。

（4）尽量提高钢轨对地的绝缘。

（5）尽可能远离或避免平行设置地下金属管道、电缆等，并对其采用适当的防腐措施。

（6）采取各种排流措施，如极性排流、阴极保护等保护措施。

（7）轨道交通车站，变电所内的交、直流高压开关柜，变压器，动力照明箱，电动机，水泵，DC 1500 V 牵引用变压器，直流柜，整流设备车，站电缆桥架，以及自动扶梯等全都采用绝缘法进行安装（与主体钢筋绝缘），以上设备均单独从接地排引绝缘接地线，进行接地保护，严禁将主体结构钢筋作接地线，进行接地保护。

（8）接地极和引入车站、变电所接地线应与车站、变电所等建筑物的主体结构钢筋绝缘，并需对每个引入点结构孔洞进行绝缘和防水处理。

（9）每个轨道交通车站只能有一个接地点，接地极材料应选择应考虑耐腐蚀的性能要求。

2. 地面段及车辆段杂散电流防护措施

（1）地面段轨道采用带绝缘扣件的混凝土轨枕。

（2）为减少回流走行轨的电阻，一般采用长走行轨。

（3）所有通向地面的金属管道和电缆等，均加装绝缘管和绝缘接头。

（4）与地面轨道（直流牵引用回流走行轨）平行埋设的金属管道，进行防腐处理和绝缘处理，并应离轨道 3 ~ 5 米铺设。

（5）车辆段内检修库房屋金属构件和轨道要构成电气连接并接地（接地电阻 0.5 Ω），同时库内外轨道要绝缘分段。

（6）由轨道交通区间至敞开段的回流轨道、由正线进入车辆段的轨道和车辆段至正线的轨道要进行绝缘分段。

3. 隧道区间杂散电流防护措施

（1）采用长走行轨，减少回流走行轨阻抗。

（2）轨道与混凝土轨枕间、紧固用螺栓与混凝土轨枕间、扣件与混凝土轨枕间采用加强绝缘的措施。

（3）在道床内，用钢筋纵、横向焊成迷流收集网。收集网绝对不能与主体钢筋相连。

四、设备的防腐蚀措施

上述种种技术措施能使杂散电流大大减小，但仍旧免不了有一小部分杂散电流从混凝土道床流到隧道结构内的金属导体上，若不采取措施，这部分杂散电流会使金属导体产生腐蚀。因此，还必须对各种设备采取减少杂散电流的防腐蚀措施：

1. 采用排流柜

排流柜是收集地铁杂散电流的设备，主要由隔离二极管、分流器、隔离开关、电流表等元件组成。排流柜接于牵引站 1500 V 直流负极与大地集流网之间。二极管起了限制电流方向的作用，使电流方向始终是由排流网流向牵引站的直流母线。这样就能满足收集散失电流的目的，也就是排走了流入大地的电流。分流器与电流表的量程相匹配，直观地反映了回流的数值及排流设备的工作情况。

排流网是由纵横交错的金属件按一定距离间隔构成的立体网，安装于道床的下方，从走行轨回流走失的大量电流能通过排流网流回牵引站的负母线。

2. 动力、照明配电管线的防护

地铁的动力、照明配管全部采用阻燃 PVC 管，从而避免杂散电流对管线的电腐蚀。

3. 车站给排水管道的防护

（1）进入车站的所有给排水管道在进入车站前应加入一段 2 m 长绝缘管进行绝缘隔离，绝缘管设在车站外侧，离主体结构 150 mm。

（2）出地铁区间的给排水管道应加一段长为 2 m 的 UPVC 塑料纯缘管后，才能引出地面，绝缘管应设在干燥和易于查看检修的地点。

（3）从水泵接出的水管在水泵处加装一段短绝缘管，使水管系统与水泵—电动机组在电气上绝缘。

（4）区间隧道的给排水管在电气上要连通，并且在有变电所的车站要将水管两端接至接地极。

（5）穿越道床的给排水管用 UPVC 塑料绝缘管。

五、杂散电流的监测

在轨道交通的沿线设置了专门的防腐蚀监测点进行杂散电流的监测，并定期对监测点进行检查维护。

1. 杂散电流监测系统的建立

（1）监测系统一般由参比电极、测量端子、传感器、传输信号电缆、数据处理单元等组成。主要元件的功能为：

① 参比电极；埋入土壤或混凝土中。为测量的电参数提供一个稳定、统一的基准电位。一般采用 $Cu/CuSO_4$ 参比电极和钼/氧化钼电极，为了能相互对照，也可再设置一 Zn 电极。

② 智能传感器：以单片机为核心的智能数据采集装置，并有一定的存储容量。

③ 数据处理单元；收集传感器信号，并通过接口将信号输送至变电所综合自动化上位机。

（2）监测点位置的确定：

① 根据对走行轨阴阳极区的分析，监测点应设于整流站的附近和供电区段中点。

② 根据对迷流的普遍检测要求，监测点应沿线路均匀分布。

③ 为管理和维护方便，监测点应设于沿线车站，监测点首先应设于每个车站两端，并根据区间长短在区间设置 1 ~ 2 处。

2. 杂散电流监测装置

在监测点处，上下行道床上各设两个参比电极，侧墙设两个参比电极，并穿越洞壁打入土壤，穿越部位应做好防水处理。将参比电极以及道床、隧道洞体、走行轨测量端子通过测量导线引入当地接线盒的传感器，测量信号再经测试电缆引入车站变电所内的数据处理单元。

该单元一方面具备当地测量功能，以便移动测试装置随时检测；另一方面具备测量信号传输功能，将信息通过上位机进入远动系统向控制中心传送。CD-Ⅰ型监测点接线盒是一种常见的杂散电流监测装置。

2.1.8　蓄电池

一、蓄电池定义

可以再充电并反复使用的电池，称为蓄电池（图 2-53）或二次电池。它的工作原理和原电池一样，但这种电池应有很好的可逆性，放电时消耗的活性物质在充电时得以恢复。蓄电池放电时是化学能转化为电能的过程，而充电时是电能转化为化学能的过程，因此它是一种化学能—电能互相转化的一种储能设备。

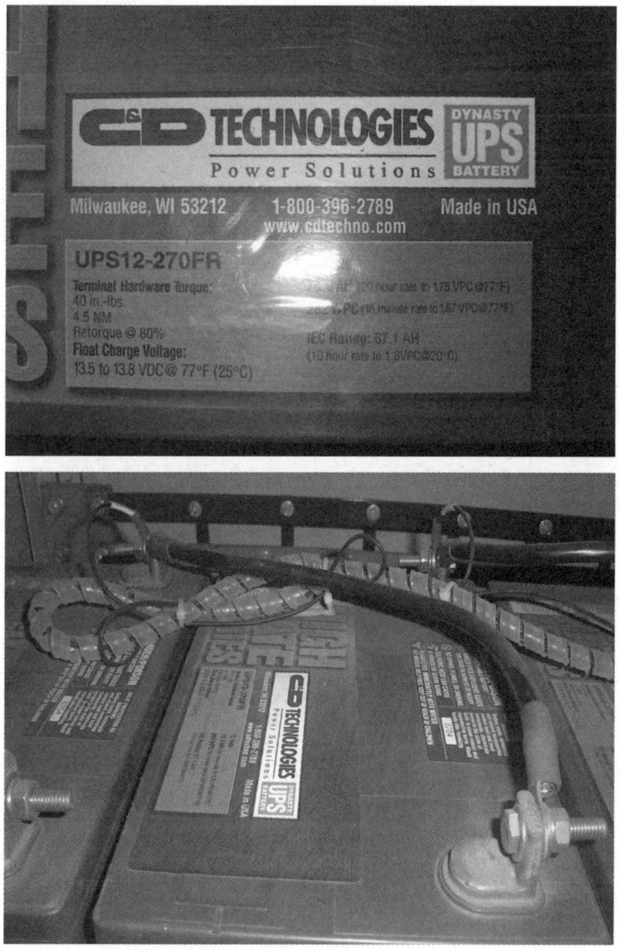

图 2-53　蓄电池实物图

二、电池的分类

（1）原电池：也称一次电池，其活性物质用尽后不能用充电的方法使之恢复。

（2）蓄电池：也称二次电池，其活性物质用尽后能够用充电的方法使之恢复，因此电池得以再生。因为能够贮存电能，故称蓄电池。

（3）储备电池：这类电池中的某一类重要组成与电池其他组成分开，这时自放电排除，故电池可以长期保存。需要用时，用以不同方法加以“激活”。

（4）燃料电池：将燃料例如氢气、甲醇、一氧化碳等和氧化剂如氧气，分别作为电池两极的活性物质保存在电池的本体之外。当反应物连续通入电池本体时，电池就可连续放电，故此类电池也称为连续电池。

三、电化学基本概念简介

1. 导　体

能够传导电流的物体称为导体。电化学的理论和产生都离不开导体。

凡依靠电子流动传导电流的导体称为第一类导体，如金属、碳、金属化合物等。另外，半导体也属第一类导体。它们都有各自的物理性能参数：电阻率、温度系数、密度、熔点、膨胀系数等。凡依靠离子移动来传导电流的导体，称为第二类导体，或称离子导体。这类导体包括电解质溶液和熔融态电解质，它们同样也有各自的物理性能。

2. 离子导体导电的特点

在电解质的水溶液中同时存在着带正电荷的离子和带负电荷的离子，它们不是自由状态的电子。但它们可以在电场的作用下，阳离子朝电解槽的阴极方向移动，这种现象称为电迁移，如图 2-54 所示。这种电迁移的方向与一类导体内电荷流动方向一致，这就形成了离子导体的导电性能。

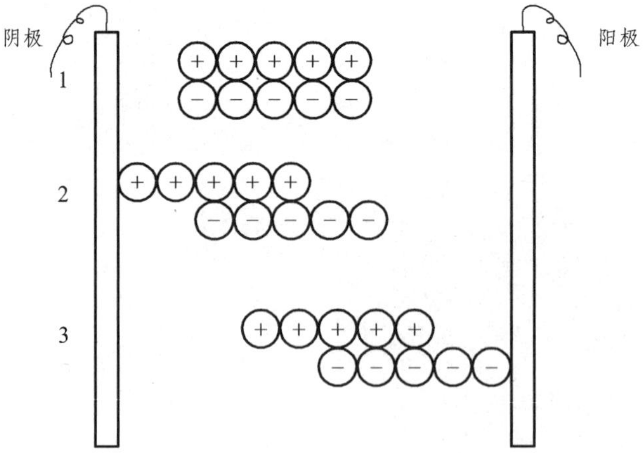

图 2-54　离子电迁移

1—未加电场时离子状态；2—外加电场时阳离子向阴极迁移；3—外加电场时阴离子向阳极迁移

3. 电化学反应

离子导体在导电的同时，除由于电阻的存在有热效应外，还经常伴随化学反应。单独的离子导体不能完成导电任务，必须有电子导体（第一类导体）相连接，如图 2-55 所示。

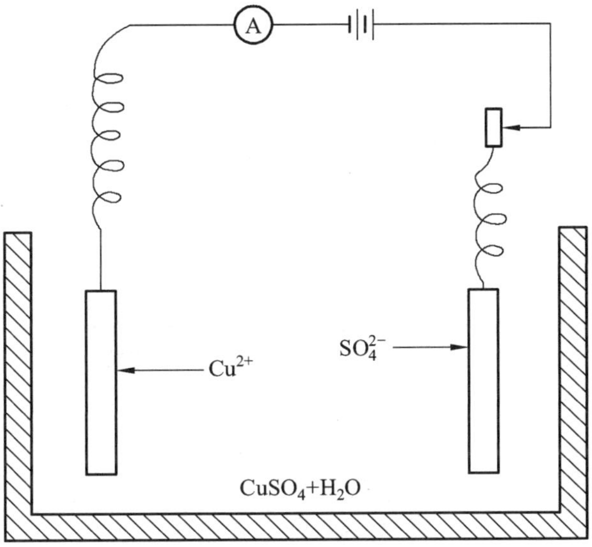

图 2-55　点解电路示意

电解槽内有两石墨电极，$CuSO_4$ 为电解液溶液。与直流电源负极相连的石墨为阴极，接受外电源提供的电子，但该电子不能直接进入溶液传导电流。溶液中的 Cu^{2+}在外电场的作用下朝阴极运动，并从第一类导体石墨上接受电子，即 $Cu^{2+}+2e^-+O_2 \rightarrow Cu+O_2$，发生还原反应。

这时电子在第二类导体上的阴极面上消失，同时铜离子减少，金属铜产生。在此区的溶液中出现多余的 SO_4^{2-} 向右边的石墨电极移动，并将电子传给电极，即 $SO_4^{2-}-2e+H_2 \longrightarrow H_2SO_4$（其中氧气和氢气是电解水产生的），发生氧化反应。这样，通过离子导体在两类导体界面上发生的氧化还原反应，把电子由左面的石墨电极上输送到右边石墨电极上。两类导体界面上就必然有电子得失的氧化还原过程分别而同时发生。将这种两类导体界面上有电子参加的化学反应称为电极反应或电化学反应。

某些电解质，如 Na_2SO_4、KCl 等其他电解质同时存在，在一定电势范围内也可能只起传导电流的作用，而本身不发生电化学反应。这种电解质称为支持电解质或局外惰性电解质。

四、化学电源的基本概念简介

1. 定　义

电化学电池是一种把氧化还原反应所释放出来的能量直接转换成低压直流电能的装置。

其优点是：

（1）既能释放能量又能存储能量。

（2）能量转换率高，能适应各种工作环境，对设备和周边环境没有污染、噪声。

（3）工作范围宽广，在高低温、振动、冲击、失重等条件下均可正常工作。

（4）电池的主要参数电压、电流、容量及电池形状均可在较大的范围内变动，因此可设计成任意形状和大小。

（5）携带方便、使用简单，具有长期储存和瞬间释放出能量的能力。

2. 电池要实现化学能转变为电能的条件

（1）化学反应中失去电子的氧化过程（在负极进行）和得到电子的还原过程（在正极进行），须分别在两个区域进行，这不同于一般的氧化还原反应。

（2）两电极间具有离子导电性的物质。

（3）化学变化过程中电子的传递必须经过外线路。

3. 实用的蓄电池体系还应满足的几个条件

（1）在一个电极上进行电化学反应正向和逆向可顺利进行。放电后的产物，可以借助通过反向直流电使其活性物质恢复。

（2）只采用 1 种电解液，以避免 2 种电解液之间不可逆的扩散导致在充电时不能恢复的弊病。

（3）电池放电时生成的固体产物要难溶于水，以避免充电时枝晶过早出现和两级活性物质互相转移，从而保证蓄电池有足够的使用期限。（活性物质：所有能够参与成流反应的物质；枝晶：当电解液浓度达到一定程度时，电解质会发生结晶，生成枝晶。）

4. 化学电源的基本组成

（1）正极活性物质：也称去极剂，具有较高的电极电势，电池工作时（放电）进行得到电子的还原反应或阴极过程。为了与电解槽的阴极区别，在电池中称为正极。

（2）负极活性物质：具有较低的电极电势，电池工作时进行氧化反应或阳极过程，给出电子，通过外电路传给正极。为了区别于电解槽的阳极，在电池中称为负极。

（3）电解质：提供电池内部离子导电，有的电解质也参加电极反应而被消耗。大多数为无机电解质、固体电解质、熔融电解质，非水溶液电解质和有机电解质只占小部分。

（4）隔膜：置于正负极之间，它能够避免正、负极活性物质绝对不因直接接触而短路，同时又能使正、负极之间尽可能保持小的距离，以便使电池具有较小的内阻。

（5）外壳：是电池的容器。要求必须能经受电解质的腐蚀，且具有一定的机械强度。

5. 电极的组成

化学电源中实际使用的电极除参加成流反应的活性物质外，还包括其他组成。电极可分为主要成分、次要成分、添加剂。

（1）主要成分：参加成流反应的物质，称活性物质。它决定了电池的体系和电压。电池表达式中的物质均为主要成分。例如：（－）Cd | KOH | NiOOH(+);(－)Pb | H_2SO_4 | PbO_2(+)。

（2）次要成分：不参加电极反应，但在构成电极时决不能少。例如作为支撑活性物质的极栅板、导电网等，它又是电流的聚集体。

（3）添加剂：这类物质加入量很少，但很重要，有特定的目的。主要有：① 组化剂；② 去纯化剂；③ 电催化剂。

6. 电池的容量

电池在一定的放电条件下所能输出的电能量称为电池的容量，以符号 C 表示，常用单位：安时（A · h）或毫安时（mA · h）。电池的容量可分为：理论容量（又叫计算容量，是由电极里含有活性物质的量决定的）、实际容量（是指电池在一定的条件下所能输出的电量，它等于放电电流与放电时间的乘积）、额定容量（又叫标称容量，是指在制造厂规定的条件下，蓄电池能保证的最低容量）。

按照 GB/T 13337.2—2011《固定型排气式铅酸蓄电池》，在 25 °C 的环境下，蓄电池的容量为：

（1）10 h 率放电容量为 C_{10}。

（2）3 h 率放电容量为 C_3，$C_3 = 0.75\ C_{10}$。

（3）1 h 率放电容量为 C_1，$C_1 = 0.55\ C_{10}$，放电电流为：（单位：A）。

（4）10 h 率放电电流为 I_{10}，数值为 0.1 C_{10}。

（5）3 h 率放电电流为 I_3，数值为 0.25 C_{10}。

（6）1 h 率放电电流为 I_1 数值为 0.55 C_{10}。

7. 影响实际容量的因素

电池实际容量主要取决于电池正、负极活性物质的数量和利用程度，而活性物质利用率主要受到下列因素的影响：

（1）放电制度：指放电速率、放电形式、终止电压和温度。高速率及大电流、低温条件下放电时，将减少电池输出容量。

（2）电极的结构：包括电极的高宽比例、厚度、孔隙率以及导电栅网的形式。

（3）制造工艺

放电速率：简称放电率，常用时率和倍率表示。

时率：是以放电时间表示的放电速度，即以某电流放电至规定的终止电压所经历的时间。例如某电池额定容量是 20 小时率时为 60 A·h，即以 C_{20} 为 60 A·h 表示，则电池应以（60/20）= 3 A 的电流放电，连续达 20 h 者为合格。电池的正负极容量是不相等的，一般由容量较小的电极来决定。

倍率：是指电池放电电流为额定容量数值的倍数。如放电电流表示为 0.1 C_{20}，对于一个 60 A·h（C_{20}）的电池，即以（0.1×60）A = 6 A 的电流放电，3C_{20} 意指 180 A 的电流放电。C 的下标表示放电时率。

终止电压：指电池放电是电压下降到不宜继续放电时的最低工作电压。一般在高倍率、低温条件下放电时，终止电压规定的低一些。

8. 电池内阻

电流通过电池内部受到的阻力，使电池的电压降低，此阻力称为电池的内阻。它与其他电源内阻不同，电池的内阻不是常数，这是因为活性物质的组成和温度在放电过程中随时间变化而不断变化。各种规格和型号的蓄电池内阻各不相同，一般来说大型电池内阻较小。在低倍率放电时，内阻对电池性能影响不显著；但在高倍率放电时，电池全内阻明显增大，电压降损失可达数百毫伏。

电池的内阻包括欧姆内阻和极化内阻，二者之和为电池的全内阻。

内阻的存在，使电池放电时的端电压低于电池电动势电压，充电时端电压高于电池电动势和开路电压。

欧姆电阻遵守欧姆定律；极化电阻随电流密度增加而对数增大。

9. 电池的自放电

电池的自放电是指电池在贮存期间容量降低的现象，电池无负荷时由于自放电使容量损失。自放电通常是在负极发生，因为负极活性物质多为活泼的金属粉末电极，在水溶液中其电势常比氢低，可发生置换氢气反应。若在电极中存在着氢超电势低的金属杂质，这些杂质和负极活性物质能组成腐蚀微电池，结果负极金属自溶解，并伴有氢气析出。从而容量减少。

10. 电池的能量

电池的能量是指在一定的放电制度下，电池所给出的电能，通常用瓦时（W·h）表示。电池的能量分为理论能量和实际能量。理论能量可用理论容量和电动式的乘积表示，实际能量为一定放电条件下的实际容量与平均工作电压的乘积。通常用比能量来比较不同的电池系列。比能量是指单位质量或单位体积所能输出的电能，单位是：W·h/kg 或 W·h/L。

电池功率与比功率：电池的功率是指在一定的放电制度下，于单位时间内所给出的能量大小，单位为 W（瓦）或 kW（千瓦）。单位质量电池能给出的功率称为比功率。单位为 W/kg 或 kW/kg。比功率大的电池表示可以承受大电流放电。比功率随比能量增加而降低。

五、电池电压的几个概念

1. 电池的电动势和电极电势

1）电池和电解池

化学能与电能互相转变的装置称为电化学电池，利用两电极的电极反应产生电流的装置称为化学电池。利用电能发生化学反应的装置称为电解池。

无论是电池还是电解池都包含两个电极，每一电极均由第一类导体与离子导体直接接触而构成。一电极与它所接触的电解质溶液构成一个半电池，两个半电池组成一个化学电池。

2）电池的电动势

电池在断路的情况下，正、负两级间的平衡电势之差，即为电池的电动势。电池的电动势大小有电池中的反应性质和条件决定，与电池的形状、尺寸无关。电动势是电池产生电能的推动力。

2. 电池电动势的温度系数

电池电动势的温度系数就是电池电动势随温度的变化率，在某些条件下能表明电池的性能。例如，当电池电动势温度系数小于零，且数值较大时，表明成流反应（即电池中的氧化还原反应）过程中有较多的热生成，同时，在电池工作中，电阻、极化引起的电压降也以热的形式释放出来。这时，如果电池散热不畅，就有可能过热，导致热失控，电池甚至可能燃烧、爆炸。

六、蓄电池的电特性

1. 主要蓄电池体系的电动势

电动势是电池在理论上输出能量大小的度量之一。如果其他条件相同，电动势愈高的电池，理论上能输出的能量就愈大，使用价值就愈高。为了简明区分电池的系列（体系），使用标称电压。它是电压的近似值，或者说是在规定条件下电池工作的标准电压。不同系列的标称电压为：铅酸蓄电池 2.0 V；碱性蓄电池 1.2 V；锌银蓄电池 1.5 V；镍氢蓄电池 1.2 V。

2. 开路电压

电池在开路状态下的端电压称为开路电压。电池的开路电压等于组成电池的正极的混合电势与负极混合电势之差。电池的开路电压数值上接近电池的电动势。

3. 工作电压

工作电压是指电池接通负荷后放电过程中显示的电压。电压随放电时间变化的曲线，称放电曲线。

4. 终止电压

终止电压又叫放电终止电压，蓄电池放电低于这一规定的电压时，电池就不能正常工作，如果继续放电可能会造成蓄电池永久损坏。

七、蓄电池的使用寿命

在规定条件下，电池的有效寿命期限称为该电池的使用寿命。蓄电池内部发生短路或损坏，以及容量达不到额定要求时蓄电池使用失效，这时电池的使用寿命终止。蓄电池的使用寿命包括使用期限和使用周期。使用期限是指蓄电池可供使用的时间，包括蓄电池存放时间。使用周期是指蓄电池可供重复使用的次数。例如镉镍中倍率碱性蓄电池寿命规定：在环境温度（20 ± 5）°C 下，全充全放的循环次数不少于 900 次，浮充使用时，寿命一般为 15 ~ 20 年。

蓄电池每经受一次全充和全放电叫作一个周期或一个循环。锌银蓄电池循环次数为 30 ~ 500 次；铅酸蓄电池循环次数为 300 ~ 500 次；碱性镉镍蓄电池循环次数为 500 ~ 1000 次。

影响蓄电池寿命的主要因素有：电池容量逐渐下降。这是因为活性物质晶型改变，表面积收缩，活性物质膨胀、脱落，骨架或基板腐蚀，等，还有就是内部短路。蓄电池的使用与维护对预期寿命有着很大的影响。

八、蓄电池的运行

1. 蓄电池的运行制度

一般有三种运行方式：充放电制（或称循环使用）、定期浮充制和连续浮充制。

2. 充放电制（或称循环使用）

助动车用蓄电池、矿灯用蓄电池和手提式工具等的充放电方式为充放电制。其多用于小容量、移动型便携式蓄电池，这种运行制度的蓄电池使用寿命较短，因为电池频繁进行全充电全放电，水消耗较多，须注意经常维护。

3. 定期浮充制

用电设备部分时间由蓄电池供电，部分时间由整流器供电，并补充蓄电池组已放出的容量及自放电损失的容量。定期浮充制也叫半浮充制，是一种定期将直流电源设备（如整流器）和蓄电池并联的工作方式。定期浮充制运行方式下，蓄电池的寿命较充放电制长一些。

4. 连续浮充制

运行时昼夜将蓄电池组和整流设备并接在用电设备回路上。整流设备不但对用电设备供电，而且还对蓄电池保持少量的充电电流，当电网停电或整流设备出故障时，蓄电池自动切换过来对用电设备供电，直至交流进线供电恢复，保证不中断对用电设备供电。连续浮充制也叫全浮充制。

九、蓄电池的充电

1. 恒流充电

用调整整流装置输出电流大小的办法来实现充电电流自始至终恒定不变。数量较多的电池串连组最适合于这种方法，若有落后电池，其容量也易于恢复。这种方法宜用小电流长时间对电池充电。

这种充电方式的不足之处是：对蓄电池而言开始充电阶段充电机输出电电流相对不足，而在充电后期充电电流又相对过大，整个充电时间长，析出气体多，对极板冲击大，能耗高，充电效率不超过 66%。免维护蓄电池不宜使用此种方法。鉴于这样的缺点，除非蓄电池需要长时间进行小电流活化充电外，已经较少使用，这种充电方法的时间一般在 15 h 以上。为了弥补这一缺陷，恒流充电的通常是分段恒流充电，以避免充电后期电流过大的缺点，在充电后期把电流减小。此法也叫递减电流充电法。

2. 恒压充电

充电机以恒定电压输出对每只电池进行充电，在充电初期电流相当大，随着充电进行，充电电流会逐渐减小，到充电终期只有很小的电流通过。这样在充电过程中就不必调整电流，此法较简单。由于充电电流自动减小，因此充电过程中析气量较小，充电时间短，耗能低，充电效率可达 80%。如充电电压选择恰当，可在 8 h 内完成充电。此法缺点是：① 在充电初期，对于放电过深的蓄电池，充电电流就会很大，这不仅危及充电装置安全，蓄电池也因过流而受到损伤；② 如果充电电压选择过低，后期充电电流又会过小，导致充电时间过长，不适合串联数量多的电池组充电；③ 充电过程中对于蓄电池端电压的一致性很难补偿，落后的电池完全充电很难完成。恒压充电一般应用在电池组电压较低的场合。

3. 限流恒压

此法是在充电机输出端子与蓄电池之间串接一限流电阻。充电初期当电流大时，其上的电压降也大，从而减小了充电电压；充电后期电流小时，电阻上的电压降也很小，充电设备输出电压降损失就小。这样就自动调节了充电电流，使之不超过某个限度，充电初期的电流得到了控制。此法可以弥补恒压充电的缺陷。

4. 快速充电

此法是通过专用的充电设备提供脉冲电流和负脉冲输送给电池，并随着充电时间的延续，电池有一个瞬间的大电流放电（称为负脉冲），使电极去极化。此法可以在短时间内将蓄电池充足电。既不用恒流大电流，也不用较高的恒定电压，这样可以避免蓄电池很快升温，损伤电极和浪费电能。也不会充电时间极不产生大量的气体和不发热，达到了缩短充电时间的目的。

5. 智能充电

利用智能化技术，动态跟踪电池的实际状态和可接受充电电流的大小，不断测量蓄电池端口 $\mathrm{d}U/\mathrm{d}t$ 的变化，使充电机的输出始终符合蓄电池的充电曲线。充电电流自始至终在电池可接受的充电电流曲线附近，对于铅酸蓄电池，在后期 $\mathrm{d}U/\mathrm{d}t$ 很小。于是充电完全，$\mathrm{d}U/\mathrm{d}t$ 就愈小，只要确定了 $\mathrm{d}U/\mathrm{d}t$ 值，充电深度就基本确定。这样来判断终止的条件是比较科学的，既不会过充也不会欠充。在恒压限流的充电技术中，后期采用 $\mathrm{d}U/\mathrm{d}t$，可以克服恒压限流易于产生落后的电池的缺点。

6. 均衡充电

尽管蓄电池的全组电池都处在同样的条件下运行，但由于蓄电池内部情况的种种差别，总会产生一些落后的蓄电池。对此，用采用均衡充电的方法来消除电池之间的差别，以达到全组电池的均衡。均衡充电实际使用小电流（约 20 h 率的电流）进行 1 ~ 3 h 的过充电过程，所以均衡充电不能频繁进行。当然均衡充电不只限于上述情况，当出现以下情况时也要进行均衡充电：① 浮充机退出运行，蓄电池组担负直流负荷。② 由于某种原因迫使蓄电池组以较大电流放电。③ 放电后未能及时进行充电。④ 发现个别电池电压、电解液密度偏低，全组电池产生差别时。⑤ 电池维护上的定期充电、放电的周期延长后，再次实行定期放电之前。

7. 补充充电及初充电

当蓄电池搁置一段时间后，会有一点的自放电，此时需要进行适当的补充充电。对于新蓄电池，在投入使用前要按使用说明书的规定加入电解液，进行小电流长时间的初充电。

十、蓄电池的维护

1. 铅酸蓄电池

① 蓄电池必须始终保持清洁。② 和外界保持隔离，以免任何外来杂质落入蓄电池内。③ 使用的一切工具、材料必须干净、整洁，保存妥善不被污染。④ 必须定期擦净蓄电池。⑤ 各单体电池间的连接线必须安全可靠。⑥ 蓄电池的密封盖和通气栓塞，必须检查和清拭。⑦ 经常检查电解液面的高度，不要让极板和隔板露出液面。⑧ 必须保持电解液的正常密度，而且只能在蓄电池充电时进行。⑨ 放电过程中要经常检查各单体电池端电压和电解液密度，密切注意蓄电池的放电程度，绝不允许电解液密度和端电压低于其要求。⑩ 始终保持放电电流低于制造厂家的规定。⑪ 电解液温度始终低于说明书的规定值，不允许超过 45 °C。⑫ 充电电流必须低于制造厂的规定值。⑬ 按规定定期进行均衡充电。⑭ 如需蓄电池长期搁置，为了避免过度自放电和严重的硫酸盐化，应每月进行一次补充电。

2. 镉镍碱性蓄电池

① 以干态出厂的开口电池使用前先按需要灌注足量的电解液，然后充电。其他镉镍电池均以放电态出厂，使用前必须对电池充电。② 严禁镉镍碱性电池与酸性蓄电池以及其他酸性物质接触；保持电池存储室通风和干燥；室温宜控制在（25 ± 10）°C。③ 定期更换电解液，以免开口电池在使用过程中，电解液与空气中的二氧化碳作用，生成导电较差的碳酸盐，增大电池的内阻，影响性能。通常情况下，当电解液中碳酸盐超过 50 g/L 时，须更换新的电解液。通常按正常充放电使用时，每 100 次全充放循环可更换一次电解液。不使用的电池最好以干态储存。④ 通常情况下，蓄电池使用过程中可实行正常的充放电制度。但开口电池充电前需要检查电解液液面，需要时补充加水并调整其密度；充电应在（20 ± 5）°C 的条件下，以 $0.2C_5A$ 的恒流充电，时间为 7 ~ 8 h；充电后期应开启气塞，充电结束后 10 min 将气塞拧紧，以防止电解液与空气接触。

保持电池壳体清洁，充电时溢出的电解液应及时擦净。密封电池应严禁倒置充电，因倒置充电可能由于气体无法排出而爆炸。镉镍密封电池常规充电在（20 ± 5）°C 的环境温度下，以 $0.1C_5A$ 的恒流充电 16 h；同时也允许在急用的情况下用 $0.2C_5A$ 充电 6 h，常温下充电电压不能超过 1.6V，否则停止充电或转为小电流充电。镉镍电池严禁过放电。⑤ 禁止电池正负极短路。在蓄电池柜内工作使用的工具应进行绝缘包扎，避免金属工具接触电池的正负极接线柱导致防短路烧伤。

2.1.9　铅酸蓄电池

一、铅酸蓄电池的结构和原理

铅蓄电池分富液式和贫液式两种，基本结构相同，电化学反应原理相同。如图 2-56 为铅酸蓄电池结构图。铅酸蓄电池的结构组件有：正极板、负极板；电解液；容器外壳；引出正负极板的极柱等。

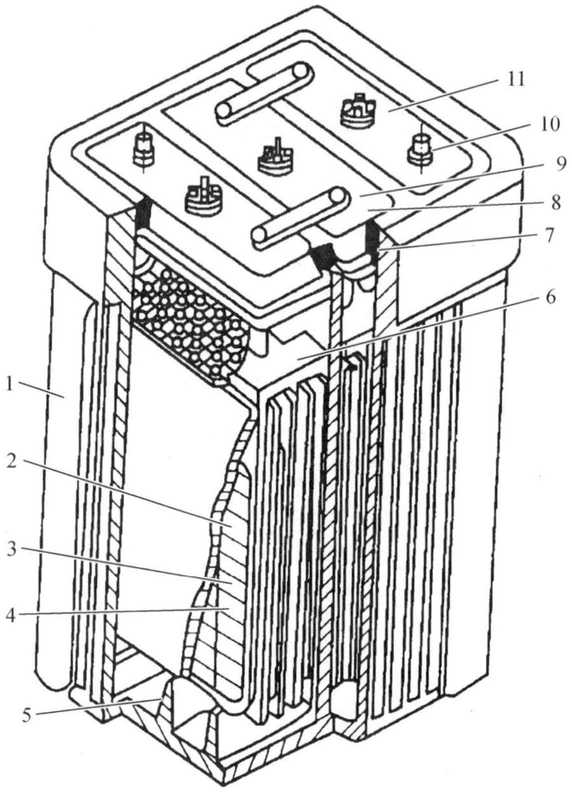

图 2-56 铅蓄电池构造（外连接式）

1—电池槽；2—负极板；3—正极板；4—隔板；5—鞍子；6—汇流排；7—封口胶；8—槽盖；9—连接条；10—极柱；11—排气栓

1. 富液式铅酸蓄电池

这种蓄电池极板可分为涂膏式和管式两种，如图 2-57 所示。涂膏式极板是将活性物质铅膏涂在铅锑合金制成的板栅上，阳极上铅膏为褐色的二氧化铅（PbO_2），阴极上的铅膏为灰色的铅棉（Pb）。

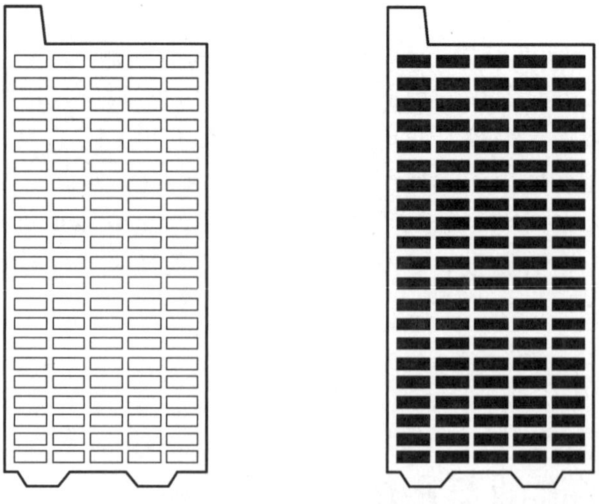

（a）极板栅架　（b）涂有活性物质的极板

图 2-57 涂膏式极板

管式铅板如图 2-58 所示：正极是在玻璃丝套内灌入铅粉或将铅膏挤入，玻璃丝套为多孔性，使用玻璃纤维编织后经树脂固化而成的。

蓄电池的总板数总是不少于 3 的奇数，铅酸蓄电池布置在两侧的负极板比正极多一块，以防止正极板翘曲变形。各正极板、负极板均有极耳通过汇流排联在一起组成正、负极板群，正负汇流排通过极柱引出壳体外形成正负极连线端，正负极板之间都用微孔橡胶隔板或塑料隔板隔开，如图 2-58 所示。

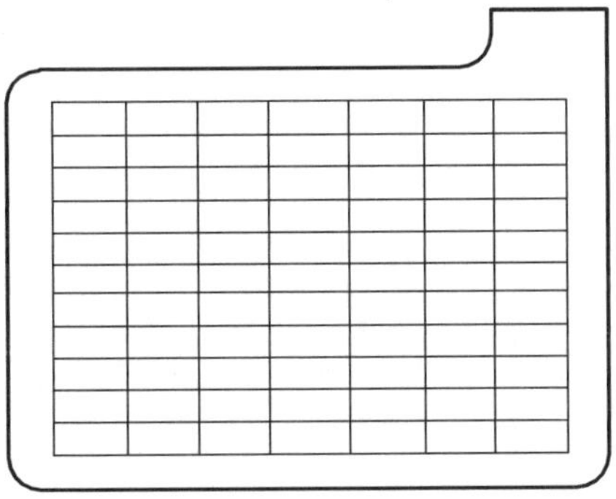

（a）板栅结构

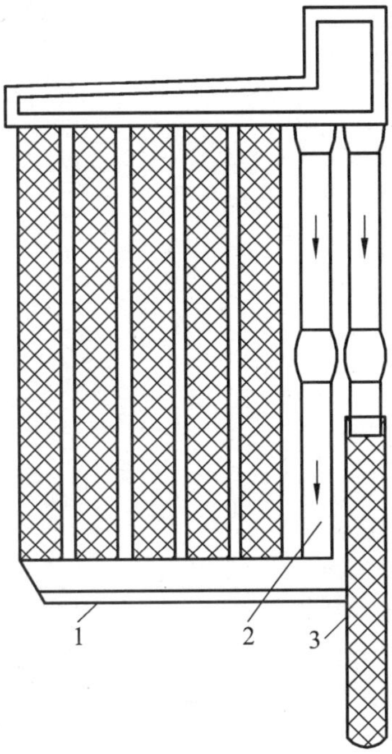

（b）管栅正极板

图 2-58　管式极板

1—封底；2—筋条；3—套管

2. 电解液

电解液是将浓硫酸（H_2SO_4）与纯水配置而成的稀硫酸溶液。通常富液式铅酸蓄电池电解液在 15 °C 时的密度为 1.21。

3. 壳体及其他组件

电池壳体一般用玻璃、塑料或硬橡胶等制成。

4. 铅酸蓄电池电化学原理

① 电解液的作用：一是用于正负极上活性物进行电化学反应；二是用于充电或放电过程中电池内部产生导电离子；三是浸润正极板和负极板，使活性物质微孔中有足够的电解液。通常铅酸蓄电池应该有较多的电解液淹没极板，以保证蓄电池在运行过程中的安全。

② 充电过程：如图 2-59 所示，电池接通外电路，在充电设备的作用下，电子由电池的正极经外电路流入电池负极，外电路中便产生电流。而在铅酸蓄电池内部 HSO_4^- 离子则离开负极向正极迁移，H^+ 则离开正极向负极迁移，所以电池内部由于离子的定向运动也形成了电流，如图 2-60 所示。

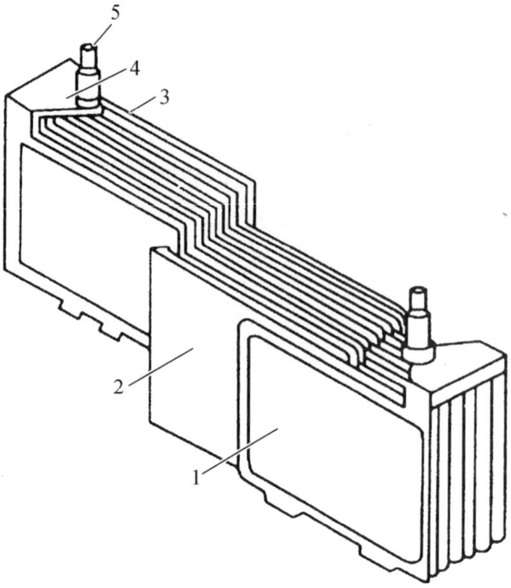

图 2-59　正负极板交叉安装前状况

1—负极群；2—隔板；3—正极群；4—汇流排；5—极柱

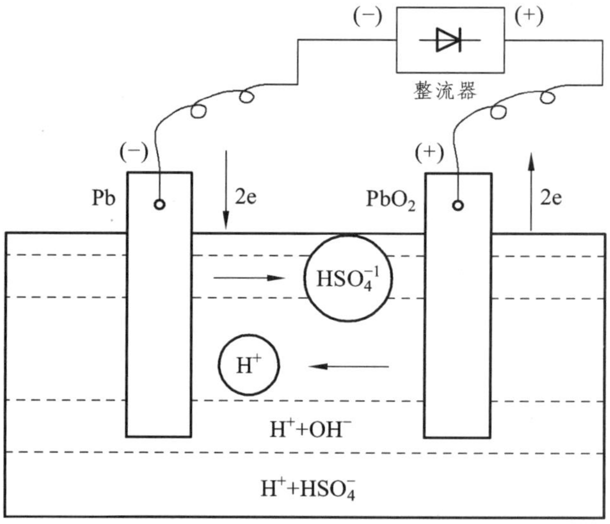

图 2-60　铅酸蓄电池充电过程示意图

依据双硫酸化理论：铅酸电池释放化学能的过程（放电）是负极进行氧化，正极进行还原的过程。蓄电池补充化学能（充电）的过程则是负极进行还原，正极进行氧化的过程。电池开路状态，负极或正极的反应将趋于稳定（指氧化速率和还原速率趋于相等），进而使两极电位达到稳定值，此时的电极称为平衡电极。

铅酸电池负极和正极平衡电极反应式为

充电：

负极：$Pb + HSO_4^- \rightleftharpoons PbSO_4 + H^+ + 2e^-$

放电　　　　充电

正极：$PbO_2 + 3H^+ + HSO_4^- + 2e^- \rightleftharpoons PbSO_4 + 2H_2O$

放电

根据上式可得总反应式为

$$Pb+2H^{+}+2HSO_4^{-}+PbO_2 \underset{放电}{\overset{充电}{\rightleftharpoons}} PbSO_4(在负级)+2H_2O+PbSO_4(在正极)$$

铅酸电池放电过程反应原理如图 2-61 所示。

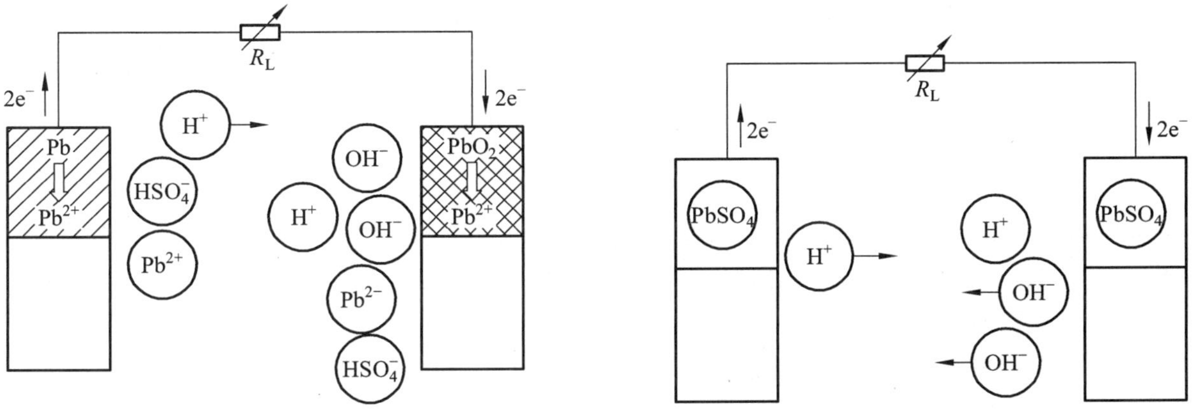

（a）放电初始　　　　（b）放电终了

图 2-61　铅酸蓄电池放电反应内部示意图

放电初始：负极上活性物质 Pb^{2+} 离子和电子，电子定向转移至外电路，Pb^{2+} 溶于电解液。正极上活性物质 PbO_2 在获取外界电子后，电离为 Pb^{2+}，与 HSO_4^- 在电极表面生成 $PbSO_4$ 沉积层，电解液内 $2OH^-$ 与正负极反应释放出来的 $2H^+$ 化合成水。显然，铅酸蓄电池放电过程消耗了活性物质 Pb、PbO_2、HSO_4，而两电极上生成产物为难溶物质 $PbSO_4$ 及导电性差的 H_2O，将化学能转换成电能。铅酸蓄电池放电过程的电极反应成流过程如图 2-62 所示。

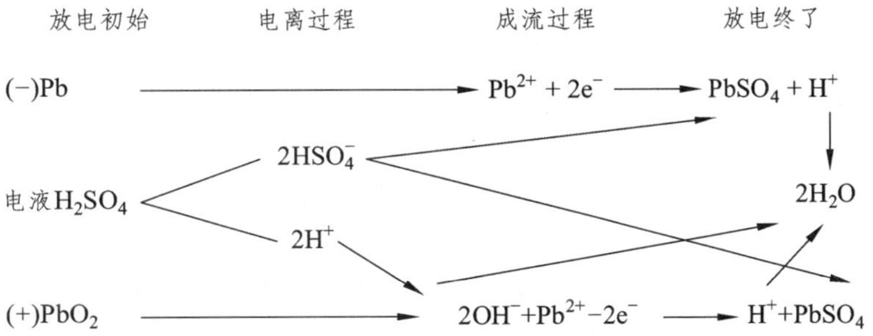

图 2-62　铅酸蓄电池放电过程的电极反应成流过程

二、阀控式铅酸蓄电池

1. 阀控式铅酸蓄电池定义

顾名思义，对于电化学反应产生的气体由控制阀来排出，所以蓄电池盖子上设有单向排气阀（也叫安全阀），使用期间不加酸、不加水维护，电池为密封结构，不会漏酸，也不会排酸雾，当电池内部气压升高到一定值时，排气阀打开，排出气体，于是电池内部气体压力降低，控制阀门自动关闭，防止空气进入电池内部。

由于厂商将阀控式铅酸蓄电池宣称为免维护电池，造成用户在认识上的一些误区，即一般在使用期间不用维护，任其自然就可运行。而实际运行证明这个观点是错误的。阀控式蓄电池由于自身设计的特点，对环境和充电装置设备要求比一般蓄电池更苛刻。所以阀控式铅酸蓄电池并不是不需要维护，而是在运行期间更需要监控和维护。

2. 阀控式铅酸蓄电池分类

可分为 AGM 和 GEL（胶体）两种：AGM 采用吸附式玻璃纤维作隔膜，电解液吸附在极板和隔膜中，贫液设计，电池内无流动的电解液，电池可以立放，也可卧放工作；GEL（胶体）采用 SiO_2 作凝固剂，电解液吸附在极板和胶体内，一般立放工作。若无特别说明，铅酸蓄电池皆指 AGM 电池。

3. 阀控式铅酸蓄电池优点

无漏酸跑液，维护工作量低，基本无酸腐蚀、无爬酸的现象，绝缘良好。运行期间只有少量的氧析出，它的电特性与传统的铅酸蓄电池一样。与传统的铅酸蓄电池区别如下：

（1）无液态硫酸。

（2）整个壳体采用密封结构，正常情况下无气体析出，基本无水分丢失。

（3）设置过压阀控元件，保证蓄电池运行安全。

（4）电解液密度高于富液式铅酸蓄电池，也正因为密度较高，所以阀控式密封蓄电池浮充电电压略高于富液式铅酸蓄电池。

（5）负极容量相对正极容量过剩，使其具有吸附氧气并将其化合成水的功能，以抑制氢氧气体发生速率。

（6）阀控式密封蓄电池充电最高电压低于富液式铅酸蓄电池，前者最高 2.4 V，后者可达 2.8 V。

三、阀控式密封蓄电池氧复合原理

阀控式密封蓄电池的负极采用活性物质的过量设计，例如负极板总是比正极板多，这样正极在充电后期产生的氧通过空隙扩散到负极，与负极板上的海绵状铅发生反应变成水，使负极处于去极化状态或充电不足状态，达不到析氢过电位，所以负极不会由于充电而析出氢气，电池失水很小，所以使用期间不需加水维护。

在阀控式铅蓄电池中，负极起着双重作用，即在充电末期或过充电时，一方面，极板中的海绵状铅与正极产生的 O_2 反应而被氧化成一氧化铅；另一方面是极板中的硫酸铅又要接受外电路传过来的电子进行还原反应，由硫酸铅反应成海绵状铅。在电池内部，若要使氧的复合反应能够进行，必须使氧气从正极扩散到负极。氧的移动过程越容易，氧循环就越容易建立。

在阀控式蓄电池内部，氧以两种方式传输：一是溶解在电解液中的方式，即通过在液相中的扩散，到达负极表面；二是以气相的形式扩散到负极的表面。传统富液式电池中，氧的传输只能依赖于氧在正极区 H_2O 溶液中溶解，然后依靠液相中扩散到负极。

如果氧呈气相在电极间直接通过开放的信道移动，那么氧的迁移速率就比单靠液相中扩散大得多。充电末期正极析出氧气，在正极附近有轻微的过压，而负极化合了氧，产生一轻微的真空，于是正、负间的压差将推动气相氧经过电极间的气道向负极移动。阀控式铅蓄电池的设计提供了这种通道，从而使阀控式电池在浮充所要求的电压范围下工作，而不损失水。

对于氧循环反应效率，在贫液状态下氧复合效率可达 99% 以上；富液式电池几乎不建立氧再化合反应，其密封反应效率几乎为零。

2.1.10　碱性蓄电池

一、碱性电池命名

采用碱性电解液组成的蓄电池通常称为碱性蓄电池，碱性蓄电池种类比酸性的要多，常用的有以下几种：镉镍蓄电池、铁镍蓄电池、锌银蓄电池等。国产碱性电池一般命名方式分三段，其排列及内容如图 2-63 所示。

串联的电池个数→电池的特征和类型→额定容量

图 2-63　国产碱性电池命名

主要的代号及意义如下：

电池类型代号：G—负极材料镉；N—正极材料镍；X—负极材料锌；Y—正极材料银；T—负极材料铁。

电池形状代号：Y—圆柱密封型；G—高倍率；Z—中倍率；L—低倍率。

如 10 只镍镉圆柱密封高倍率 4 A · h 碱性蓄电池组表示为 10GNYG4。

10——串连电池个数（若单体电池为 1 时，第一段可省去）；

G——负极材料镉代号；

N——正极材料镍代号；

Y——圆柱密封型代号；

G——高倍率放电代号；

4——电池额定容量。

二、镉-镍、铁-镍蓄电池

镉-镍、铁-镍蓄电池这两种碱性蓄电池是较为常见的碱性电池，镉-镍蓄电池按极板结构不同分为有极板和烧结式两种类型，前者适用于中速放电，后者适用于大电流放电。负极板活性物质分别为海绵状镉和铁，正极板活性物质都采用羟基镍粉 ($Ni(CO_4)_2$)，25 °C 时电解液密度为 1.18 ~ 1.28 g/cm^3 的氢氧化钾（KOH）溶液，电池外壳用金属或塑料制造。

按电池形状又可分为长方形盒式蓄电池（容量 10 ~ 500 A · h）、圆筒形密封蓄电池（容量 0.5 ~ 3 A · h），以及扣式密封蓄电池（容量 0.1 ~ 0.5 A · h）。

镉-镍蓄电池的特点是：使用寿命长，1 000 ~ 2 000 次充放电循环；机械强度好，耐冲击和耐震动；放电平稳；低温性能好。有极板盒式镉-镍电池放电曲线如图 2-64 所示。

镉-镍蓄电池应用在变电所作浮充蓄电池使用时，特别要注意镉-镍蓄电池的“记忆”效应，长时间浮充电不经常使用会使蓄电池容量及其电气性能有所下降，因而对运行中的电池必须经常进行全容量放电活化。

三、半烧结式镉-镍蓄电池

适用于备用、启动、大电流放电的直流电源。

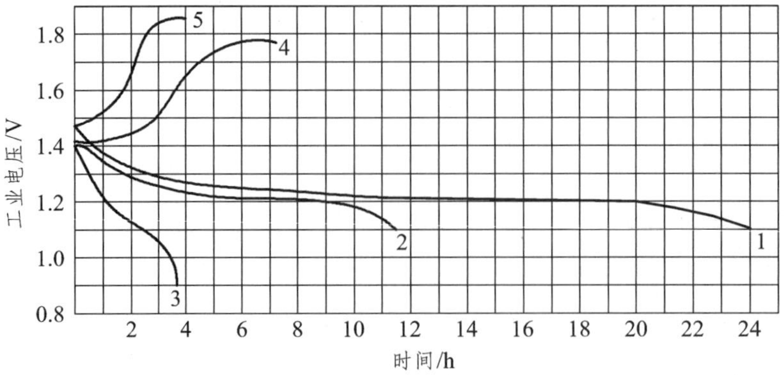

图 2-64　有极板盒式镉-镍电池放电曲线

半烧结式镉-镍蓄电池由塑料外壳、正负极板、隔膜、顶盖、气塞帽及电解液等组成。正负极板间由隔膜隔开，组成极板组，装入外壳内，加盖胶封。盖上有正极柱、注液口，可灌注密度为 1.25～1.28 g/cm^3 氢氧化钾电解液，灌满后用气塞帽将注液口塞紧。

半烧结式镉-镍蓄电池 4 h 率充放电曲线如图 2-65 所示。

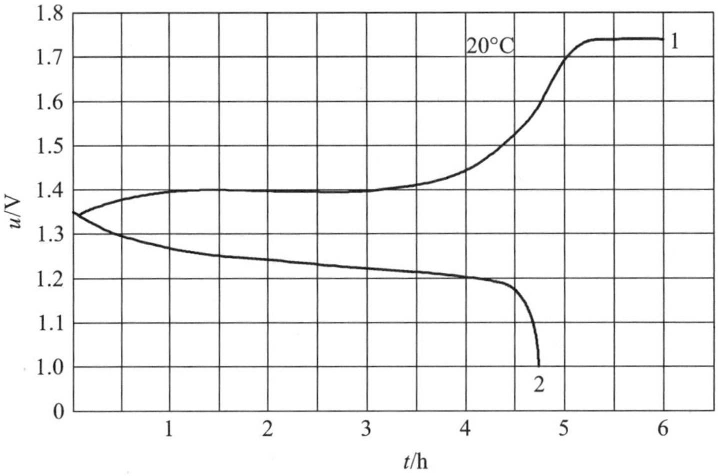

图 2-65　半烧结式镉-镍蓄电池 4 h 率充放电曲线

1—充电曲线；2—放电曲线

由图可以看出，充电电压升至 1.75 V 就足够了，在充电时电池处于过充状态，大部分电能消耗与电解水，放出氧气和氢气；放电时，电压在 1.2 V 以上较稳定，小于 1.2 V 时电压下降很快。

四、蓄电池容量选择

1. 确定蓄电池容量应考虑因素

变电站蓄电池容量确定应同时满足三项要求：放电电流、放电时间、放电电压。具体设计时主要考虑以下面几方面的因素：

1）放电时间

根据相关设计规定变电所蓄电池容量的选择必须满足以下要求：与电力系统连接的变电所，事故停电时间按 1 h 计算，无人值班变电所按 2 h 计算。

独立的自带蓄电池交流不间断电源装置（UPS）计算时间按 1 h 计算，交流不间断电源装置

（UPS）直流电源取自继电保护直流电源系统的，其蓄电池放电过程中要满足交流不间断电源装置工作条件。

2）放电电流

蓄电池容量应满足最终设计完成变电所事故停电时的放电电流（当有两组蓄电池时，以一组蓄电池带两段直流负荷计算放电容量）。对于放电过程中各种较大电流的冲击负荷分为两种情况讨论：① 瞬时大电流会引起母线电压降低，此时应考虑母线电压下跌是否影响其他设备的正常工作，特别是继电保护装置。② 对于大电流冲击持续一段时间的负荷应该统计在蓄电池容量表中。

3）放电电压

根据蓄电池的时间-电流的容量关系，应保证事故情况下蓄电池放电末期在计及各类冲击负荷电流的条件下，控制母线电压应不低于直流母线额定电压的 85%。这里的 85%控制母线电压是考虑到电源端到最终保护设备及开关跳闸之间导线上的电压降余度。

4）环境温度

根据所选用的蓄电池容量-温度特性，应在最恶劣温度条件下保证蓄电池放电容量满足以上三方面的要求。例如城轨交通变电站多为地下站，环境温度经常在 30 °C 以上。蓄电池的温度特性必须能满足这样的环境条件。

5）可靠系数

为保证蓄电池放电容量在工作期间的安全可靠，在满足上述四方面的要求条件下，放宽一定容量。

2. 蓄电池容量计算

计算满足事故全停电状态下的持续放电时间的蓄电池放电容量。

$$C_c = K \cdot C_s \cdot x / K_{cc}$$

式中　K_{cc}——容量系数，取值范围一般在 0.45 ~ 0.8 之间，根据查图得；

$C_s \cdot x$——事故全停状态下持续放电时间 x（h）的放电容量；

K——可靠系数，取值范围一般在 1.4 左右；

C_c——蓄电池 10 h 放电率计算容量，A · h。

1）容量系数确定

容量系数 K_{cc} 以额定容量 C_{10} 为基准的放电容量的标定值，其曲线如图 2-66 所示。

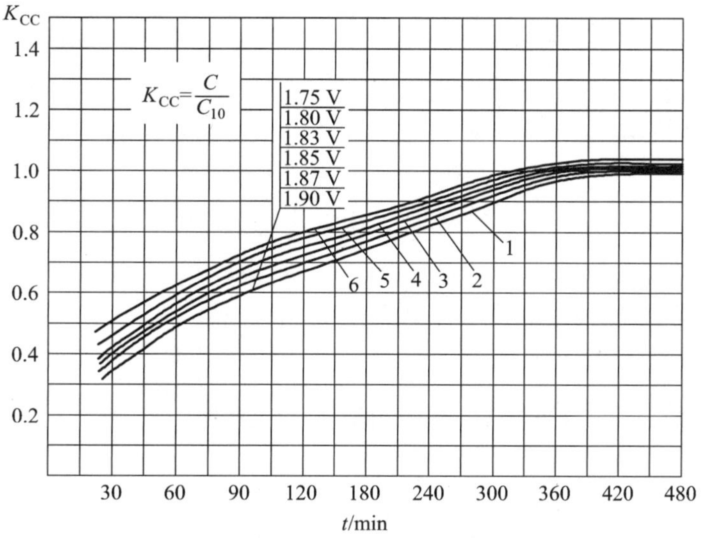

图 2-66　电池容量系数曲线

对于采用不同的放电终止电压，查得不同的容量系数 K_{cc}。图 2-66 中的曲线 1 ~ 6 对应的放电终止电压分别为 1.90、1.87、1.85、1.83、1.80、1.75 V。这里要说明的是，蓄电池厂方所说的终止电压是界定蓄电池容量的电压值，通常为 1.8 V（大电流放电为 1.75 V），而此处的终止电压是根据直流母线允许最低工作电压推出的蓄电池工作电压，一般要大于或等于厂方的蓄电池终止电压。按照变电所停电事故 1 ~ 2 h 考虑，从图 2-66 中得出，容量系数一般在 0.45 ~ 0.8。

2）放电容量计算

事故停电后各负荷电流之和就是蓄电池放电电量，放电电流与放电时间的乘积就是放电容量。放电容量计算时，不能仅考虑现已投运的设备负荷电流，还要考虑最终设备负荷电流。支流负荷统计见表 2-6。

表 2-6　直流负荷统计表

序号	负荷名称	装置容量/kW	负荷系数 K_f	计算容量/kW	计算电流/A	经常电流/A	事故放电时间和电流					
							初期/min	持续/min			随机或事故	备注
							0 ~ 1	0 ~ 30	30 ~ 60	60 ~ 120	末期	
1												
2												
3												
4												
5												
6	电流统计。/A						$I_1=$	$I_2=$	$I_3=$	$I_4=$		
7	容量统计/(A·h)							C_a	C_a	C_a		
8	容量累加/(A·h)							$C_{a0.5}$	C_{a1}	C_{a2}		

表 2-7 中的直流负荷系数按表 2-6 选取。

表 2-7　直流负荷系统

负荷类别	控制、保护、信号装置	UPS	事故照明
负荷系数	0.6	0.6	1

3）可靠系数选择

蓄电池容量除和电池的材料、制造、质量和维护管理有关外，还应考虑电池运行环境的温度变化及充—放电过程的特性曲线和数据的误差等因素，故选择电池容量时要留有适量储备，即选取合理的可靠系数，一般计算电池容量取可靠系数为 1.4。

五、铅酸蓄电池运行维护中常见问题及处理

城市轨道交通变电站直流系统通常有两组蓄电池直流系统，采用连续浮充电运行方式，如果是阀控式密封蓄电池，运行中是无法看清蓄电池内部状况的。若平时不去认真巡视、维护，蓄电池有

问题根本无从发现。遇到因电网发生故障导致变电站全站失电，需要直流供电而无法出力时，对整个轨道交通运营的影响是灾难性的。这方面已有很多事故先例，对此应该提高警惕，认真加强直流系统的运行巡视工作和维护工作，不断进修蓄电池理论知识，根据蓄电池的工作特性及时发现蓄电池在运行中的异常症状，及时排除蓄电池在运行中的缺陷，保证关键时刻蓄电池能够提供可靠的直流电源。

（1）蓄电池浮充电流异常增大：说明某些蓄电池性能恶化，因为在充电机工作正常且近期没有交流失电的情况下，蓄电池浮充电流应稳定在一个较小的数值。不管是富液式还是贫液式铅酸蓄电池，其浮充电流均不会大于 2 mA/(A · h)。此时应立即调低浮充电流在 1 A 之内，并检查每一节蓄电池有无失水、膨胀、壳体发热、有无酸雾逸出等。若有酸雾逸出，须及时排除酸雾。

（2）充电机停止工作：一般有两类原因，一是蓄电池本身性能问题，二是充电机或充电回路有故障。应搞清原因分别予以解决。

（3）蓄电池电压不稳定：这种情况一般都由充电机引起，应对充电机进行检查，对于相控式充电机，重点应检查控制触发回路接插件有无不良、控制回路是否不稳定等。

（4）富液式蓄电池加水频率提高：发生这种情况原因一般为充电机输出纹波大，纹波大通常由输出滤波电容开路或相控充电机触发脉冲缺失所造成。

（5）蓄电池外壳开裂或酸雾造成表面爬电导致直流接地：应对蓄电池外表进行清洁并仔细检查，开裂的缝一般很细小，不仔细查看一般很难发现。可以根据绝缘报警指示重点进行检查，如直流正接地就应对蓄电池正端附近重点进行，反之亦然。

（6）尽量采用数字式电流表，并能显示小数点后两位。高频开关电源和相控电源输出的直流稳定度很高，所以几百毫安的充电电流显示应该非常稳定，当发现电流不稳定时，一般也说明开关电源模块或控制电路等开始出现问题。磁饱和控制充电机电压稳定精度较差，浮充电流表在零位附近左右晃动，这也是正常的，一般晃动幅度不会大于 1 A。

任务二　继电保护装置

2.2.1　继电保护的基本知识

内容摘要

继电保护是变配电设备不可缺少的控制和保护功能，在城市轨道交通行业中由于负载的重要性使得城市轨道交通继电保护尤为重要。

学习目标

（1）掌握继电保护基本知识及整定原则。

（2）掌握城轨供电系统继电保护基本知识。

（3）掌握城轨供电系统各变电所继电保护原理。

一、继电保护的基础知识和原理

1. 继电保护的功用

由于绝缘老化、机械损伤或其他原因可能发生各种故障或异常的工作状态，如各种类型的短路，配电线路发生单相或两相断线以及多种故障组合的更为复杂的故障类型。这些故障的发生对设备及人身安全都将造成威胁。装设继电保护的主要功能和作用就是在最短时间内有效地隔离故障点，消除设备的故障和不安全状态。

2. 继电保护技术发展简史

20 世纪 60 年代以前，我国的继电保护主要由传统的机电型继电器构成，其中包括了电磁型继电器和感应型继电器。20 世纪 60 年代末 70 年代初，晶体管保护和整流型保护得到了应用。20 世纪 90 年代起，集成电路保护和微机型保护大量应用于市场，随着计算机技术的不断发展，微机型保护装置的自动化程度不断提高，这为电力综合自动化系统的集成带来了极大便利。

3. 继电保护的分类

继电保护大类包括变压器保护、母线保护、配电线路保护、发电机及电动机保护，按类型可分为过流保护、差动保护（差动保护是保护变压器的内部短路故障，电流互感器安装在变压器的两侧，在正常负荷情况或外部发生短路时，流入差动继电器的电流为不平衡电流，在适当选择好两侧电流互感器的变压比和接线方式的条件下，该不平衡电流值很小，并小于差动保护的动作电流，故保护不动作；在变压器内部发生短路时，流入继电器的电流大于差动保护的动作电流，差动保护动作于跳闸）、过电压欠电压保护、过载保护等诸多保护类型。故障和不正常工作状态在国内地铁供电系统中，用到了过流、差动、欠（失）压等保护类型。其中在直流牵引中还用到了上升率保护、热保护、框架保护、各种联跳保护等多种保护类型。

4. 继电保护的基本要求

对继电保护有四项要求，分别是灵敏性、选择性、速动性和可靠性要求。其中：

灵敏性指的是继保装置在其保护范围内发生故障或不正常运行状态时，能够灵敏地做出反应，通常用灵敏系数 K_{sen} 来衡量。

选择性指在电力系统发生故障时，继电保护装置应能准确切除故障点，而其余正常供电部分保持供电，以使停电范围减至最小。继电保护的选择性需与前后级之间的灵敏性和动作时限相互配合。

速动性指的是在短路故障情况下，保护应该快速动作，以减轻短路电流对电气设备的破坏程度，缩小故障影响范围。在某些情况下，快速性和选择性会发生矛盾，这时应该在保证选择性的情况下力求提高保护动作的快速性。

可靠性指的是保护经常处于准备动作状态，当属于该保护范围内的故障和不正常工作状态发生时，应能可靠工作，即不发生拒动；当不属于该保护范围内的故障和不正常工作状态发生时，应能可靠地不动作，即不应误动。衡量可靠性的标准是拒动率和误动率。拒动率和误动率越小，保护的可靠性就越高。

5. 继电保护装置的维护的基本知识

1）物理环境

① 防止机械性撞击。

② 贮存/工作于合适的环境温度或湿度中。

③ 使用过程中要安装固定牢靠，接线完整、牢靠。

2）整定及校验

① 根据供电系统情况，计算机保护整定值，选择合适的继电保护装置。

② 根据产品使用说明书及注意事项，正确整定。

③ 根据继电保护试验的相关规程，定期对保护装置实行校验。

④ 做好事故后继保装置的校验工作。

6. 继电保护装置的维护的相关规程

与继电保护装置维护相关的规程很多，但其中最重要的是国家标准 GB14285—2016《继电保护和安全自动装置技术规程》，该规程规定了电力系统继电保护和安全自动装置的科研、设计、制造、施工及运行相关部门共同遵守的基本原则。它适用于 3 kV 及以上电力系统中电力设备和线路的继电保护和安全自动装置，是相关部门共同遵守的技术规程。

二、继电保护的基本原理和构成方式

1. 继电保护的基本原理

在电力系统发生故障的情况下，往往伴随着电流增大、电压降低及电流和电压间的相位变化。继电保护就是以这些变化的物理量为基础而产生，并反应相应故障的电力系统要件。根据反应物理量的不同，可构成以下各种不同类型的继电保护：

① 反应电流变化，如电流速断、定时限过流、反时限过流及零序电流保护等。

② 反应电压改变的，如低电压保护和过电压保护。

③ 既反应电流又反应电流、电压间相位变化，如方向过流保护。

④ 反应电压与电流的比值，即反应故障点至保护安装处阻抗，如距离保护。

⑤ 反应输入电流、输出电流差，如差动保护。

2. 继电保护的构成方式

各种类型的继电保护，在组成上一般都具有测量部分、逻辑部分及执行部分等三大部分，其组成框图如图 2-67 所示。

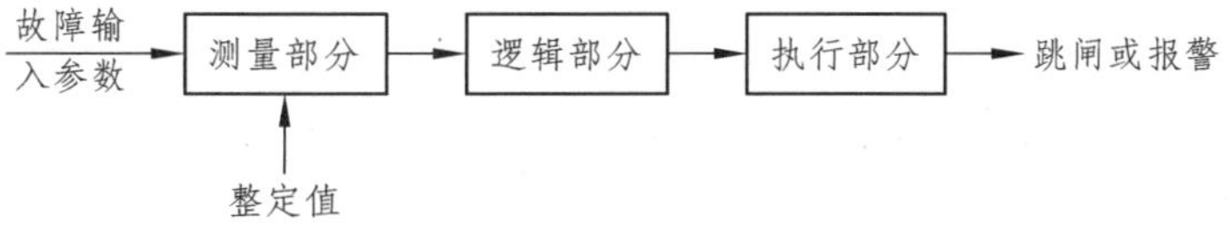

图 2-67　继电保护的系统组成框图

（1）测量部分：主要完成对被保护对象工作状态的一个或几个物理量的采集工作，并将采集结果与保护整定相比较，比较结果将用于下一步的逻辑运算。

（2）逻辑部分：根据测量与整定的比较结果，由逻辑做出判断，以决定保护装置采取何种反应。

（3）执行部分：执行逻辑运算做出的决定，将逻辑运算结果通过电气执行回路完成报警、跳闸或保持不动作。

因此，继电保护三大组成部分缺一不可，只有三大部分的准确、合理、协调、配合才能使继电保护满足电力系统要求，做到快速、准确、灵敏、可靠地对故障状态做出反应。

三、继电保护的二次接线图

1. 继电保护的几种制图方式

在继电保护系统中，二次接线的制图方式包括集中式原理图、展开式原理图及安装接线图，以下以 10 kV 开关的跳闸原理图为例，对集中式及展开式两种制图方式做简单介绍。

图 2-68 是按集中式原理图方式制作的 10 kV 开关跳闸原理图，下面再以展开方式来制作 10 kV 的跳闸原理图，见图 2-69。

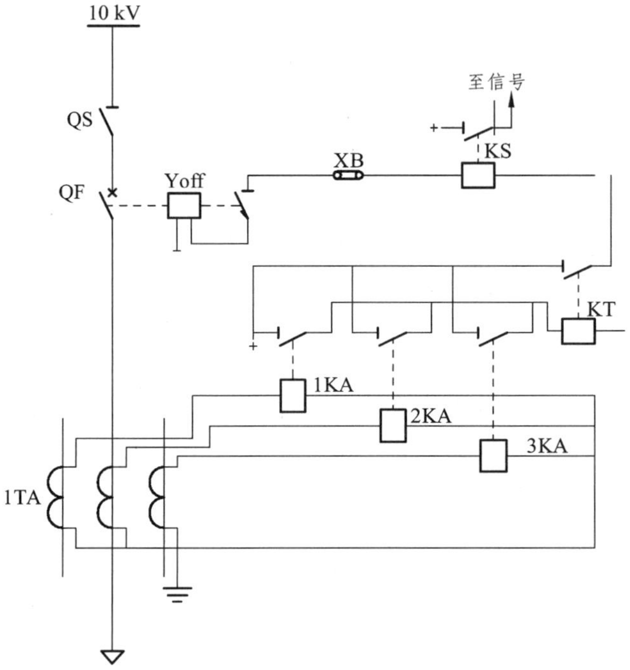

图 2-68　10 kV 跳闸原理集中式原理图

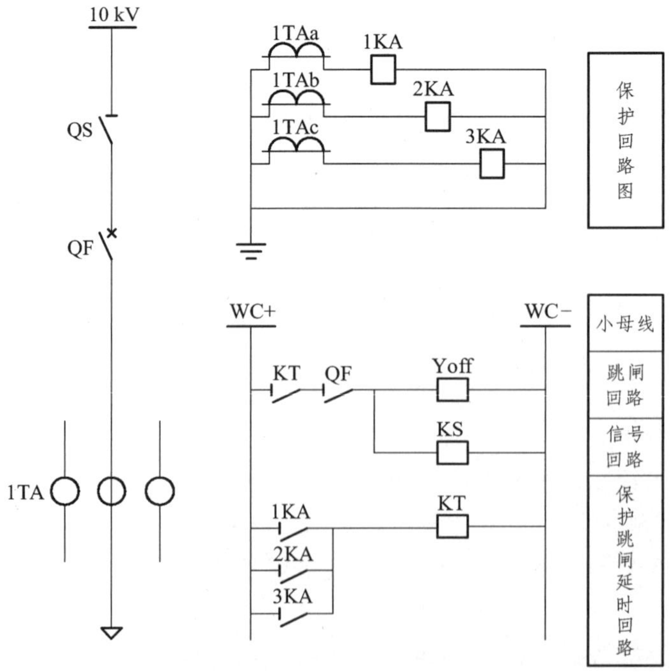

图 2-69　10 kV 展开式跳闸原理图

以上两种类型的原理图中，集中式可将所有元器件集中在一张图上，而展开式则可以使各元器件图示在不同的回路图中。与以上两种类型不同，安装接线原理图更适合于设备的安装接线，它可以将各元器件的接线细节完整地反映在图纸上，但图中图形元素的数量比前两种接线图要多，在此不作论述。

2. 电流保护的几种接线方式

就电流保护的接线方式而言，目前使用较多的有三相星形接法和二相星形接法。

2.2.2　城市轨道交通变电站继电保护

一、城市轨道交通主变电站继电保护简介

1. 66 kV 系统保护主要类型和内容

在城轨 66 kV 系统中，主要有过流保护、变压器差动及瓦斯保护、零流保护等多种保护类型。其中变压器差动和瓦斯保护作为变压器的主保护，分别反应于变压器绕组及引出端故障和油箱内故障，两者配合使用，基本上可以切除与变压器相关的各种故障。而过流保护则作为变压器的后备保护，在整定时按躲过变压器可能出现的最大负荷电流整定，并取一定的可靠系数。考虑到 66 kV 侧属于大电流接地系统，短路概率比较大，为了防御母线和引出线上可能出现的接地短路，一般都装设有零序电流保护，作为变压器或相邻元件的后备保护。

2. 35 kV 系统保护的主要类型和内容

在主变的 35 kV 系统中主要配置有过流、零流保护等类型；系统装设接地变用于构造 35 kV 系统的接地点，为系统零流保护的装设创造条件，接地变本身装设过流保护，用于防御接地变自身内部出现的短路故障；同时，35 kV 系统母线配有母线分段自切功能。

3. 10 kV 保护主要类型和内容

10 kV 系统主要配置有定时限过流、零流、反时限过流、定时限速断等保护类型。

4. 主变电站内保护的配合基础知识

在城轨主变电站中，差动保护与瓦斯保护配合作为变压器的主保护。差动保护按躲过变压器励磁涌流及由外部穿越性故障电流在二次系统中可能出现的最大不平衡电流为原则进行整定。过流保护则以躲过二次侧可能出现的最大负载电流为原则，一般取综合系数为 2 ~ 4，过流保护作为变压器的后备保护。接地变则一般装设过流和零流保护，其中过流一段为瞬时过流保护，用于防止接地变自身内部或引线端出现的短路故障，过流二段为定时限过流保护，为接地变后备保护。而零流一段、二段均为防止低压侧供电系统可能出现的接地故障，其中零流 I 段按躲过下一母线出口处出现单相或两相接地时可能出现的最大不平衡电流来整定，取一定的可靠系数（一般为 1.2 ~ 1.3）。

5. 城轨主变电站继电保护的运用实例

现以城轨主变为例，来简要说明主变电站的继电保护。该主变电站主要有 66 kV 和 35 kV 及 10 kV 等几个电压等级，其一次接线图如图 2-70。该主变 66 kV 侧为大电流接地系统，保护主要启用了变压器差动、瓦斯保护、过流及过负荷等保护类型。其中差动和瓦斯保护作为变压器的主保护，

过流及过负荷保护作为变压器的后备保护。35 kV 侧是通过接地变经消弧线圈接地的小电流接地系统，主变压器 35 kV 侧开关配有过流及零流等保护类型。其中过流一段及零流一段兼起 35 kV 母线相间及相对地的保护作用，不装设特殊的母线保护类型，分段之间配自切功能。

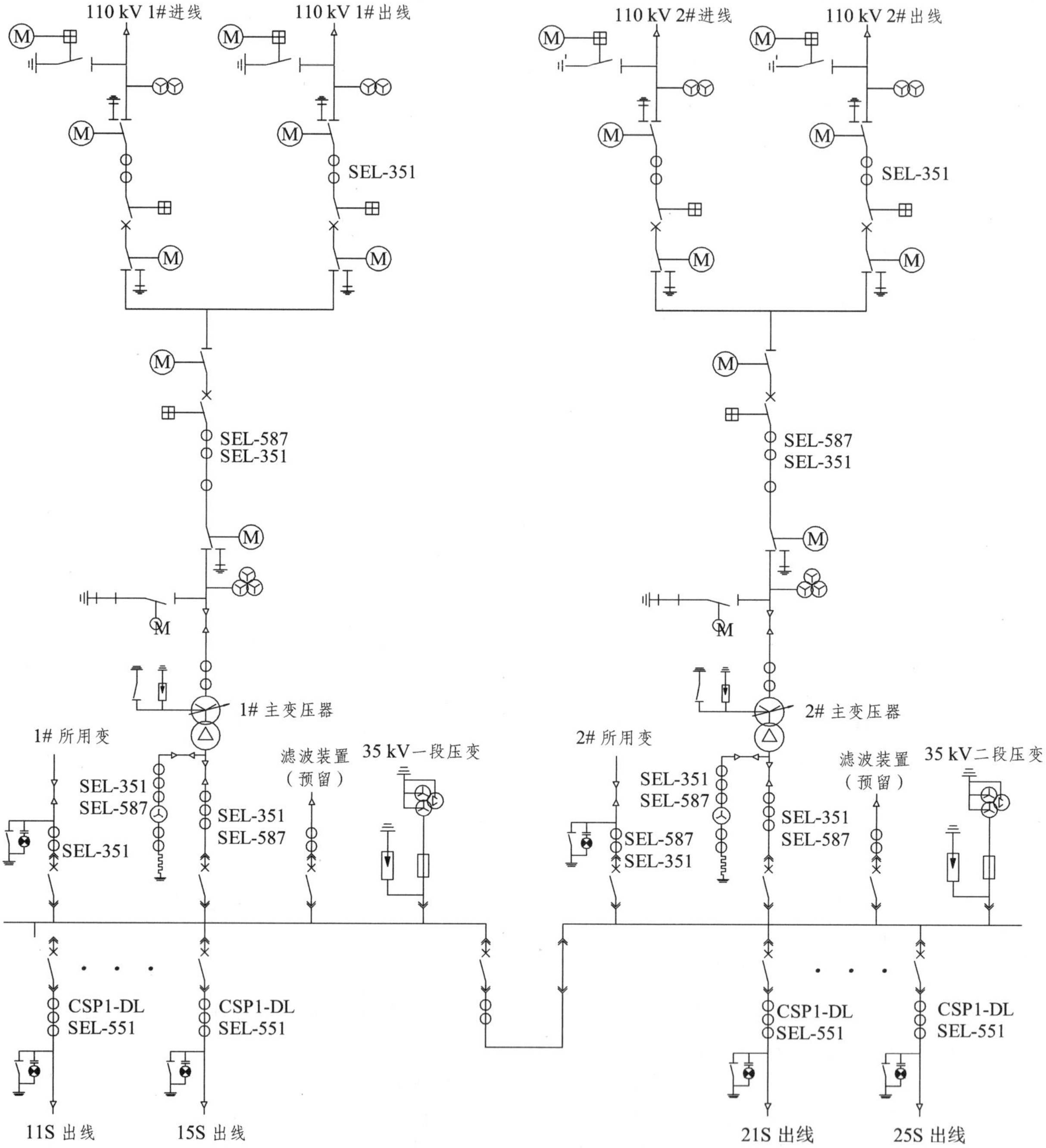

图 2-70 某主变供电系统图

所谓分段自切功能，即是指在 35 kV 某段母线进线失电时，能自动断开该段 35 kV 母线的进线开关，然后母联开关自动合上，实现由另一段母线对失电母线进行供电的功能。

在 35 kV 馈线中，装设有线路差动和过流零流保护，其中差动为主保护，用于保护馈线后端电缆，过流零流保护作后备保护。

接地变开关装设了过流、零流保护，其中过流一段、二段用于切除接地变自身出现的故障，保护动作将跳开接地变 35 kV 开关；而零流一段、二段则用于切除后端 35 kV 系统可能出现的接地故障，保护动作将跳开主变 66 kV 及 35 kV 开关。

站用变 35 kV 开关一般装设有过流、零流保护，不装设差动保护。

二、变压器瓦斯保护和差动保护的基本原理及应用

1. 变压器瓦斯保护

一般情况下，400 kV·A 及以上的车间内油浸式变压器或 800 kV·A 及以上的油浸式变压器，应装设瓦斯保护。瓦斯保护是一种反应于油箱内部产生的气体或油流而动作的保护类型。它又分为轻瓦斯保护和重瓦斯保护，分别用于报警和跳闸。

气体继电器是构成瓦斯保护的重要元件。它安装在游箱和油枕之间的连接管道上。为了使气体能通畅地流过气体继电器，如图 2-71 所示，变压器安装时应使其顶盖沿气体继电器的方向与水平面有 1%～1.5% 的升高坡度，而气体继电器经油枕的连接管道则应有 2%～4% 的升高坡度。

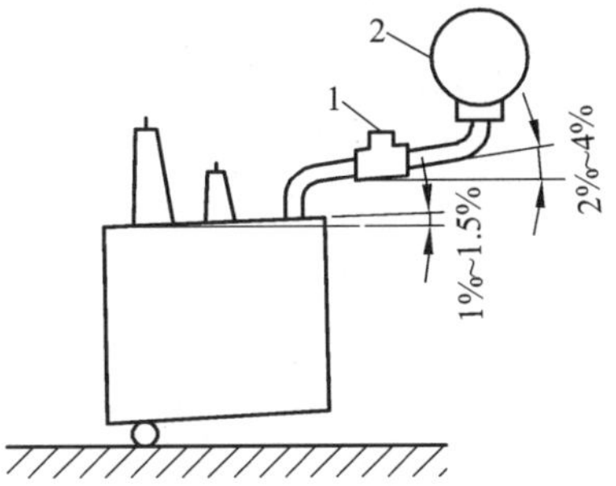

图 2-71　瓦斯继电器安装示意图

1—瓦斯继电器；2—油枕

目前我国的电力系统使用较多的是开口挡板式气体继电器，其结构如图 2-72 所示。正常情况下，其上、下开口杯均浸在油中，由于开口杯和附件在油内的重力矩小于平衡锤的重力矩，因而开口杯向上倾。在轻微故障时，油内部所产生的少量气体聚集在气体继电器上部，气体的压力使油面下降，于是使得上开口杯露出油面，由于浮力的减小，开口杯和附件在空气中的重力加上杯内油的重力产生的力矩大于平衡锤产生的重力矩，故开口杯将按顺时针方向转动，并带动永久磁铁靠近干簧触点 3，使触点闭合，从而发出“轻瓦斯”保护信号。当变压器油箱内产生严重故障时，大量的气体和油流将直接冲击挡板 8，使下开口杯按顺时针方向转动，并带动永久磁铁靠近下部干簧，使触点闭合发出“重瓦斯”保护动作信号。

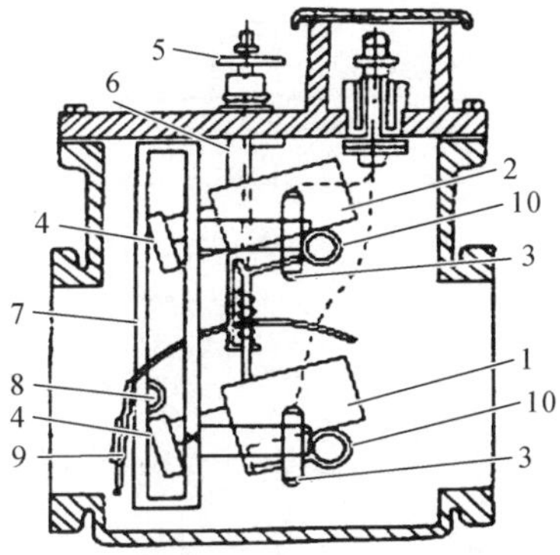

图 2-72　开口杯挡板式瓦斯继电器的结构图

1—下开口杯；2—上开口杯；3—干簧触点；4—平衡锤；5—放气阀；6—探针；7—支架；8—挡板；9—进油挡板；10—永久磁铁

一般情况下，“轻瓦斯”保护信号用于报警，而“重瓦斯”保护信号用于跳闸。在接线方式上，上开口杯的触点可直接接入信号报警继电器回路，而下开口杯的触点则应接入一个具有电流保持线圈的中间继电器来驱动跳闸，这主要是为了防止下开口杯在大量气流作用下，由于油流不稳定而造成干簧触点的抖动，使断路器无法可靠跳闸，跳闸中间继电器的自保持可由断路器辅助触点来断开。

在地铁供电系统的实际运用中，一般将轻、重瓦斯保护信号接入微机保护装置中。由微机对保护信息进行采集判断，并通过站控自动化系统将保护信息上传至监控工作站或控制中心做记录或处理。

2. 变压器差动保护

变压器差动保护是一种反映于变压器内部故障的保护类型，其基本原理是流入变压器的能量与流出变压器的能量理论上应该相等（除去变压器的励磁及漏磁损耗），实际使用中往往以电流的形式来反映。如图 2-73 所示，高低压侧通过选择合适变比的电流互感器，可使得高压侧及低压侧电流互感器二次侧产生的电流比较接近，而电流继电器线圈上流过的电流即为高低压电流互感器二次侧电流的差值（$I_2'-I_2''$），理论上差值应为 0，但实际使用中由于高低压侧电流互感器型号变比的不同，这个固有的差值电流是存在的。这就是说，正常情况下，电流继电器线圈是有电流通过的，在这个电流作用下，继电器不应误动作。而在变压器内部故障的情况下（如短路），故障电流在电流互感器二次侧差动电流继电器线圈中的电流远大于正常的电流差值，从而继电器将动作跳开高低压侧断路器。多线圈的变压器差动保护原理与双线圈的变压器差动保护原理完全一致。

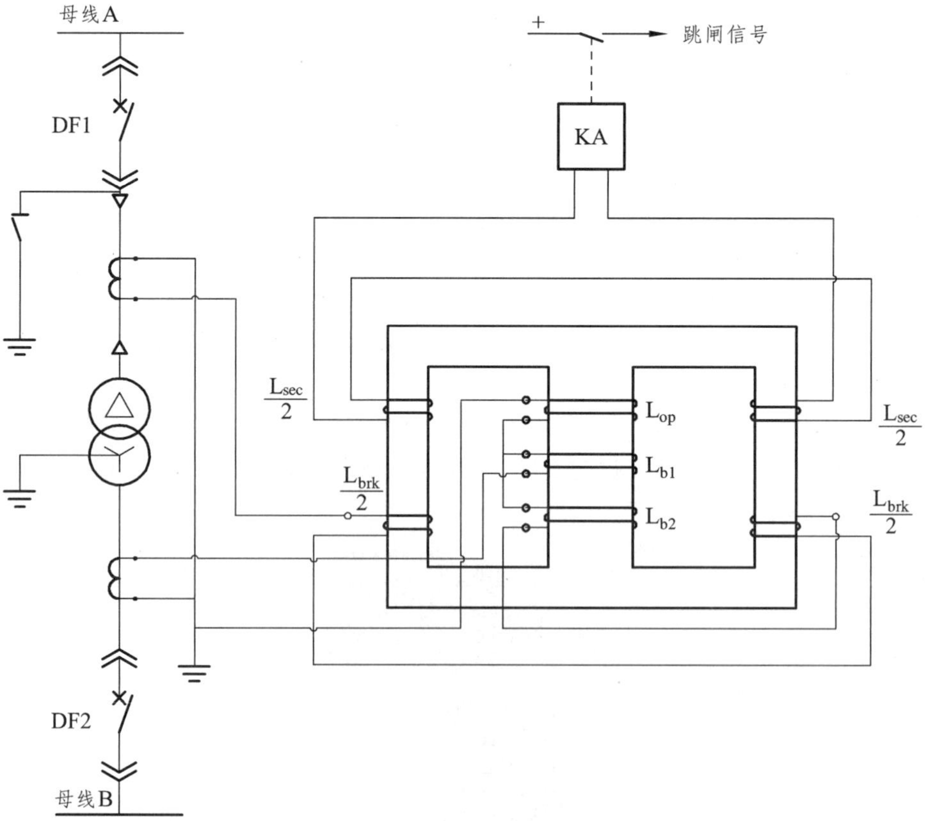

图 2-73 变压器差动的接线原理图

在实际运用中，差动继电器的整定值应大于以下因素引起的不平衡电流：

（1）由变压器励磁涌流 I_{EF} 所产生的不平衡电流。

（2）由变压器两侧相位不同而产生的不平衡电流。

（3）由计算变比与实际电流互感器变比的不同而产生的不平衡电流。

（4）由两侧的电流互感器的不同型而产生的不平衡电流。

（5）由变压器带载调压而产生的不平衡电流。

（6）由穿越故障而引起的不平衡电流。

在变压器空投时，励磁涌流中将含有大量的谐波分量，其中以二次谐波及五次谐波为主。为防止变压器励磁电流或涌流时由于谐波而导致误动作，一般均采取一定的制动措施，目前使用的微机型变压器差动继电器也设置了二次谐波及五次谐波制动的功能选项，用户可根据需要启用或关闭。

在实际应用中，差动继电器按图 2-73 所示方式连接，差动侧线圈 L_{op} 接入差动回路中，制动线圈及平衡线圈均接入差动保护的臂上，而二次线圈则接入电流继电器的线圈回路中。

当不考虑制动线圈的作用时，差动线圈与二次线圈实际上就是一个饱和变流器，因此它可以有效消除不平衡电流或励磁涌流中的非周期分量。使用中将在这种情况下的继电器动作电流称为最小工作电流，用 I_{kact} 表示。但当考虑制动线圈的作用时，它就有了更好地躲过穿越性故障不平衡电流的性能。

因为在穿越性故障情况下，随着一次故障电流增大，制动电流 I_{brk} 也随之增大，从而使两边柱的磁通饱和，导磁率降低，在这种情况下，要使电流继电器动作，就必须加大差动线圈 L_{op} 的电流，才能使继电器动作。在 I_{brk} 一定的情况下，制动线圈 L_{brk} 匝数越多，制动能力就越强，动作电流 I_{kact} 也就增加的越多。通过试验可以获得继电器动作电流与制动电流之间的关系，即 $I_{kact}=f(I_{ark})$ 制动曲线，其与水平轴的夹角为 α，$\tan\alpha$ 为制动系数，用 K_{brk} 表示。如图 2-74 所示，为了保证继电器在内部故障的情况下，继电器能可靠动作，一般为 $K_{brk}=I_{kact}/I_{brk}=\tan\alpha \leqslant (0.5\sim0.6$ 中某一数值)。

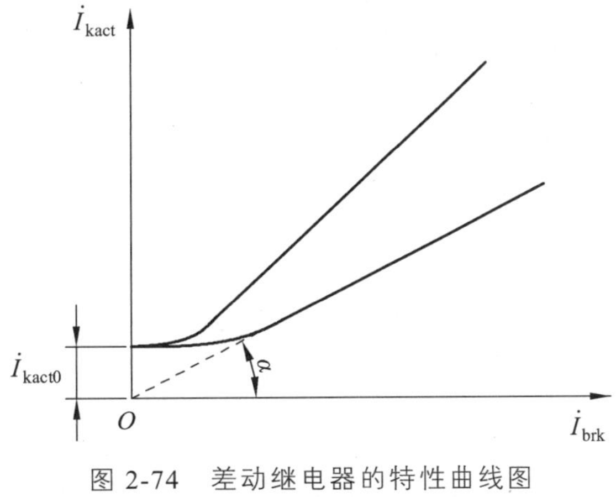

图 2-74 差动继电器的特性曲线图

通过制动功能的引入，使得变压器在穿越性故障的情况下，能够可靠地不动作，因为动作电流将随着制动电流的提高而成倍提高。但在变压器内部故障的情况下，差动继电器能迅速地做出反应并驱动跳闸。

三、主变电站继电保护自动化系统的拓扑结构

在城轨主变电站，特别是新建设的主变电站中，一般都配置有功能先进的微机保护装置。该主变配置了功能先进的 SEL 系列的继电器，该系列微机保护已具备了强大的保护和组网功能。图 2-75 是站控自动化层的配置图，各 SEL 微机保护遵从 DNP 通信规约与主站交换保护、遥测、遥信及遥控数据。其中 SEL-351 为过流继电器，启用了过流及零流等保护功能；SEL-587 为主变差动继电器，其本身保护功能很多，但实际仅启用了差动保护功能类型，后备保护由另外配置的过流继电器

SEL-351 来实现。35 kV 出线则装设有 CSP1-L 线路差动继电器，保护信息的传递通过 RS485 接口，遵从 IEC60870-5-103 继电保护通信规约与站控层 SCADA 系统及控制中心 SCADA 系统进行数据交换，除差动以外，还装设了 SEL-551 微机保护作为 35 kV 出线后备保护。

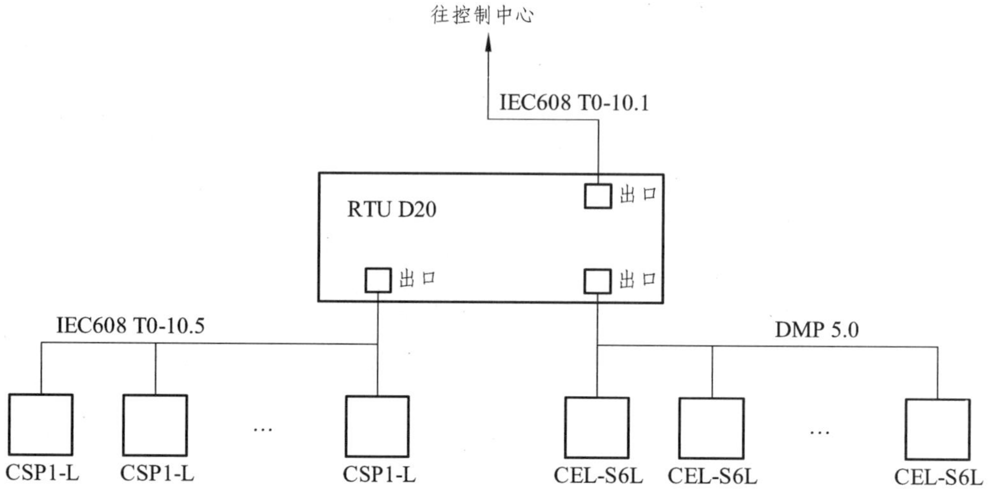

图 2-75 主变站内的自动化系统拓扑图

四、城轨牵引变电站继电保护简介

1. 城轨牵引变电站继电保护的主要类型

城轨牵引变电站的主要作用是，将 35 kV 交流电经牵引整流变压器变压后，降为 1 220 V 交流，再经三相桥式整流（全波）后输出理论值为 1 720 V 左右的每周波 24 脉动波形的直流电，如图 2-76 所示，该直流电通过高速直流开关馈往接触网，用作列车牵引动力源，再通过列车的受电弓将电能引入列车的驱动系统。理论上（不考虑漏磁、损耗等因素的影响）得到的电压平均值为

$$U=\frac{1}{\frac{\pi}{12}}\times 1\,220\times\sqrt{2}\times\int_{75^\circ}^{90^\circ}\sin(\omega t+7.5^\circ)\mathrm{d}(\omega t)\approx 1\,721(\mathrm{V})$$

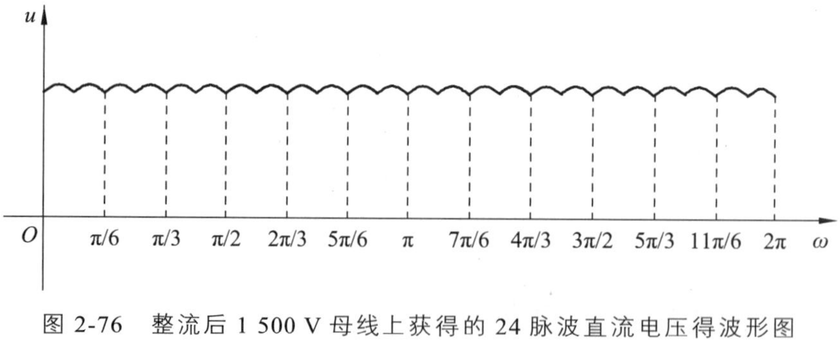

图 2-76 整流后 1 500 V 母线上获得的 24 脉波直流电压得波形图

实际运行中（空载时）表计显示电压为 1685 V 左右，电压的损耗率为$(1\,721-1\,685)\times 100\%/1\,721=2.09\%$。

在牵引变电站的进出线中主要有纵联差动保护及过流、零流、（欠）失压保护等保护类型。在整流变压器馈线中装设有变压器温度保护、二极管监视保护、整流柜母排温度保护、散热器温度保护等保护类型。在直流 1 500 V 系统中，则主要有过流保护、上升率保护、失（过）压保护、热保护、框架保护及双边联跳保护等保护类型，其中框架保护是直流牵引供电系统特有的保护类型。

2. 35 kV 进线保护主要类型和内容

35 kV 进线、联络线开关一般装设有纵联差动保护和过流保护，其中过流保护又启用了反时限和定时限等具体类型。在 3、5 号线等地铁线路的供电系统中，为最大限度地确保地铁安全运营，35 kV 相邻联络站点采用了进线、联络线“四投三”的运行方式。在某一站点 35 kV 进线失压的情况下，能自动断开失压线路进线开关，并自动合上联络开关，通过联络线实现由相邻牵引站往本所供电，这种运行方式对地铁的安全运营是极其重要的。

3. 线路纵联差动保护简介

35 kV 进线或联络线一般均装设线路纵联差动保护（常简称为线路纵差保护），该保护为进线电缆或联络电缆的主保护。它的工作原理是流入电缆的电流与流出电缆的电流应该相等（除去远离输电时的电容电流），其原理如图 2-77 所示。

目前地铁使用比较多的是 SIEMENS 公司的产品，如 7SD24（模拟式）差动继电器和 7SD61（数字式）差动继电器。特别是在新进开发的线路中，全部采用了功能先进的数字式光纤纵联差动保护继电器（图 2-78），线路两端装设的继电器实时采集线路上通过的电流值，通过光纤与另一侧继电器进行数据交换，以便进行差、制动电流分析，两台差动继电之间采用软件进行同步和补偿，保持了数据的同步性和有效性。

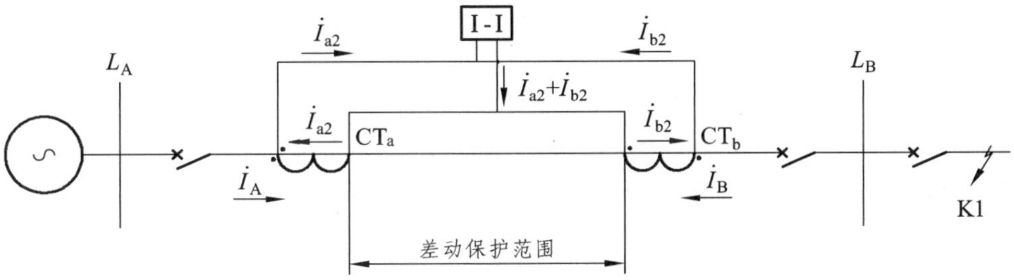

（a）

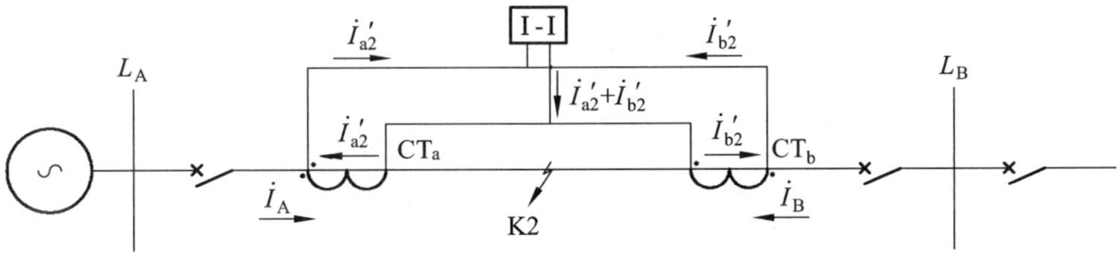

（b）

图 2-77　传统型纵差保护原理图

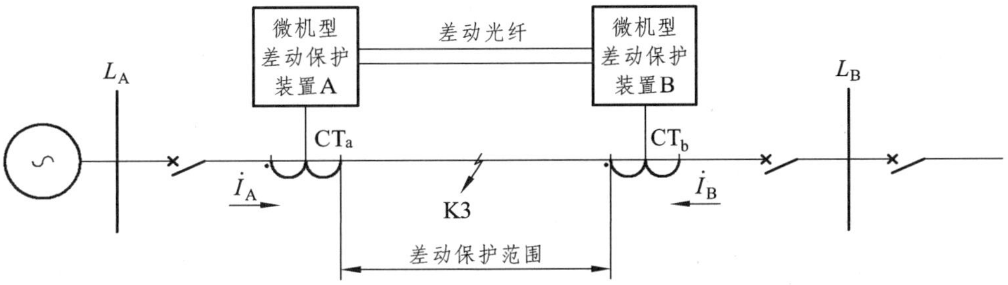

（a）

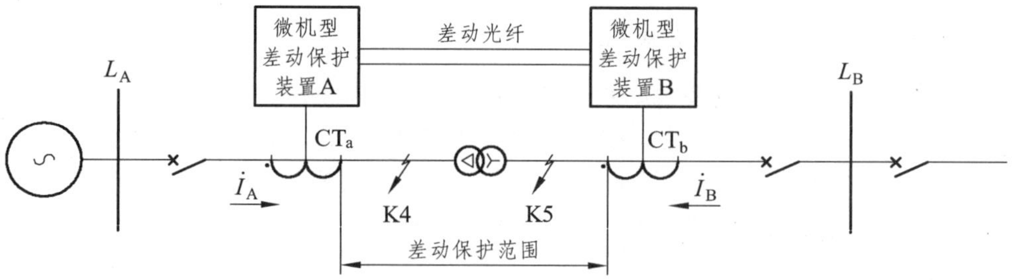

（b）

图 2-78　微机型纵差保护原理图

在城轨行业的继电保护试验中，考虑到潮流走向的单向性以及现场试验电源难于统一，采用了从单侧加电流量的方法来校验继电器。试验流程一般为单侧加电流→检查输入电流与显示电流是否一致→继续加电流至保护动作，读取并记录差动电流值和制动电流值，并将试验结果与整定值特性曲线相比较以分析其动作的准确性。

微机型线路纵联差动保护装置的原理与 BCH—1 基本一致，现以西门子 7SD61 为例来说明其工作原理。如图 2-78 所示，该微机继电器采用了如下计算方法：

差动电流：$I_{diff} \geqslant |I_1 + I_2|$

制动电流：$I_{rest} = I_{diff} > +\varepsilon_1 \cdot CT1 \cdot |I_1| + \varepsilon_2 \cdot CT2 \cdot |I_2| + sync.error$

其中 sync.error=$(1.2 \sim 1.8)\% \times I_N$ 为不同步误差补偿项，ε_1、ε_2 分别为线路两端的 CT 误差，其取值与流过保护安装处电流的大小有关，当流过的电流在额定范围内时，按[0253]参数设定取值，若流过的电流超过额定范围时，按[0254]参数设定取值。

以图 2-79 情况为例，对首端装设的差动保护继电器而言，如果相关参数设定为 $\varepsilon_1 = 3\%$，$\varepsilon_2 = 5\%$，$I_{diff} >$ 设定为 $0.2I_N = 120$ A。则按以上方式计算差动电流和制动电流，可得

$$I_{diff} \geqslant |I_1 + I_2| = |500 + (-300)|\ \text{A} = 200\ \text{A}$$

$$I_{rest} = I_{diff} + \varepsilon_1 \cdot |I_1| + \varepsilon_2 \cdot |I_2| + 1.5\% \times I_N$$

$$= (120 + 0.03 \times 500 + 0.03 \times 300 + 0.015 \times 120)\ \text{A} = 145.8\ \text{A}$$

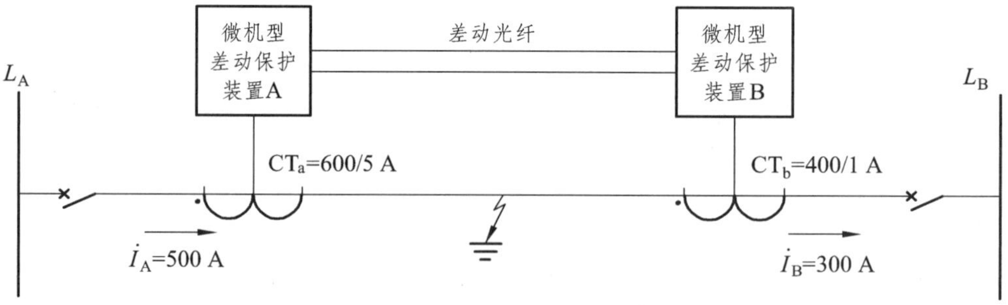

图 2-79　差动计算实例

于是有 $I_{diff} >$ 大于 I_{Rest}，其动作点如图 2-80 所示，首端差动继电器将动作跳开相应断路器，并联跳末端断路器。对于末端装设的差动继电器来说，其计算方法与首端一致，在此不作赘述。

4. 整流变压器的保护类型和内容

整流变压器柜一般配备电流速断保护、延时过流保护、零流保护及反时限过流保护等保护类型，同时装设变压器超温保护。在以上保护类型中，电流速断保护为主保护，其余为后备保护。变压器的过负荷保护是通过电流继电器的反时限来实现。

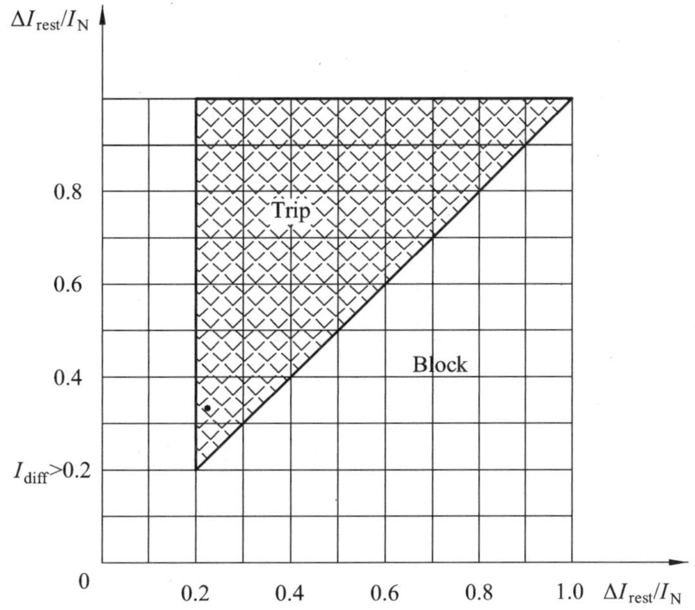

图 2-80 7SD61 继电器动作特性

5. 整流器的保护类型和内容

在地铁牵引供电的整流器中，一般装设有二极管快速熔断器故障报警/跳闸（即所谓一报警二跳闸）、散热器超温报警/跳闸（或热敏装置报警/跳闸）、母排超温报警/跳闸。这几类跳闸将使整流变的 35 kV/33 kV 开关跳闸，使整流器组退出运行。

6. 牵引变电站继电保护的配置

在 35 kV 进线或联络线中配置了 CSP1-L 线路差动微机保护用于与上游差动继电器配合，保护 35kV 进线或联络线电缆。并配备了 SEG 的 MRI1-IBE 过流保护装置，作为 35 kV 的母线保护。另外，为了实现相邻站进线及联络线之间的“四投三”功能，还装设了 MRU1-1 失压保护装置，用于检测两侧进线的欠失压情况，相应的欠失压信号送往 PLC 进行逻辑处理，由 PLC 发出相关指令，自动实现相邻联络站之间的“四投三”功能。

7. 直流高速开关的保护类型和内容

在直流高速开关中，配备了过流、速断及热保护等类型，这些保护类型与交流系统同一类型的保护在原理上具有相似性，本书不作论述。但除此之外，直流高速开关还配备有直流系统特有的保护类型，如电流上升率保护（包括远端及近端）、联跳保护。同时，直流开关还装设有本体保护，这也是直流开关独立于直流保护装置之外的最后一道保护。

现以 SIEMENS SITRAS DPU96 和 Adtranz DCP106 数字式保护装置为例，来简要分析两种类型保护装置的保护原理。图 2-81 是 SITRAS DPU 96 电流上升率保护（ROR）的电流增量（△I）保护动作特性图。它的作用是在达到最大的短路电流之前检测到短路，并发信跳闸。这对于直流供电系统的安全具有极其重要的作用。

在电流增量保护监视模式下，当某一时刻 di/dt 大于设定值时，当前电流值即成为基值，随后持续测量电流值，并计算与内部保存的基值之间的差值，如果该电流差值达到或超过设定值，并且持续时间达到 ΔI 延时，则保护出口动作并驱动跳闸。如果在监视过程中，电流斜率小于 di/dt 设定值，即出现上升中断的趋势，但中断时间小于 $\Delta I di/dt$ 设定的允许中断的时间段，则继续监测 ΔI 及 ΔI 延时，如果均达到设定值，保护出口动作并驱动跳闸；如果中断时间大于 $\Delta I di/dt$ 设定的允许中断的时间段，随后电流斜率又大于 di/dt 设定值，则从新的电流斜率大于 di/dt 的时间点开始重新监测，保存当前电流值作为新的基值，并且重新开始计时。以下是图示中的几种电流上升情况：

① 阶越电流上升，例如，由电容器空载投入至稳定工作的电流变化过程。由于 ΔI 延时未达到设定值，尽管 ΔI 已经超过设定值，但随后回落，该情况被判断为正常情况，保护不动作。

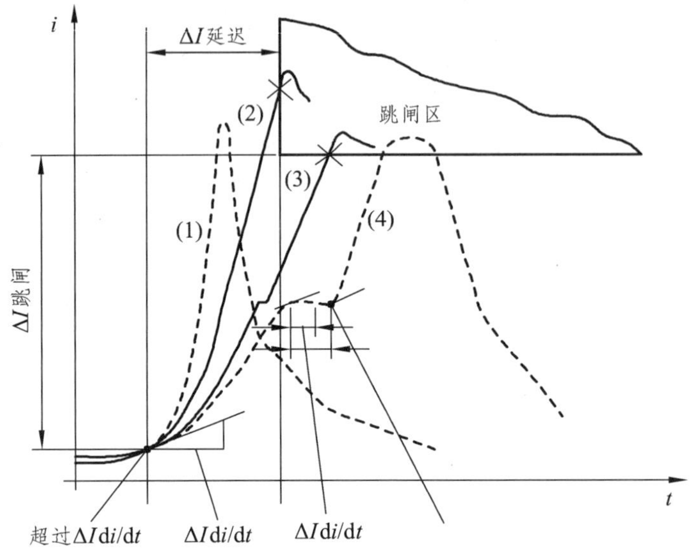

图 2-81 DPU96 的 ROR 上升率保护（近区）特性图

② 电流突然上升，达到并超过了 ΔI 设定值，同时 ΔI 延时也达到设定值，则保护动作并发出跳闸信号。

③ 电流突然上升，ΔI 达到并超过了预设值，且 ΔI 延时也达到了预设值，尽管上升过程出现了中断，但中断时间没有超过允许的 di/dt 中断时间段，保护仍然认为是系统故障。因此，保护动作并发出跳闸信号。

④ 电流突然上升，由于上升过程出现中断，并且中断时间超过了允许的 di/dt 中断时间段，图 2-82 中 di/dt 将重新检测，当 di/dt 某一新起点达到预设值时，上升率保护重新启动，并且将新起点的电流值保存为基值，重新监测 ΔI。类似这种情况不会使保护动作，因此无跳闸发生。

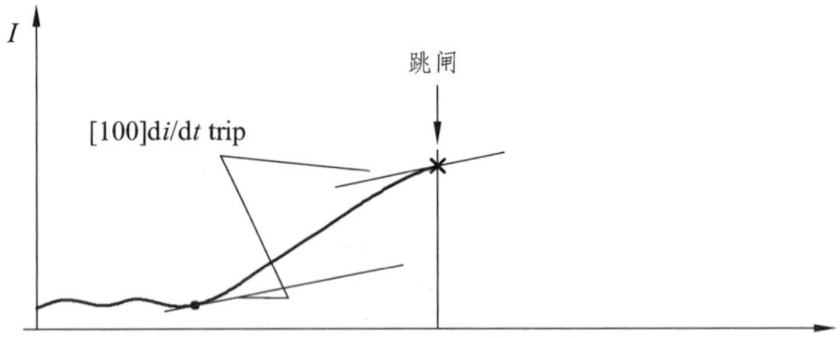

图 2-82 DPU96 的 ROR 上升率保护（远区）特性图

ΔI 保护适合于近端短路保护。图 2-82 为上升率保护的远端短路保护特性，当 di/dt 连续超过预设值并达到设定的延时时间时，保护将动作并发出跳闸信号。

由图 2-83 上升率瞬时保护的动作特性图可知，当电流上升率 di/dt 在某一时刻达到或超过瞬时保护 di/d$t_{_ins}$ 设定值，ROR 保护将从该时刻开始启动检测，如果上升率持续超过设定值 di/d$t_{_ins}$，并且电流增量 dI 达到瞬时增量电流的设定值 d$I_{_ins}$，则保护动作并发出跳闸信号。di/dt 瞬时保护功能适用于近端短路保护，它使故障线路在达到最大的短路电流之前将线路断开，以减轻对电器设备的破坏程度。

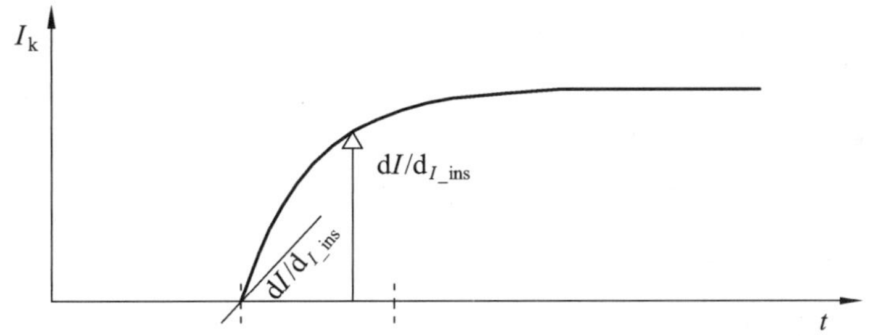

图 2-83 DCP106 的 ROR 上升率保护（近区）特性图

与近端短路保护相对应的是远端保护，如图 2-84 所示，当电流上升率 di/dt 小于 $di/dt_{\_ins}$ 瞬时设定值，但达到或超过 $di/dt_{\_del}$ 延时设定值时，di/dt 延时保护将启动，并持续检测电流变化率至等于 0，若此时电流增量达到了 $dI_{\_del}$ 延时电流增量设定值，则延时计时开始，如果电流的增量值 dI 持续超过 $dI_{\_del}$ 达到延时设定值 $t_{\_del}$，保护将动作并发出跳闸信号。

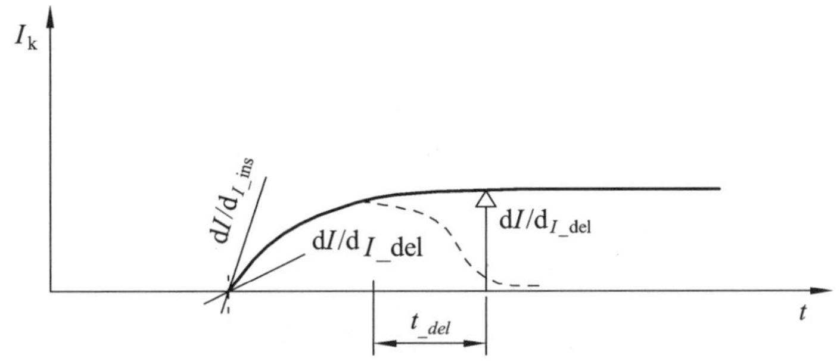

图 2-84 DCP106 的 ROR 上升率保护（远区）特性图

8. 直流 di/dt、ΔI 保护的判断和基本处理方法

直流供电系统 di/dt 和 ΔI 保护是直流 ROR（上升率保护）中的两种具体形式，其中 di/dt 使用于远端故障，而 ΔI 则适用于近短故障保护，不同厂家的产品对 di/dt 及 ΔI 的描述各不相同，但原理基本一致。

一般情况下，对 di/dt 和 ΔI 保护的判断可通过以下途径加以识别：

（1）通过设备自身带有的标识或人机界面来识别，如在一号线老线部分，直流保护用的 3UB61 模拟式保护装置，在其面板上有两个指示灯，一个用以标识 $\Delta I_{\_Trip}$，一个用于标识 $di/dt_{\_Trip}$；

（2）从开关柜上的二极管指示器看出，这是继电器动作信号经 S5 PLC 分析处理后，作出的识别判断。

（3）在后期出来的直流保护产品则更容易判别，如 DPU96，一旦 ROR 动作，在液晶屏上可以在液晶屏查看故障信息，确定是 ROR 中的何种类型动作。DCP106 的情况类似，一旦保护动作后，可通过激活 MLP 菜单查看 ROR 保护的具体的动作类型。但在表述上 DCP106 与 DPU96 有一些区别，如 DCP106 将 ΔI 动作表述为 $di/dt_{\_inst}$ 动作，而将 di/dt 动作表述为 $di/dt_{\_del}$ 动作。

通过判断是 ΔI 或 di/dt 动作初步判断故障点靠近哪一个牵引站，从而为快速故障处理争取时间。该类型保护动作跳闸后，系统将进入自动重合闸程序，PLC 或微机保护装置将启动线路测试，检测线路残余电阻值是否满足要求，如果残余电阻值大于系统设定值，则发出合闸命令，否则进入新一轮测试程序，一般来说，线路测试的次数设定在 3 ~ 5 次，如果重复完设定次数的线路检测后，仍然检测到线路残余电阻低，则闭锁线路重合闸，并发出“持续短路”或类似的相关故障信号。

根据以上分析的保护动作流程，可以看出，对于值班员来说，在保护动作后，只需要做以下几项工作：

（1）观察指示灯或两台 HMI 液晶屏，观察保护的动作类型。

（2）观察线路测试指示灯是否亮起，以确定是否进入重合闸程序。

（3）如线路测试周期完成规定次数的测试后，仍然无法重合闸成功，并且显示线路测试封锁，组报警灯亮并持续短路信号，则请检修人员处理。

9. 框架保护的基本原理

牵引系统框架保护是直流供电系统特有的保护类型，图 2-85 所示是以一号线老线的框架保护为例来说明其原理，图中虚线部分为牵引系统设备外壳（包括直流断路器、整流柜、正极柜、负极柜等），在外壳与站保护地之间装设有电流泄漏检测装置（包括分流器、分流电阻及直流变送器），变送器二次侧电流（0 ~ 20 mA）送往 PLC，PLC 对采样值进行分析判断。对电压型框架保护而言，采样值代表的是负极对站地（保护地）之间的电压，它对保护供电设备的安全具有极其重要的作用。

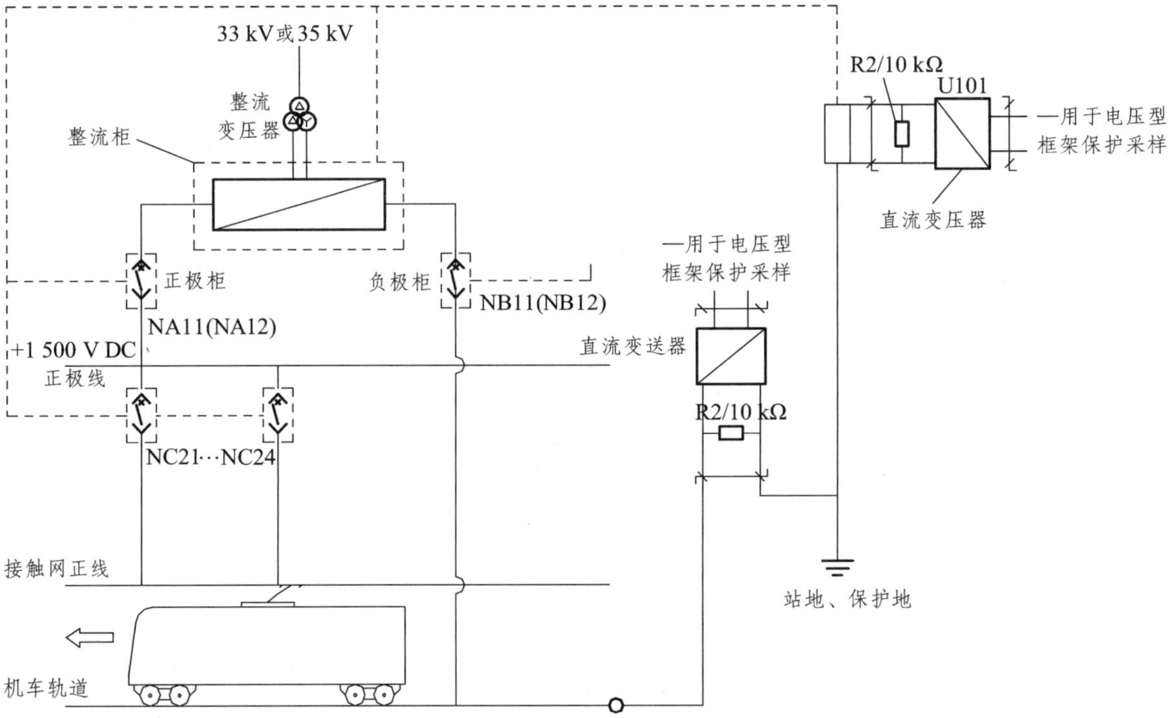

图 2-85 框架保护的系统框图

1）电压型框架保护的基本原理

电压型框架保护是框架保护中的一种具体类型，该类型保护的采样对象是整流柜负极与站保护地之间的电位差。当负极对地电位达到一定值时，该类型保护将动作，发出跳闸信号跳开本站两台 33 kV/35 kV 牵引变压器开关，及本站所有直流高速开关。装设电压型框架保护的主要目的是保护设备的安全，它与车站短路器不一样，车站短路器的主要目的是为了保护人身（乘客）的安全而设置，在整定值上框架保护的动作定值要比车站短路器的定值高。图 2-86 是通过 PLC 实现电压型框架保护的采样原理图，它通过分流器、电压变送器将框架电压信号变成 PLC 模块可以接受的电流或电压信号，由 PLC 对输入的信号进行处理，决定是否报警或跳闸；当然，也有一些地铁线路直接采用电压检测继电器来直接采样电压值，以判断框架电压是否达到报警或跳闸值。如上海地铁三号线、五号线，均采用了电压检测继电器来直接检测框架对地电压，并直接通过继电器的触点发出相应的保护动作信号，用于跳闸及给 SCADA 系统发信。

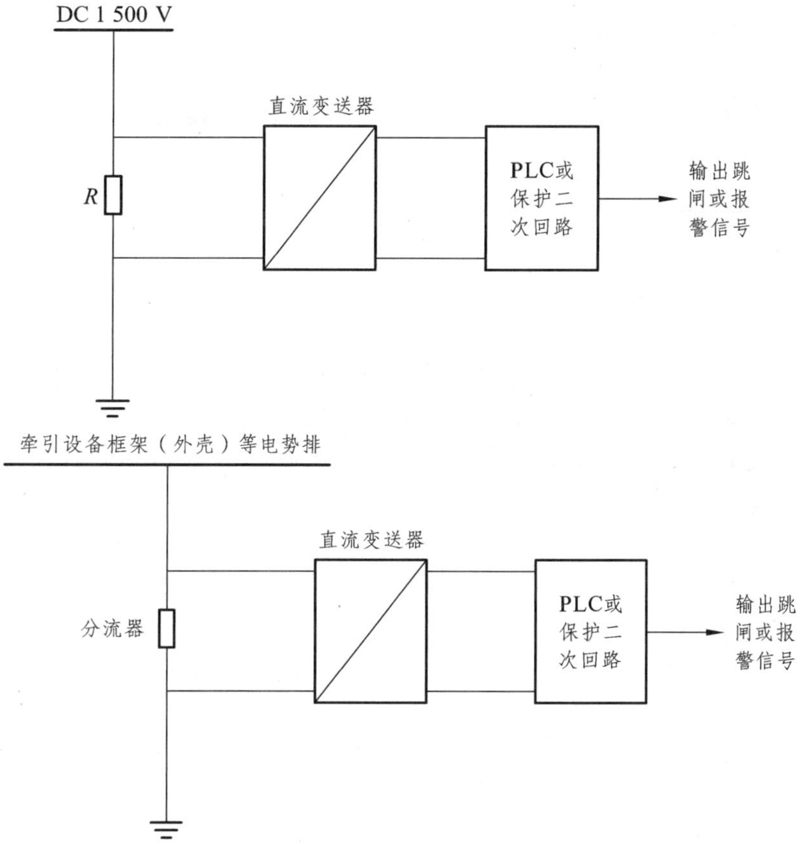

图 2-86　电压型框架保护的采样原理图

2）电流型框架保护的基本原理

电流型框架保护是框架保护的另外一种形式，与电压型框架保护不同的是，它的采样对象是牵引设备的框架（整流柜、直流开关柜和正负极柜的外壳）对地的电流泄漏，其主要目的是保护人身的安全。当然，对于设备的安全来说，电流型框架保护的设置同样具有重要意义。

当框架泄漏电流大于电流继电器整定值时，框架保护将动作，并跳开两台 33 kV/35 kV 牵引整流变 35 kV 开关、本站的所有直流高速开关以及左右邻站供同一区段的四台直流开关，跳闸后形成闭锁，直到收到框架复位信号为止。应该说明的是，在新近建设的线路中，电流型框架保护采取了对邻站直流开关“只跳不锁”的方案，即跳闸后仅闭锁邻站相应直流开关的重合闸功能，用户可以根据需要对邻站被联跳的直流开关进行就地或远动合闸。图 2-87 是通过分流器采样的电流型框架保护的采样原理图。

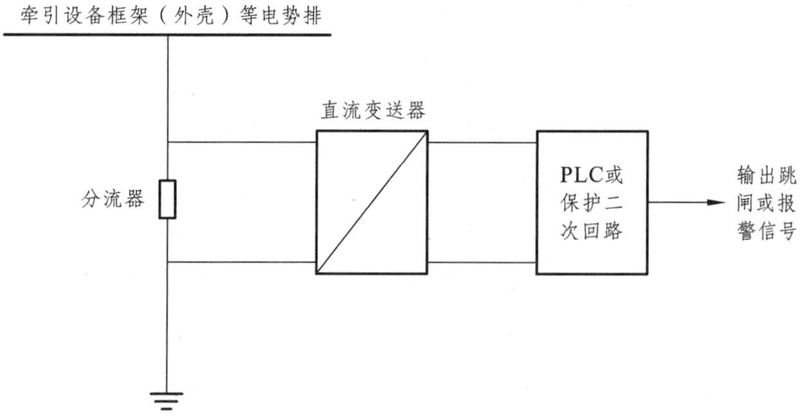

图 2-87　电流型框架保护的采样原理图

3）牵引变电站框架保护类型的判别

（1）电压型框架保护的判别。

一般情况下，电压型框架保护动作只跳开本站二台 35 kV 整流变压器开关及本站所有的直流高速开关，不跳闸邻站，这是判别电压型框架保护的依据之一。另外，也可通过站内的信号系统或 SCADA 系统对电压型框架保护作相应的识别和判断。

（2）电流型框架保护的判别。

与电压型框架保护不同，电流型框架保护的采样对象是直流系统框架对地（保护地）的电流泄漏，它反映了设备外壳的带电情况。如果泄漏电流大于允许的设定值，则发出框架保护信号至各直流开关柜及 35 kV 中压开关柜，同时发信至相邻站驱动供往同一区段的直流高速开关跳闸，跳闸后闭锁相应开关的重合闸程序，直至收到框架保护复位信号为止。因此，是否联跳邻站直流开关是判定电流型或电压型框架保护动作的重要依据之一。此外，信号系统及 SCADA 系统对框架保护动作情况也有相应的标识和记录。

电流互感器的接线方法见图 2-88。

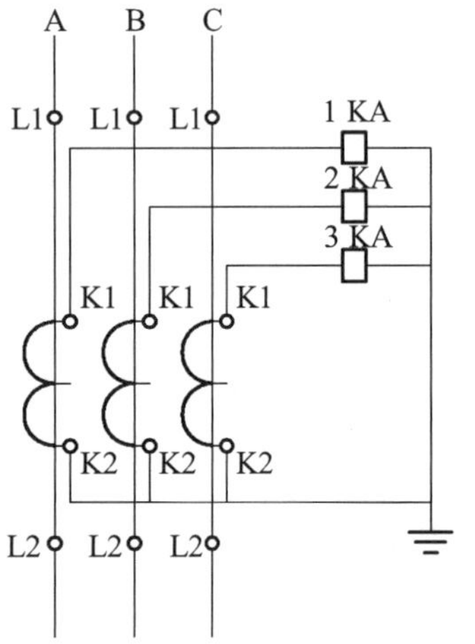

（a）电流互感器的完全星形接法

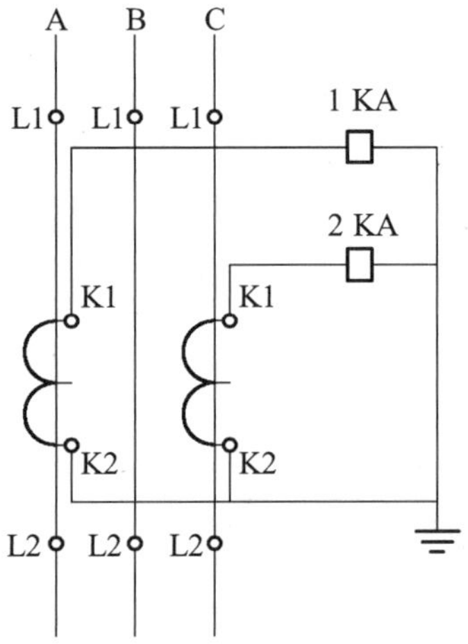

（b）电流互感器的不完全星形接法

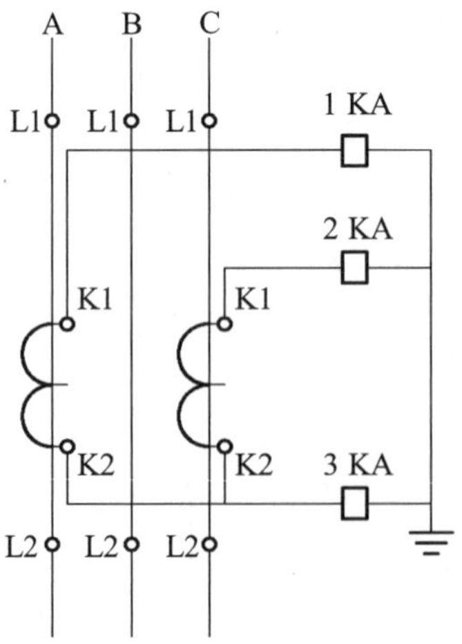

（c）电流互感器的不完全星形接法

图 2-88 电流互感器的接线方法

所谓三相星形接线方式，即是指将三个电流互感器与三个电流继电器分别按相连接在一起，互感器和继电器均接成星形；在互感器中性线上的电流是 $I_a+I_b+I_c$，正常时该电流值约为 0，在发生接地短路时则为三倍零序电 $3I_0$。三个继电器的触点是并联的，即为“或”关系，其中任一继电器触点闭合均可触发跳闸或启动时间继电器。因此，它可反应各种相间短路和中性点直接接地电网中的单相接地短路。

所谓二相星形接线方式，即是指装设在 A、C 相的电流互感器分别与两个电流继电器按相连接在一起，在这种接线方式中，中性线上的电流是 I_a+I_c。因为 B 相不装设电流互感器，因此，它不能反映 B 相中流过的电流。

两种接线方式在反应相间短路时，三相星形接法均有两个继电器动作，而两相星形接法在 A、B 或 B、C 相发生相间短路时，只有一个继电器动作，这在实际的使用中，两种接法均能正确反应相间短路故障。但在中性点非直接接地的电网中，如果二段相互配合线路的前一段线路采用了三相星形接法，后一段采用了两相星形接法，则当线路出现两点接地故障时，只有在两个故障点出现在 A、C 相时方能保持正确动作，实现继电保护的选择性。而如果其中一故障点出现在后一段线路的 B 相上时，则后一段线路的保护就无法动作，改而起动前段线路中的保护，从而扩大了事故停电范围加大，失去了保护的选择性。因此，在此情况中，两相星形接线方式只能保证 2/3 的机会有选择性地切除后一线路的接地故障。

课后习题

一、填空题

（1）柜内过压导致释放的压力，可有效地从压力释放通道排出；当发生很罕见的________故障时，相应压力释放将会打开。

（2）35 kV 断路器的功能有：________、短路开断操作、________、实现接地功能。

（3）35 kV 三工位开关的功能有：________、隔离、________。

（4）差动保护是根据“电路中流入节点电流的总和________”的原理制成的。

（5）差动保护把被保护的电气设备看成是一个________，那么正常时流进和流出的电流相等，差动电流等于零，保护装置________。

（6）35 kV 开关柜配有________来检测回路断电情况。

（7）断路器配有储能机构，可________完成储能。若储能电机故障。则应________储能。

（8）合闸动作完成的同时，启动储能电动机给________储能，为再次合闸做准备。

（9）电力系统中的四遥是指________、________、________、________。

（10）66 kV 进线主保护为________，后备保护为________。

（11）主所交直流系统装置一共有八面屏，其中充电屏一面，________两面，________一面，通信电源柜一面，________一面，蓄电池柜二面。

（12）________继电器是变压器重要的主保护，安装在变压器油枕下的油管中。如果充油的变压器________发生故障，放电电弧使变压器油发生分解，产生甲烷、________、一氧化碳、二氧化碳、乙烯、乙烷等多种特征气体。故障越严重，气体的量就越大，这些气体产生后从变压器内部________到上部油枕过程中，流经瓦斯继电器，推动瓦斯继电器内的一个挡板，使变压器瓦斯继电器的________接点闭合，作用于轻瓦斯保护发出信号，重瓦斯则直接________继电器保护，断开断路器，切除故障变压器。

（13）变压器的基本结构由器身、________、________装置、________装置、________装置及变压器________组成。其中器身包括________绕组、引线及________开关：油箱包括油箱本体及附件；保护装置包括滤油机、________、安全气道、呼吸器、净油器、继电器等；出线装置包括高中低压瓷套管等。

（14）主所主变压器连接组别为_________，是代表一次绕组为_________接线，二次绕组为_________接线。并且表示一次的U_{AB}的向量_________二次的U_{ab}的向量_________。

二、选题题

（1）35 kV 开关的断路器采用的是什么类型？（　　）

A. SF_6型断路器　　B. 真空断路器

C. 少油断路器　　D. GIS

（2）直流系统中出现直流接地，其持续运行时间不得超过（　　）小时？

A. 1 小时　　B. 2 小时　　C. 4 小时　　D. 8 小时

（3）为了发现运行中设备的隐患，预防事故发生或设备损坏，对设备进行的定期检查、试验或监测，也包括取油样或气样进行的试验，是哪类检修？（　　）

A. 定期保养　　B. 大修

C. 预防性试验　　D. 状态修

（4）以下哪种材料是太平桥主所主变压器器身绝缘材料？（　　）

A. 环氧树脂　　B. 变压器油

C. SF_6气体　　D. 纸板

（5）主所主变压器型号为 SQFPZ-25000/66 其中 Z 代表什么？（　　）

A. 三相　　B. 风冷却器　　C. 强迫循环　　D. 有载调压

（6）接地电阻尾端直接接地为以下哪种接地方式？（　　）

A. 工作（系统）接地　　B. 保护接地

C. 雷电保护接地　　D. 防静电接地

（7）电缆的屏蔽层接地为以下哪种接地方式？（　　）

A. 工作（系统）接地　　B. 保护接地

C. 雷电保护接地　　D. 防静电接地

（8）以下可以视为接地极的是？（　　）

A. 变压器铁芯　　B. 避雷器

C. 电缆的屏蔽层　　D. 建筑物基础

（9）以下哪些是变电所应接地的金属部分？（　　）

A. 互感器的二次绕组。

B. 气体绝缘全封闭组合电器（GIS）的接地端子。

C. 配电、控制、保护用的屏（柜、箱）及操作台等的金属框架。

D. 铠装控制电缆的外皮。

E. 电力电缆接线盒、终端盒的外壳，电缆的外皮，穿线的钢管和电缆桥架等。

三、判断题

（1）电缆试验时，开关柜处于分支母线接地的状态，可用断路器分闸断开电缆的接地。（　　）

（2）断路器合闸状态下，若失去控制电源电压可使用机械分闸按钮分闸。（　　）

（3）紧急操作：开关操作过程不可以用手动操作代替电动。（　　）

（4）电动操作可进行三工位隔离开关的接通、隔离和接地。（　　）

（5）主变电所需接受地铁电力调度中心的调度管理，对全所内主要电气设备运行实时监控和数据采集。（　　）

（6）在日常蓄电池为恒压低压浮充电，无须均衡充电。（　　）

（7）220 V 直流母线电压应保持在 220 ~ 252 V。（　　）

（8）差动保护启动报警代表已经出现主变压器故障跳闸（　　）

（9）当中性点不接地系统发生单相接地故障时，线电压三角形仍然保持对称，对用户继续工作影响不大。（　　）

（10）瓦斯继电器是变压器重要的主保护，安装在变压器油枕下的油管中。（　　）

（11）如果充油的变压器内部发生故障，故障越严重，气体的量就越大。（　　）

（12）变压器轻瓦斯保护作用于信号，重瓦斯作用于跳闸。（　　）

（13）变压器的温度表、油温应在正常范围内，如果油温升高超过允许限度时，运行监控人员应判明原因采取措施使其降低。遥测温度应与现场一致。（　　）

（14）正常时瓦斯继电器内应无气体，压力释放阀，安全气道及防爆膜应完好无损。（　　）

（15）雷雨季节特别是雷雨天不用增加巡视检查主变压器次数。（　　）

四、简答题

1. 根据主变差动保护动作现象，描述当值需要重点检查的项目？
2. 请画出主所主变压器内部一、二次接线图？

模块三　电力监控与综合自动化

任务一　综合自动化

内容摘要

综合自动化系统就是将变电站的二次设备（包括仪表，信号系统，继电保护，自动装置和远动装置）经过功能的组合和优化设计，利用先进的计算机技术，现代电子技术和通信设备及信号处理技术，实现对全变电站的主要设备和输配电线路的自动监视，测量，自动控制和微机保护以及与调度通信等综合性的自动化功能。

学习目标

（1）了解远动系统的系统组成。

（2）掌握变电所综合自动化系统的设备结构与功能。

（3）掌握城市轨道交通供电系统自动化的主要内容。

3.1.1　远动系统概述

一、电力 SCADA 系统

1. SCADA 定义

SCADA（Supervisory Control and Data Acquisition），其定义是：监控和数据采集。SCADA 系统又称远动系统。

2. SCADA 系统的特征

（1）远程性：远动系统远程性表现在系统使用了通信技术。

（2）实时性：数据采集能及时反映到调度所；调度所的控制命令也能及时下达到控制对象。

3. SCADA 系统的基本构成

远动系统一般由主站系统、通信通道和远方终端系统三大部分组成，如图 3-1 所示。

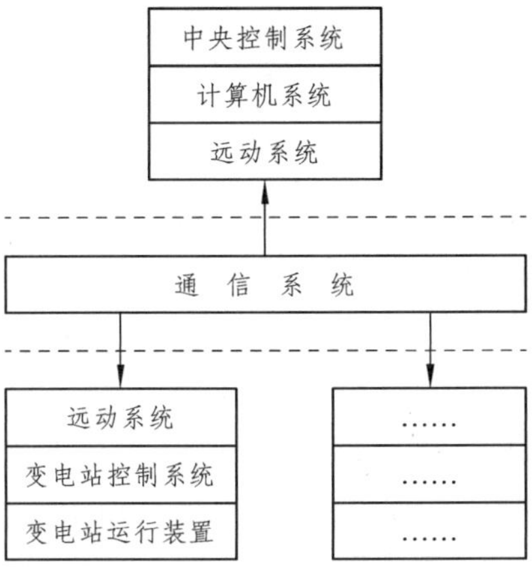

图 3-1　远动系统的基本构成

主站系统包括：中央控制系统、计算机系统和远动系统。

通信系统包括：通信光缆、电缆和调制解调器等。

远方终端系统包括：远动系统、变电站控制系统和变电站运行装置。

4. 电力 SCADA 系统的主要任务

（1）将变电站的信息传输到控制中心，同样也将控制中心的命令传输到各变电站。

（2）在控制中心完成对信息的处理和显示。

（3）将所收集到的一系列数据分类存储，借助复杂的数学模型和程序为进一步分析服务。

（4）对本系统的运行进行管理能精确地描述变电站的数据，使人机能够对话，使 SCADA 系统运行具有更改的灵活性；使系统具有数据安全保险功能。

5. 远动系统的功能

（1）遥控：调度所对远方变电站的被控对象（开关等）进行操作。单控、程控、自控、复位。

（2）遥测：将变电站的被测对象（如电流、电压、功率、功等）传送到调度所。

（3）遥信：将变电站的监视对象（如开关位置信号等）传送到调度所。单点、双点。

（4）遥调：调度所对远方变电站的被控对象的工作状态和参数（如变压器的输出电压、继保整定值等）进行调整。

（5）其他管理功能：事故回放、故障分析、信息管理、技能培训等。

6. 远动系统的优越性

（1）集中监控，提高安全运行水平。及时了解事故的发生范围，加快事故处理。

（2）集中控制，提高劳动生产率和操作质量。

（3）经济效益显著，减少运行费用。

二、电力远动系统与一般自动化系统的区别

（1）电力远动系统与电力调度控制中心有通信通道存在。而自动化系统是一个封闭的自适应的系统。

（2）电力远动系统是一个开环系统。数据采集是自动完成，而控制主要由人工完成。而自动化系统控制是按程序自动完成的。

三、主站系统（调度所）主要设备

（1）主站系统主要硬件设备：主机、前置机、模拟屏、工作站、打印机等。
（2）主站系统结构：扁平化单层控制网、以服务器为中心的双层控制网、双机热备用。
（3）主站系统主要软件：
系统软件：操作系统（Windows、UNIX）主要功能：多任务调度管理、存储器管理、外部设备（各种卡）管理、大批数据管理。
支持软件：数据库（SQL Sever、Sybase、Oracle）：定义生成、存放、调用、查询等。
应用软件：操作软件、绘图软件、数据库定义软件、通信软件等。

四、通信系统

1. 通信系统主要设备

通信线路：有线（电缆、光纤、网线）；无线（微波、移动网）；
通信设备：SDH（用于传送和复用、双环自愈、10G）；
调制解调器：由于远动设备到通信设备距离较远（大于 50 米），而一般计算机串口（RS232）通信距离为 30 米，所以采用信号调制措施。原来采用音频调制，现改为 RS-422 接口。

2. 通信系统的连接方式

点对点、点对多点、以太网。

3. 通道复用

频分制、时分制。（通道复用与公用的区别：复用可同时收发。）

4. 通信方式

POLLING（问答）、平衡、CDT（循环）、令牌制。

5. 信息在通道中传输方式

单工、半双工、全双工。

6. 通信规约

SINAUT、IEC-870-5-101、SPN、IEC-870-5-104。

五、远方终端（Remote Terminal Unit，RTU）主要设备

RTU 主要部件有：电源、CPU 模板、I/O 接口模板、中间继电器、变送器等、重动柜（一号线降压站）、转接柜（二号线降压站）。

1. RTU 的基本构成

RTU 是由单板机（或 PLC）和一些 I/O 接口模板以及其他附件组成，见图 3-2。

电源	CPU 模板	数字输出模板	……	数字输入模板	……	模拟量输入模板	……

图 3-2　RTU 柜内模板基架

如果 RTU 还与其他网络连接，那么它就要配置网卡。

2. RTU 的功能

RTU 是被控端的远动设备，是用来完成遥控接收、输出执行、遥测、遥信量的数据采集和发送。另外，还可实现变电站自动化控制和对供电设备软件闭锁等功能。

3. RTU 的几种安装形式

1）集中式安装

变电站内只有一套 RTU 设备，所有信号和数据都是通过信号电缆接到 RTU 柜内。

2）分布式安装

变电站内除一套 RTU（PLC）设备外，一些主要开关柜内也有 PLC 设备。这些 PLC 设备与 RTU 通过总线连接。

4. RTU 与供电设备四遥功能接口电路

1）遥控接口电路

遥控接口电路最常用的是继电器输出控制电路。如图 3-3 所示。

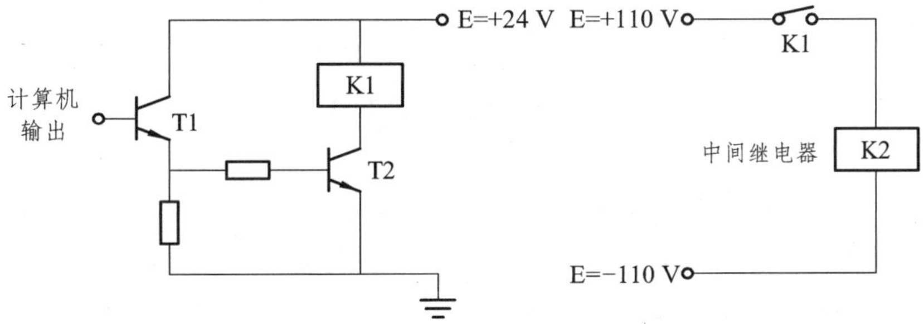

图 3-3　继电器输出控制电路原理

计算机通过输入输出接口将信号传输至 T1 三极管的基极，使得 T1 三级管导通，由于 T1 导通 T2 也导通，于是 K1 继电器得电，并使得 K1 继电器的常开触点闭合，又使得 K2 继电器得电，这就触发了开关的分合闸，遥控完成。

图中继电器 K1 的作用是：① RTU 与供电设备之间隔离作用。② 电压转换作用。③ 容量转换作用。继电器 K2 的作用是控制运行设备。

2）远动/当地转换电路（在开关柜内）

对开关控制有三种方法：远动、站控和当地。为了防止远方和当地同时对供电设备操作，每台开关都有远动/当地转换电路保护，如图 3-4 所示。

3）遥信量采集接口电路

遥信接口电路最常用的是继电器隔离电路，如图 3-5 所示。

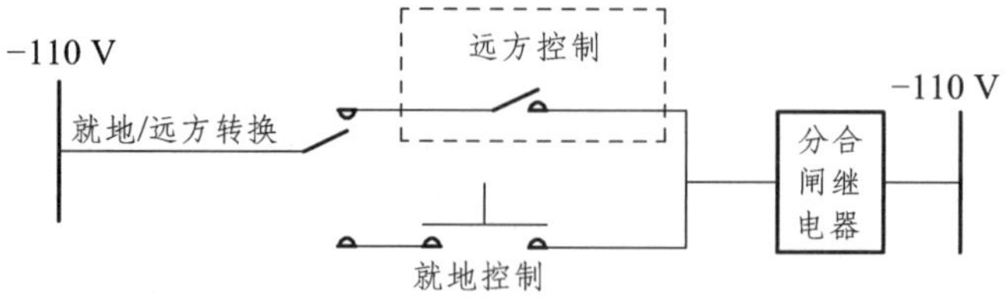

图 3-4　远动/当地转换电路

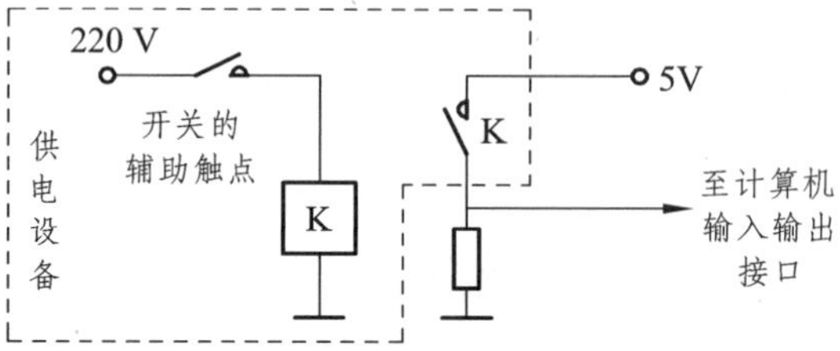

图 3-5　继电器隔离电路

开关出了有沟通主回路（一次接线侧）的主触头以外，还有反映开关分合状态的辅助触头。当开关合闸时，其常开辅助出点就闭合，继电器 K 得电，它的常开触点闭合，于是将送至计算机输入输出接口，完成遥信量的采集。由于开关的控制回路是强电回路，而计算机输入输出回路是弱点回路，他们各自的电压、回路需要隔离，而且各自回路中的触点容量也不同，应该是用不同容量的触点。于是图中继电器 K 的作用是：① RTU 与供电设备之间隔离作用。② 电压转换作用。③ 容量转换作用。

遥信量采集一般以字节为单位。

4）遥测接口框图

由于电子模块不能承受高电压（小于 60 V），而且计算机不认识模拟量，只认识“0”或“1”信号，所以 RTU 要取得供电设备的遥测量（模拟量），就要采取如图 3-6 所示步骤。

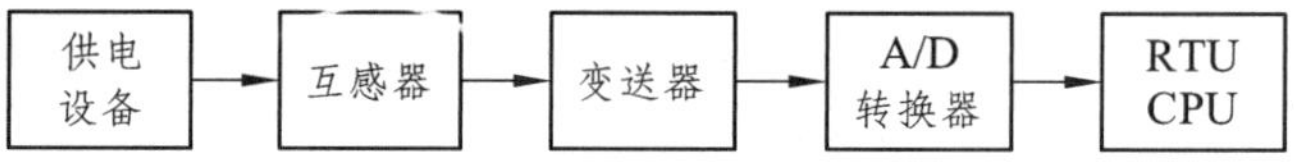

图 3-6　遥测过程框图

图中方框功能：

- 互感器：将高电压或大电流线性降为低电压或小电流。
- 变送器：将互感器传过来的模拟量线性变为直流电量（如 0 ~ 20 mA、0 ~ 5 V 等）。
- A/D（模/数）转换器：将变送器传过来的模拟量转换为数字量，以便微机处理。计算机内部一般用一至二个字节表示一个模拟量的值。A/D（模/数）转换器有多种转换方式，速度快则时间慢。模拟型 A/D 转换器（双积分）；数字型 A/D 转换器（逐次逼近）。

3.1.2　信息的采集和传输

一、变送器

在电力系统中，被测模拟电量一般具有较高或较大的电流，不宜直接输入变送器，而是通过电流互感器二次侧输出，使输入变送器的电流小于 5 A（有些场合只有 0 ~ 1 A）。电量变送器的输出信号通常采用统一的直流信号，或是直流电压，或是直流电流。变送器数出的直流信号有多种变化范围，在电网监控系统中，对于电流和电压模拟量为了方便与后级远动装置接口，常取直流电压为输出信号。

1. 交流电流变送器（图 3-7、图 3-8）

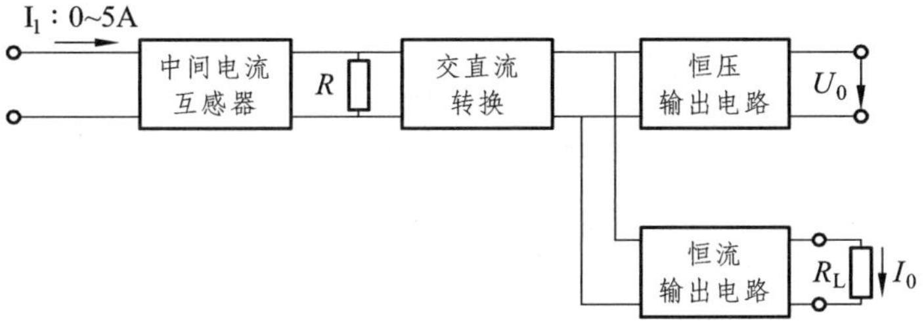

图 3-7 交流电流变送器原理框图

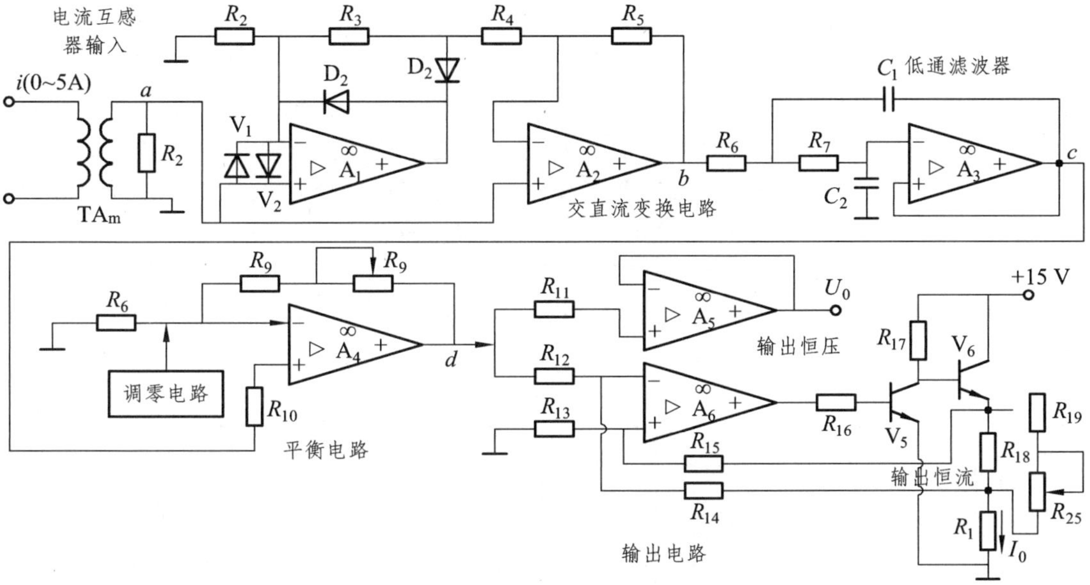

图 3-8 为交流电流变送器原理电路图

如图可以看到交流电流变送器主要有电流互感器输入、交直流变换电路、低通滤波器、平衡电路、输出电路组成。电流互感器将大电流转换成小电流输入至交直流变换电路，交直流变换电路采用的是线性整流电流路，这可以提高整流二极管的非线性对交流—直流转换线性度。低通滤波器将工频二次以上的谐波滤除，输出全波整流信号的平均值。平衡电路是调整直流电压的幅度，使之当变送器输入 5 A 交流电时，输出 5 V 直流电压。输出电路是两个同相放大器，它是将 0 ~ 5 V 的电压信号分两路输出，一路输出恒压，一路输出恒流。

2. 交流电压变送器（图 3-9）

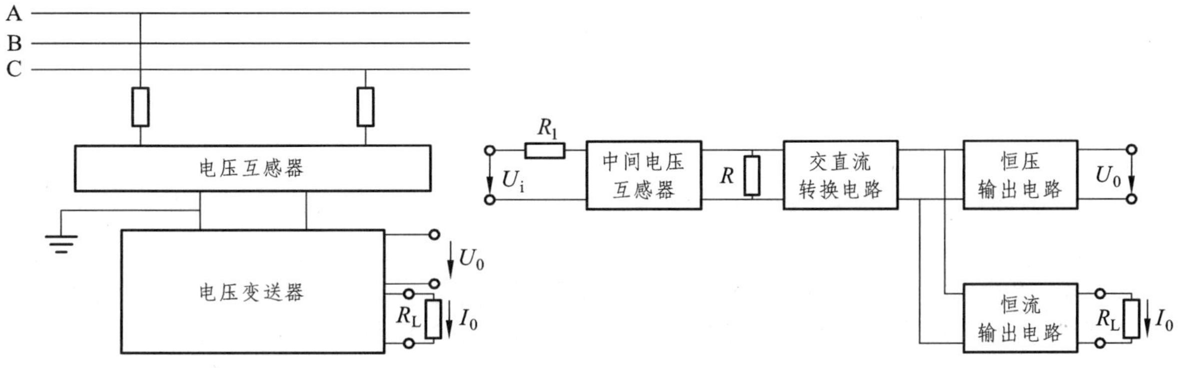

图 3-9 交流电压变送器

交流电压互感器的原理与交流电流互感器在原理上很相似，如图可以看出差别仅在信号输入部分。

3. 微机变送器

目前电量变送器存在的主要问题是：互感器功耗大，对测量精度有影响；附加误差大；稳定性差；响应时间长。而微机变送器运算速度快，误差小；一台微机变送器可以测量几条线路的各自电量，所以一台微机变送器可以替代多台常规变送器；环境温度变化对它影响小。

如图 3-10 所示，微机变送器的工作过程：输入信号经相应的 TVm 和 TAm 变换成 0～5 V 交流电压信号，通过多路模拟电子开关 MPX，经模数转换开关后由 CPU 的接口电路将数据传送到 CPU，最后 CPU 将数据处理后经数据输出接口电路送至 RTU。多路模拟电子开关 MPX 的选通由 CPU 发出指令，被选通的 MPX 立即把模拟电压信号输出到采样保持器 S/H，采样保持器按确定的采样时序信号采集该交流信号，当采样信号到达后，进行采样，并保持输出信号不变。随后 CPU 发出 A/D 转换指令，模数转换器 A/D 将采样保持器 S/H 送来的模拟电压信号转换成数字量。结束后向与非门发一个结束信号，CPU 中断当前工作，经并行接口电路读取 A/D 转换得来的数据。然后 CPU 再发出一个选择下一路采样地址的信号到 MPX，重复上述过程，这种过程再一个交流信号周期内重复$(1+m)\times N$次，其中 1、m 为微机变送器采集的电压和电流的路数，N 为 CPU 在一个采样周期内采样值的数量。CPU 将已采集的数据进行处理，计算出线路上的各种电气量，经 RTU 传输到调度中心。

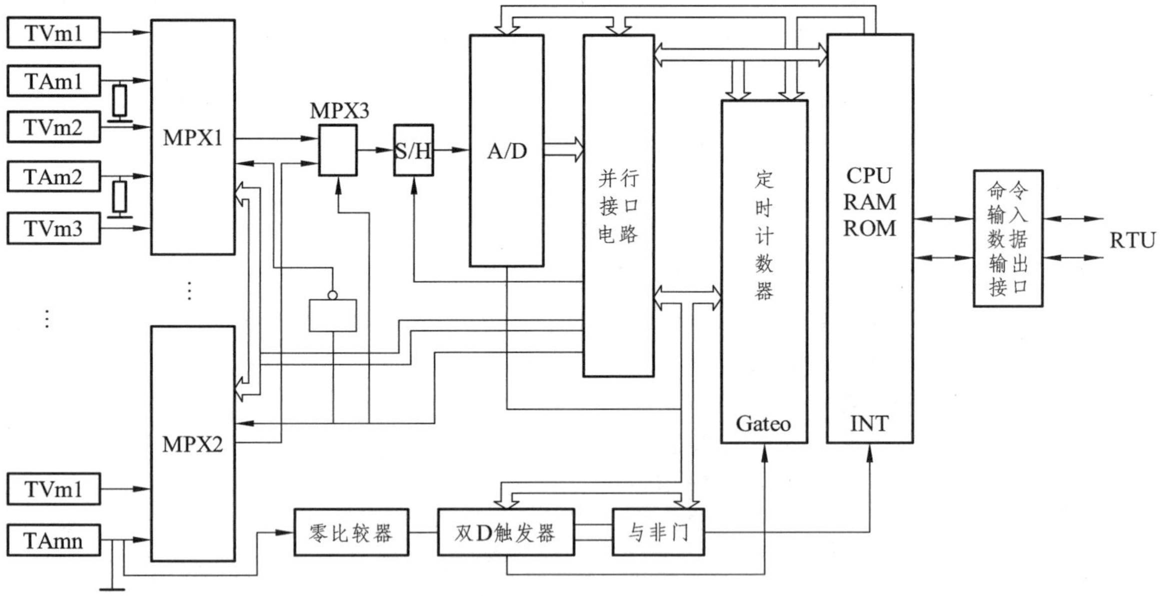

图 3-10　微机变送器

TVm—中间电压互感器；TAm—中间电流互感器；MPX1—多路模拟电子开关；S/H—采样保持器；A/D—模数转换器

二、远方终端系统 RTU

如图 3-11 所示为单 CPU 的 RTU 硬件的配置，CPU 通过总线主要控制两大部分，一是输出部分，主要有：RAM、定时计数器、串行通信接口、遥控输出电路、遥调输出电路、键盘显示控制器、显示接口等；二是输入部分，主要有：EPROM、中断控制器、模拟量遥测输入电路、遥信输入电路、电能脉冲输入电路、数字量输入电路、打印机接口等。

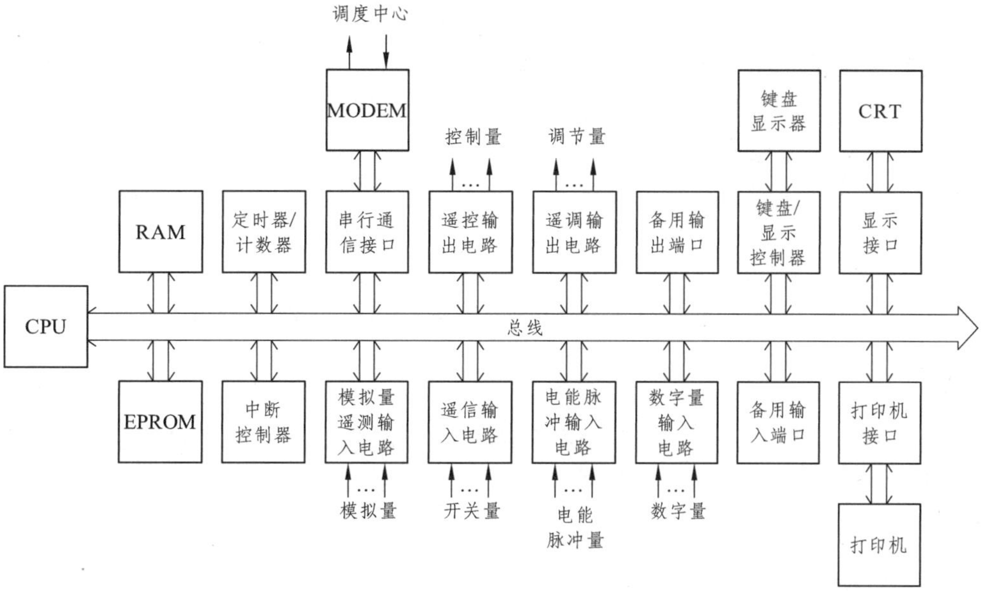

图 3-11　单 CPU 的 RTU 硬件和软件配置

RTU 使用的软件是实时控制软件，运行任务由定时器定时或不定时触发产生，然后调用相应子程序或中断服务程序来完成。所以它的软件有一个主程序和多个子程序、中断服务程序构成。主程序负责对整个系统的初始化和人机联系；中断服务程序负责 RTU 的输入和输出功能；子程序负责各种数据的计算、标度变换、整理、打包等。

除了单 CPU 的 RTU,现在越来越多的使用是多 CPU 的 RTU。所谓多 CPU 的 RTU 是由多个 CPU 分工协作共同完成 RTU 的任务。这种 RTU 可靠性更高，有更强的采集和处理远动信息的能力。

3.1.3　数据通信系统

远动技术是远程监视与控制的各种方法的一个集中概念，它的任务是把子站采集到的数据信息经传输通道送到主站、中央控制室。而被监控现场的各种开关量和模拟量经数字输入模板/模拟输入采集信息模板，然后再送入 RTU 的 CPU 中，由它将采集信息组成规定形式的报文，以串口 RS232/RS485 的方式输出至地铁车站通信设备→光缆→控制中心通信设备→RS422/RS232→前置机→网络设备→主机→调度工作站/模拟屏/等。

一、通信系统的构成

1. 通信系统的构成

简单的数据通信系统主要有数据终端、调制解调器、通信线路、通信处理器和主计算机，如图 3-12 所示。

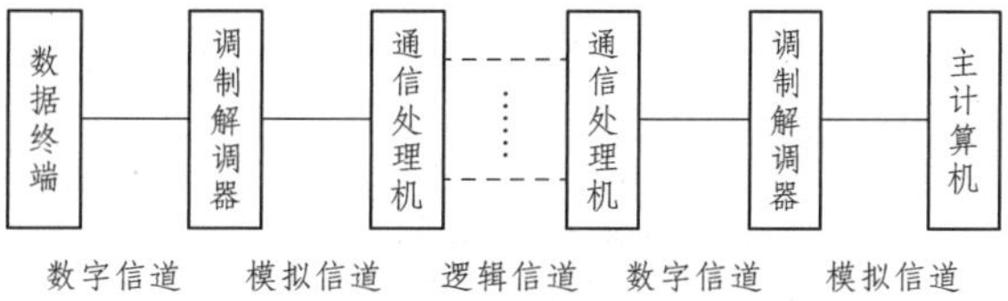

图 3-12　简单的数据通信系统

- 数据终端：现场被监控设备与数据通信网络之间的接口，能够把电气模拟信号或状态量转换为二进制信息向数据网络送出，也能够把从数据信息网络接收到的控制调节指令向受控对象发出。
- 调制解调器：把二进制数据序列调制成模拟信号，或把模拟信号解调成二进制数据。
- 通信线路：可以是公用或专用通信线路，也可以是通信网络。
- 通信处理器：承担通信控制任务，完成计算机数据处理速度与通信线路传输速度之间的匹配缓冲。对传输信道产生的误码和故障进行检测控制，对网络中数据流向与密度根据要求进行路由选择和逻辑信道的建立与拆除。
- 主计算机：汇总数据终端采集到的电力运行数据，进行判别、分析与控制。

2. 信　道

通信的通道又称为“信道”，是信息流通的载体。信道的种类很多，主要有：电力线载波通信、电缆通信、光纤通信、无线电通信、电话线通信、微波中继通信等。

二、通信方式

1. 基本概念

（1）并行数据传输：是在传输中有多个数据位同时在设备之间进行的传输。比如一个编了码的字符通常是由若干位二进制数表示，如用 ASCII 码编码的符号是由 8 位二进制数表示的，则并行传输 ASCII 编码符号就需要 8 个传输信道，使表示一个符号的所有数据位能同时沿着各自的信道并排的传输。

（2）串行数据传输：是在传输中只有 1 个数据位在设备之间进行的传输，对任何一个由若干位二进制表示的字符，串行传输都是用一个传输信道，按位有序地对字符进行传输。

（3）串并行传输区别：串行传输的速度比并行传输的速度要慢得多，但费用低，并行传输适用距离短，而串行传输适用远距离传输。串口一般用于接一些特殊的外接设备，比如通信方面的设备。并口通常用于连接打印设备。

（4）串并行转换：由于计算机对信息处理的方式是并行处理，而数据传输线只有两根，所以数据传输一般只能采用串行数据传输的方式。这样就需要将并行数据转换成串行数据才能输出，同样数据接收端也必须将接收到的串行数据转换成并行数据，才能将各种数据或命令等输送到被控设备。

（5）信息的调制：由于电力系统中的各个 CPU 模块中普遍采用二进制数据处理，为了便于系统中信息的传送，需要将二进制的信息转换成电（光、波）信号，并把这一信号与信息建立一一对应的关系。将信息在发送端进行转换成电（光、波）信号称为调制，将电（光、波）信号在接收端转换成二进制的信息称为解调。因为发信和接受是双向性的，所以在信息传输的两端都有调制和解调的装置，称为调制解调器。按不同的传输要求调制的方式有：脉冲调制、音频调制、高平调制等。

2. 数据通信基本方式

（1）单工通信：使用者只能朝一个方向传输信息，传输信道上信号传送方向是固定不变的，见图 3-13。

图 3-13　单工通信

（2）半双工通信：信道两侧的设备都具有信号发送和接受的能力，但发送和接受不能同时进行，某一时刻信号只能超一个方向传输，见图 3-14。平时两侧设备均处于接收状态，准备响应对方的呼叫。信息传输的过程中，呼叫、响应、传输、接受交替进行。

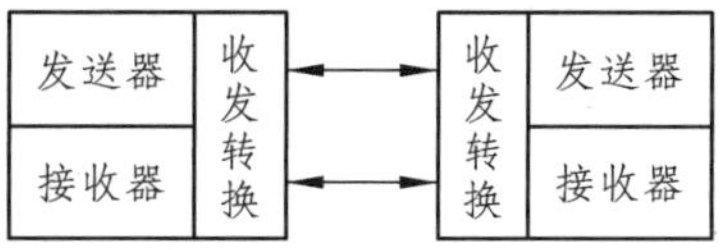

图 3-14　半双工通信

（3）全双工通信：双方通信由控制器协调发送与接收工作，信道上的信号可双向流动，收发可以同时进行，见图 3-15。

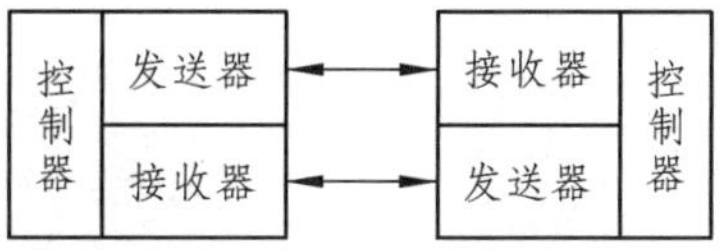

图 3-15　全双工通信

3. 异步和同步通信

异步通信的收发两侧的时钟是各自独立的，即发信的开始时刻不一定是接受时刻，有一定时差，这个时差必须保证在一定范围之内。信号发送完毕后，发送端需等待片刻，再发送下一条。信号接收完毕后，接收端必须马上做好下一条信息接收准备。由于异步通信方式对时钟要求不高，传输数据长度较短，故对其他设备要求较低，而广泛被应用；但其传输效率和线路使用率低。

同步通信最大特点是收发两侧的时钟严格保持一致，收发必须同步。对时钟要求较高，能传输较长数据，对其他设备要求高。传输效率和线路使用率高。电力系统远动装置中常用数字锁相电路原理来完成同步。

三、数据传输规约

1. 循环传送式规约

RTU 周而复始按一定规律向调度中心上传送场各种遥测、遥信、数字量、事件记录等信息。调度中心也可以向 RTU 传送遥控、遥调命令以及时钟核对等信息。在循环传送方式下，无论现场数据是否变化，RTU 都以一定的周期周而复始地向主站传送。循环方式下 RTU 独占整个通道。

2. 应答式规约

以调度中心为主发出查询指令后，RTU 向调度中心传送信息。这种方式使用于点对点、多点对多点等的星形网络远动通信系统。

3. 网络通信规约

计算机网络是由多个通信传输介质互联的节点组成。节点之间需要不断的交换数据和控制信息，为此必须要有事先互相遵守的规则，即网络协议。国际标准组织和国际电报电话委员会共同发布了开放系统互联参考模型，定义了七层框架协议，分为：物理层、链路层、网络层、传送层、对话层、表达层和应用层，每一层有各自的规约。

3.1.4 城市轨道交通供电系统自动化

一、城轨电力监控 SCADA（Supervisory Control and Data Acquisition）系统简介

地铁电力监控 SCADA 系统（图 3-16）是实现地铁电力系统远程监控的平台，它集监视、测量、控制、调节以一体，行业中也称之为“四遥”，即遥信、遥控、遥测、遥调等四大功能。随着计算机技术的不断发展，SCADA 系统的功能也有了进一步延伸，比如系统故障的事故回放与分析、远程抄表、电子操作票等内容，都有逐步集成在系统中的趋势。

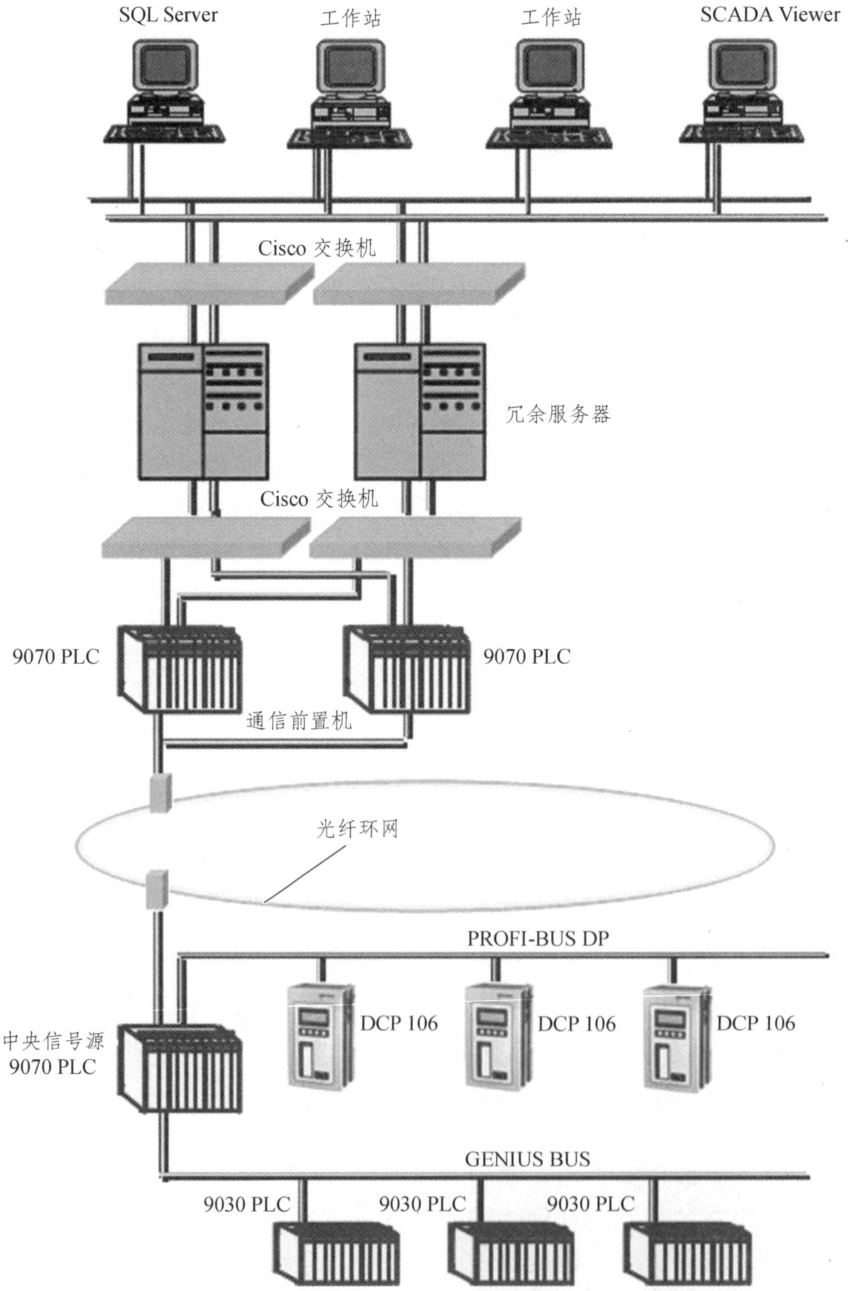

图 3-16　某地铁的 SCADA 系统图

电力监控 SCADA 系统主要包括控制中心和各变电站两个部分，控制中心为冗余以太网结构，其中包括冗余服务器、通信前置机、调度员工作站、工程师维护工作站及历史数据库服务器等等。

变电站则主要由一台远程终端设备（地铁常称之为中央信号屏），远程终端设备通过硬接点或通信的方式将触角延伸至各个被监控的电气设备，把各个电气设备的状态信息采集在一起，以通信的方式将信息通过地铁通信主干网上传至控制中心。

以此系统为例，其控制中心为NT局域网，在Windows NT服务器平台上运行着CIMPLICITY HMI Server版软件，这是GE Fanuc公司拥有的一款组态软件，开发环境完全符合Windows风格，具有很强的开放性，这主要体现在数据的采集、共享、历史数据登录及安全性等众多方面。两台冗余的功能强大的服务器充当网关，连接着控制中心的两层以太网，完成对实时数据的处理及对网络登录安全的验证等工作，它们维持着一个实时数据库，为用户提供数据共享服务。同时，CIMPLICITY HMI Server通过ODBC将有关操作和事故信息写入SQLServer数据库，以备历史数据查询。在变电站里，中央信号屏配置着一套GE 90-70PLC，各10 kV或35 kV开关柜内则配置有一套GE 90-30PLC，它们彼此之间通过GENIUS BUS总线连接，这是个令牌（Token）网，网中各节点无主从之分，通过令牌在各节点之间的循环传递，各节点均可获得同等的信息传送机会，获得令牌的节点，即可在网中广播全局数据，从而使信息发送至需要接收该节点数据的其他节点（如中央信号屏GE 90-70PLC）。

对于牵引供电系统，其自动化系统则为一PROFI-BUS DP网，其中中央信号屏GE 90-70PLC作为该系统的MASTER节点，各直流开关柜内的DCP106作为SLAVE节点，通过该DP网络，各开关柜内的DCP106数据被采集到中央信号屏GE 90-70PLC中。中央信号屏在采集到各开关柜的相关数据后，通过光纤环网以点对点的通信方式并遵从SNP通信规约将信息上传至控制中心SNP主站（通信前置机），前置机通过以太网将数据传至CIMPLICITY服务器进行处理，然后由服务器将有关信息“翻译”后在上层以太网中广播，用于调度员工作站及其他相关工作站的人机界面显示及故障报警等，同时将相应的报文信息写入SQL Server数据库服务器，以备历史数据查询。

二、城轨变电站自动化系统简介

地铁变电站的自动化系统是实现变电系统电气设备按行业或用户要求而自动按设定程序动作的控制系统。随着微机技术的发展，变电站自动化系统已经成了SCADA监控系统的重要组成部分，它通过与SCADA系统的接口，实现与监控中心调度系统信息的交互，信息交互的程度跟系统的设计及设备的自动化程度有关。

1. 地铁变电站电气设备的自动化需求

地铁供电系统与普通电网相比有相似性同时也有其自身的特点，相似性主要表现在交流供电方面，它与其他普通电网基本相同。不同部分则主要体现在直流牵引供电方面。作为城市交通中的大量能运载工具，地铁对一个城市的交通状况有极其重要的影响。地铁供电系统作为地铁系统中的重要组成部分，它为车站及各类设施设备的运行提供了各种电力服务，如车站、区间的照明、动力，隧道及地下车站的环控用电，各类机房内重要设备的用电、售检票系统及列车的牵引用电等。因此，地铁供电系统对供电可靠性的要求比其他常规供电系统要求更高。

1）400 V系统的自动化功能需求

在400 V系统上，为减少用户停电时间，地铁400 V系统普遍采用了单母线分段的供电方式，在任何一路进线出现失电时，通过400 V系统自切功能，能迅速实现400 V母线“Ⅰ段带Ⅱ段”或“Ⅱ段带Ⅰ段”。当然，考虑到在这种方式下，系统的供电能力受到了一定影响，因此，在母线的自切功能中还加入了使三类负荷开关跳闸的功能。

另外，为了实现在 400 V 进线恢复正常后，400 V 系统能快速恢复到母线自切之前正常的分段运行的供电模式，400 V 自动化系统在设计时往往还应考虑增设“来电自复”功能，这种功能在较早建设的线路中较少被用到，这主要是因为早期线路的 400 V 系统在设计时是按变电站有人值守的方式设计的，系统自动化程度也相对较低。但随着 PLC 技术的不断发展，在近年建设的地铁线路 400 V 系统中，普遍采用了 PLC 控制。

2）10 kV 或 35 kV 系统的自动化功能需求

与 400 V 自动化系统不同的是，10 kV 及 35 kV 自动化系统未选择“来电自复”功能，而仅考虑了母线的分段自切，这样做的目的主要是为了减少环网供电模式下逻辑配合关系的复杂程度。

在 20 世纪 90 年代末开始建设的地铁线路中，由于 35 kV 牵引供电系统采用了相邻站联络供电的方式，因此，在该类型系统中相邻站 35 kV 进线及联络线开关还采用了“四投三”的自动切换方式。

3）1 500 V 直流系统的自动化功能需求

地铁 1 500 V 直流系统担负着为列车供电的重任，为提高城市轨道交通牵引供电的可靠性，地铁牵引 1 500 V 系统在设计上采用了接触网分段双边供电的方式，在开关的动作方式上考虑了双边联跳及自动重合闸功能，其中重合闸功能的起动与否由直流保护根据相关的跳闸参数进行逻辑后作出判断。主站 PLC 还按系统设定的固有逻辑对牵引供电系统的有关保护动作反应形成相应的闭锁。

在与 SCADA 系统的接口方面，目前在使用的方式主要有两种，一种是通过硬接线方式，另一种是通过通信方式实现与SCADA系统的对接。随着通信技术的发展，将来也许有可能实现与SCADA系统的无线传输。

2. 地铁变电站自动化系统的表现形式

地铁变电站自动化系统作为 SCADA 综合监控系统中的重要组成部分，它担负着各自系统的不同功能。在 400 V 系统中，自动化系统完成的是 400 V 系统的“分段自切/自复”、400 V 系统重要信息与 SCADA 系统之间的交换等功能。10 kV、35 kV 乃至 DC 1 500 V 系统也一样，所不同的是自动化系统所完成的功能与各自供电系统密切相关。

但在系统的表现形式上，目前各供电子系统的自动化系统不外乎两种方式。一种是传统的通过二次回路构建的电气自动化系统，另一种是通过辅助现代化的计算机技术构建的自动化系统。两种方式各有利弊，传统的通过二次接线构建的自动化系统的优点是可视性强，上手容易，不足之处是二次接线过于复杂、繁多。通过基于现代化计算机技术构建的自动化系统则不同，由于采用了通信的方式传输相关信息，二次接线大大减少，这就大大减少了二次接线的难度和工作量，控制柜简洁、美观，但不足之处是对维护人员的总体素质提出了更高要求，它要求维护人员不仅要有传统的电气知识，同时还必须具备有关的工业控制计算机知识。

3. 总线的运用

目前，在地铁供电系统中使用的较多的有 MODBUS 总线和 PROFI-BUS 总线。其中 MODBUS 总线是一种按主/从关系通信的总线，系统最多可以有 247 个从站节点，数据传输有 ASCII 和 RTU 两种模式。在地铁供电系统中，MODBUS 总线已广泛使用于 400 V 控制系统，典型的配置模式是采用一台小型 PLC 作为其主站（MASTER），通过主站 PLC 的 MODBUS 总线接口将 400 V 开关的相关信息传送至主站（PLC），各开关柜配置有逻辑微处理器并支持 MODBUS 通信，作为 400 V 自动化系统中的从站节点。图 3-17 是 400 V 自动化系统的一种典型结构。

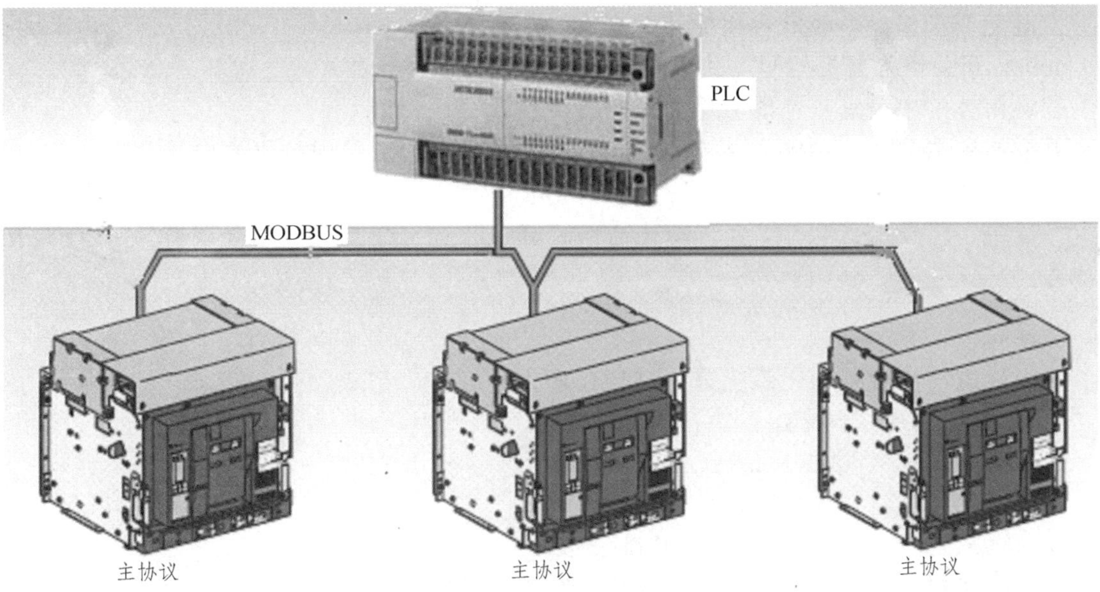

图 3-17　地铁 400 V 自动化系统的典型结构

另一种是在地铁牵引供电自动化系统中使用较多的 PROFIBUS 总线。PROFIBUS 是一种具有广泛应用范围的、开放的数字通信系统，特别适用于工厂自动化和过程自动化领域。PROFIBUS 适合于快速、时间要求严格的应用和复杂的通信任务。其中 PROFIBUS 又包含有 PROFIBUS-DP、PROFIBUS-PA、PROFIBUS/FMS 等子协议。

图 3-18 是在地铁牵引供电自动化系统普遍采用的 PROFIBUS 网络系统典型配置图，其中 SIMATIC S7/300 PLC 为系统的主站，DPU96 为系统的从站，主/从站之间遵从 PROFIBUS　DP 通信协议。主站 PLC 通过以太网通信卡与上层以太网进行通信，实时完成数据的传输。

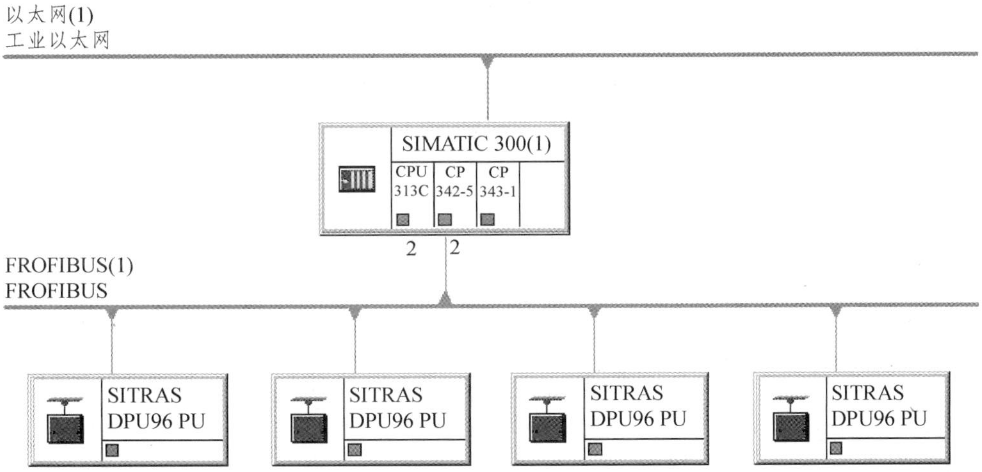

图 3-18　地铁牵引供电自动化系统的典型结构

课后习题

一、填空题

（1）电力监控 800M 控制器与直流屏和交流屏间隔层设备连接通信方式为________。

（2）在系统控制信号盘里布置了各类________、________、________、________等。

（3）运行中的________其二次线圈不许开路。

（4）为避免误操作，一般后台遥控开关会有________操作确认。

（5）400 V 开关柜备自投控制方式分为________、________和________。

（6）设备柜体的中黄绿双色线应作为保护接地使用。

（7）通信控制器 CSC-800M 和智能网络接口装置 CSC-861C 的现场供电电压分别是________、________。

（8）一号线、三号线变电所综合自动化通信管理机装置与交直流电源屏接口为 RS485 接口，则通信介质为________。

二、选择题

（1）站内变电所综合自动化系统分为三层，即由（　　）组成。

A. 数据处理层、网络层、执行层

B. 站内管理层、数据通信层、基础设备层

C. 站内系统层、数据通信层、基础设备层

D. 信号传输层、数据通信层、基础设备层

（2）以下设备属于站内变电所综合自动化系统人机界面的是（　　）。

A. 工控一体机　　B. 交换机

C. 通信管理机　　D. 直流保护测控装

（3）与电力监控系统维修有关的精密电工仪表中最常用的有（　　）。

A. 兆欧表　　B. 万用表

C. 光纤故障测试仪　　D. 以上都是

（4）测量光纤好坏及是否断开，可以用光纤故障测试仪测量，把光纤熔接维修用（　　）。

A. 万用表　　B. 光纤熔接器

C. 网线测试器　　D. 兆欧表

（5）目前笔记本电脑都内置了以太网卡芯片到主板上，同时在笔记本外头提供一个以太网卡接口，也叫（　　）。

A. USB　　B. COM　　C. RJ-45　　D. RS-485

（6）笔记本 PC 机在维修生产中是不可缺少的检测工具，合理的运用大大提高维修效率，下列哪些设备是笔记本 PC 机检测不了的。（　　）

A. DC 1500 V 保护装置

B. 电力监控 CSC-800M 控制器

C. 控制信号盘的二次回路

D. 35 kV 保护装置

（7）控制信号盘里的设备很多，不同的设备有自己图形符号，那么每个符号表示方式也是不一样的。下列符号代表线圈的是（　　）。

A. 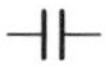　　B. 　　C. 　　D. 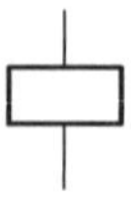

（8）车站降压变电所中，不包含的设备类型为：（　　）。

A. 交流进线开关　　B. 动力变压器

C. 直流总闸开关　　D. 母联开关

（9）通信控制器 CSC-800M 和智能网络接口装置 CSC-861C 的现场供电电压分别是（　　）。

A. DC 220 V，DC 220 V　　B. AC 220 V，AC 220 V

C. DC 220 V，DC 24 V　　D. AC 220 V，DC 24 V

（10）智能网络接口装置 CSC-861C 就地安装于 35 kV 母联开关柜内，通过 CSC-861C 实现与

35 kV 开关柜的接口。接口采用屏蔽双绞线，RS485 接口采用（　　）协议。

A. ModBus/TCP　　B. IEC60870-5-104

C. CDT　　D. ModBus/Rtu

（11）地铁四遥表不包括下面哪一项？（　　）

A. 遥信　　B. 遥控　　C. 遥测　　D. 遥脉

（12）以下设备不是由站级电力监控系统采用 ModBus/Rtu 方式接入的是（　　）。

A. 交直流屏　　B. 整流器

C. 400 V 开关柜　　D. 负极柜

（13）下列哪个权限级别最低（　　）。

A. 超级用户　　B. 浏览人员　　C. 操作人员　　D. 维护人员

（14）以下设备属于站内变电所综合自动化系统人机界面的是（　　）。

A. 工控一体机　　B. 交换机

C. 通信管理机　　D. 直流保护测控装置

三、判断题

（1）通信网络包括以下四层中央级局域网、通信主干网、车站级子站局域网、自动化设备层通信网［混合型：工业以太网（电、光）、网关、现场总线（RS485、Profibus 等）］。（　　）

（2）从某种角度上可以说变电站的电力自动化是由计算机继电保护和 SCADA 监控系统两大部分组成是否正确。（　　）

（3）兆欧表是电工常用的一种测量仪表，兆欧表主要用来检查电气设备、家用电器或电气线路对地及相间的绝缘电阻。（　　）

（4）如果基础层设备控制信号盘体、DC 1500 V 保护装置、35 kV 保护装置等软件出现故障可利用笔记本电脑进行检测维修。（　　）

（5）站内变电所综合自动化系统，可以通过服务器观察各子站的运行进程从而判断运行状态，它们之间是通过主干网连接，主站与子站间通常采用的通信方案是单模光纤。（　　）

（6）正常情况下，电池使用寿命为三至五年，如果发现状况不佳，则必须及时更换。（　　）

四、简答题

1. 请说明变电所综合 SCADA 系统分别与哪些设备有接口关系。
2. 间隔层电力监控设备出现故障分析的一般原则及排除故障步骤是什么？
3. 主、备服务器启动运行进程（localm）路径是什么？
4. 变电站中的电笛响和电铃响，分别是什么触发的？

模块四　接触网基本知识

任务一　接触网概述

学习目标

（1）了解城市轨道交通接触网的基本要求。
（2）了解城市轨道接触网的分类。
（3）理解接触网牵引供电方式。
（4）掌握城市轨道交通接触网的零件。
（5）了解接触网线索的材质、型号等。

城市轨道交通是以轨道运输为主要技术特征，以城市客运公共交通为服务形式的交通运输方式。城市轨道交通包括地下铁道、轻轨铁路、独轨、磁悬浮铁路、索道、缆车等。

地下铁道是指位于地下隧道内的铁路，简称地铁。地铁一般全线路封闭，具有容量大、速度快、安全、准时、舒适、运输成本低、不占城市用地等优点。但建设成本高，一旦发生危险或事故，逃生和抢救受限。地铁适用于出行距离较长、客运量大的城市中心区域。

轻轨铁路是因为它的车辆轴重较轻，施加在轨道上的荷载相对于其他铁路来说较轻，因而称之为轻轨。

独轨是指车辆在单一根轨道上运行的城市客运交通系统。从结构形式上为跨骑式。独轨系统的线路通常采用高架结构，车辆则大多采用橡胶轮胎。

磁悬浮铁路是依靠电磁吸力或电动斥力将列车悬浮于空中并进行导向，实现列车与地面轨道间的无机械接触，再利用线性电机驱动列车运行。由于列车在牵引运行时无机械噪声和磨损等问题，是人们理想的陆上交通工具。

4.1.1　接触网基本要求

接触网是架设在铁路线路上方向电力机车输送电能的特殊形式的供电线路，所以接触网的质量和工作状态将直接影响着电动列车的正常运行，这就要求接触网在机械结构上应具有良好的弹性和较高的稳定性，为此对接触网提出下列要求：

（1）在高速运行和恶劣气象条件下，保证电动列车的正常运行。
（2）接触网距走行轨轨面的高度应尽可能相等。

（3）接触网设备及零部件，应具有较好的耐磨性和抗腐蚀能力，应有较长的使用寿命。

（4）接触网的结构、设备应尽量简单轻便，质量较高，便于施工、运营维修和事故抢修。

总之，要求接触网无论在任何情况下，都能够正常地向电动列车提供符合要求的电能，并在满足技术条件的前提下，尽可能地降低成本、结构合理、维修简便、便于新技术的应用。

4.1.2　接触网分类

城市轨道交通接触网的类型，大致可分为架空柔性接触网、架空刚性接触网、接触轨式接触网和跨骑式单轨接触网四种。

一、架空式柔性接触网

架空式柔性接触网主要由：支柱与基础、硬横梁、支持与定位装置、接触悬挂、电连接与线岔、接触网设备、附加导线等几部分组成。

二、架空式刚性接触网

架空式刚性接触网主要由：汇流排，支持装置、绝缘子、中心锚结和接触线组成。这种悬挂形式一般用在隧道内。

三、接触轨式接触网

接触轨是沿轨道线路敷设的且与之平行的牵引供电线路。因其敷设在钢轨旁边，且形状与钢轨相似，故又称第三轨。其功能与架空式接触网一样，通过第三轨将电能输送给电动车组。电动车组由伸出的受电靴与其接触而获得电能。接触轨有三种布置方式：即上磨式、下磨式和侧磨式。

四、跨骑式单轨接触网

跨骑式单轨接触网，采用轨道梁两侧面布置刚性接触悬挂，一侧为正极，另一侧为负极，电压等级为 DC 1 500 V。接触悬挂位于轨道梁中部并被车体完全包络，其主要组成部分有绝缘子、T 型汇流排、汇流排线夹和接触线等。

轨道梁既是承重的桥梁结构，又是支承和导向的轨道；车辆采用橡胶轮胎，通过安装在转向架两侧的导向轮和稳定轮来导向和稳定车体。跨骑式单轨交通具有占用空间少，适应地形好，舒适环保等特点。

4.1.3　接触网供电方式

城市轨道交通系统，供电距离和牵引吨数小，故可采用无干扰、容易控制的直流牵引供电方式。

目前世界城市轨道交通的直流牵引电压等级有 DC 600 V、DC 750 V 和 DC 1500 V 等多种；我国规定了 DC 750 V 和 DC 1500 V 两种电压制。牵引变电所向接触网的供电方式，主要按牵引变电所的分布情况，供电臂的长短，线路状态和供电可靠性而定。通常有单边供电和双边供电两种正常供电方式，还有因为事故原因而运用的非正常供电——越区供电方式。

4.1.4 接触网零件

接触网结构复杂，技术要求高，工作环境恶劣（露天设置，受风吹、日晒、雨淋、高温、低温以及化学腐蚀等），无备用，很多零件长期承受着很大的拉力或压力或弯矩，同时也经常处在振动状态下，所以要求接触网零件应具有较高的机械强度和耐腐蚀性，部分零件还应具有良好的导电性能（如电连接线夹、接头线夹等），对作用于接触悬挂上的零部件还应尽量轻，避免形成集中负荷，减小硬点，以利于电动列车取流。

接触网零部件的制造材料主要有以下几种：

① 铸黄铜件；

② 可锻铸铁件；

③ 灰口铸铁件；

④ 普通碳素钢件；

⑤ 不锈钢件；

⑥ 硬铝合金件及铸铝件。

接触网零件按其作用、用途的不同大致分为悬吊零件、定位零件、连接零件、锚固零件、支撑零件、补偿装置、软横跨与硬横跨零件、隧道零件等。接触网零件的组成、结构尺寸、用途、性能、制造材料、单件重量等可在接触网零件图中查得，每个接触网零件都有自己的名称和代号。

4.1.5 线　索

一、接触线

接触线与机车受电弓滑动摩擦，直接给电力机车输送电能。要求其导电性能好，抗拉强度高，耐磨、抗腐蚀性能好，表面光滑。为了与受电弓良好接触，接触线底面呈圆弧状，上部为对称的两个沟槽，以便安装线夹（吊弦线夹、定位线夹、电连接线夹等）。国内外普遍采用了纯铜和铜合金接触线。

（一）纯铜接触线

纯铜接触线具有导电性能好、耐腐蚀性强等优点，但机械强度偏低，尤其是在高温下的抗拉强度大幅度下降。在定位点、分段、分相接头及导线高度变化大的地方，离线电弧使接触线的温度升高，机械磨耗加大，形成薄弱环节，严重时还会造成断线事故。

纯铜接触线通常采用冷拉（硬拉）的制作方法，以提高接触线的机械强度。其截面结构如图 4-1 所示。

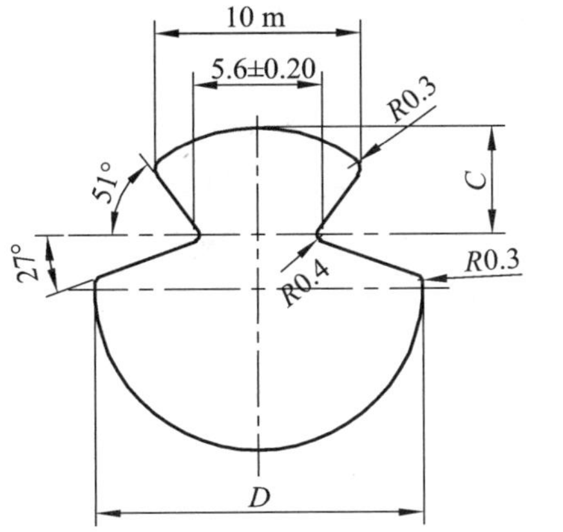

图 4-1　铜接触线结构示意图（单位：mm）

（1）铜接触线的规格、结构尺寸见表 4-1。

表 4-1　铜接触线规格、尺寸参数

型号	标称截面积/mm^2	计算截面积/mm^2	尺寸及偏差							角度及偏差		参考单位质量/(kg·km^{-1})
			A±1%	B±2%	C±2%	D(+4%, −2%)	E	K	R	G	H	
										±1°		
CT	85	86	10.8	10.76	9.40	7.24	6.80	4.60	0.40	27°	51°	769
	110	111	12.34	12.34	9.73	7.24	6.80	4.47	0.40	27°	51°	992
	120	121	12.90	12.90	9.76	7.24	6.80	4.35	0.40	27°	51°	1082
	150	151	14.40	14.10	9.71	7.24	6.80	4.00	0.40	27°	51°	1350

注：参考单位质量按密度 8.94 g/cm^3 计算。

（2）铜接触线的技术参数见表 4-2。

表 4-2　铜接触线技术参数

型号	标称截面积/mm^2	电气性能		机械性能					杨氏模量/MPa	含氧量/%
		电阻率 20 °C ≤/(Ω·mm^2·m)	载流量≥/A	拉断力≥/kN	伸长率≥/%	扭转（至破坏）圈数≥	反复弯曲至破坏			
							半径/mm	次数≥		
CT	85	0.017 68	440	31.82	2.7	3	25	8	124 000	0.040 0
	110		530	39.95	3.0	3	25	8		
	120		560	41.75	3.0	3	25	8		
	150		590	51.79	3.3	3	30	8		

注：载流量条件：环境温度为 35 °C，最高允许工作温度 95 °C。

（二）铜合金接触线

为了增加接触线的抗拉强度，常在铜中加入一定量的其他金属（如：银、锡、锌、镁等）。在铜中加入少量的其他金属后，虽然使导电率有所下降，但其机械强度（抗拉强度）会大幅提高。

镁—铜（Mg—Cu）合金接触线，当镁的含量为 0.4%～0.9% 时，抗拉强度可达 490 N/mm^2。

镁—铜合金接触线的截面形状如图 4-2 所示。各型接触线的结构尺寸及性能参数见表 4-3。

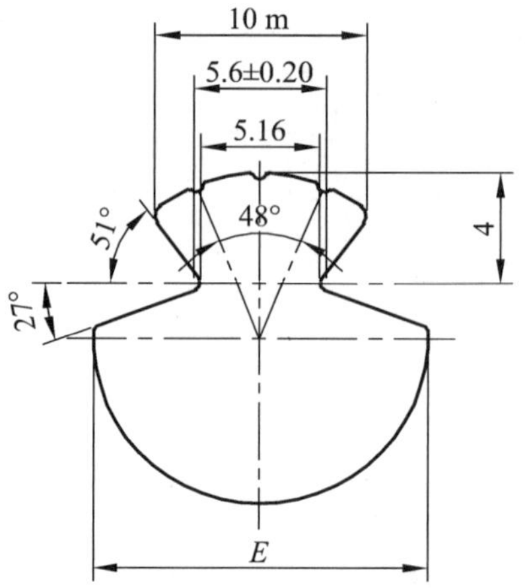

图 4-2 镁铜合金接触线结构示意图（单位：mm）

表 4-3 镁铜合金接触线结构尺寸及性能参数

型号	标称截面积/mm^2	E(mm)		电阻率 20 °C≤/(Ω/km)	伸长率/% 不小于	抗拉强度≥/(N·mm^2)	拉断力≥/kN	扭转（至破坏）圈数≥	反复弯曲（至破坏）		参考单位质量/(kg·km^{-1})
		AC	BC						弯曲半径/mm	次数≥	
Rim	100	12.0	12.00	0.286	3.0	510	49.5	5	30	6	862～916
	107	12.30	12.24	0.268	4.0	500	51.9				923～980
	120	13.20	12.85	0.239	5.0	490	57.0				1035～1099

注：参考单位质量按密度 8.89 g/cm^3 计算。

铜及铜合金接触线的线胀系数：均为 17×10^{-6} K^{-1}；密度：相差不大；杨氏模量：均为 120 GPa。

二、承力索

承力索的主要功用是通过吊弦将接触线悬吊在一定高度，承受接触悬挂的全部负荷，提高悬挂的稳定性，并与接触线并联，增大导线截面积。要求承力索导电性能好，抗拉强度高，抗腐蚀性能好。承力索一般采用单芯多层铰线。目前我国采用的承力索主要有铜承力索。

铜承力索由多股铜合金材质线绕制而成。具有导电性能好，耐腐蚀能力强，机械强度高，造价高等特点，常用型号有：TJ—70、TJ—95、TJ—120、TJ—127、TJ—150；JTMH120、JTMH95、JTMH70 等。

其中：TJ 表示铜绞线；JTMH 表示镁铜合金绞线；后面的数字为标称截面积，单位为 mm^2。

1. 硬铜绞线

硬铜绞线是由单根硬拉（冷拉）铜线绕制成的单芯多层绞线。硬铜绞线的导电性能好，但机械强度较低。硬铜绞线的外观及截面形状如图 4-3 所示。铜镁合金硬绞线的同规格型号、结构尺寸及性能参数见表 4-4。

2. 镁铜合金绞线

镁铜合金绞线就是在金属铜中加入一定量的镁而制成的单根导线，再由这种单根导线绕制成单芯多层绞线。虽然其导电率有所下降，但其机械强度大大提高。镁铜合金硬绞线的外观及截面形状如图 4-4 所示。铜镁合金硬绞线的同规格型号、结构尺寸及性能参数见表 4-5。

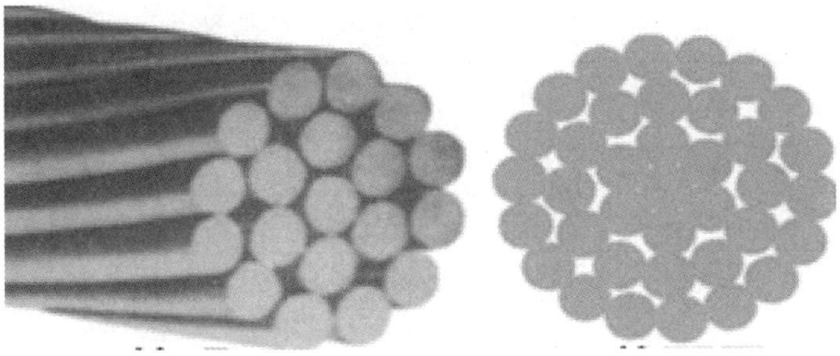

图 4-3　硬铜绞线直观及截面图

表 4-4　硬铜绞线的规格型号、结构尺寸及性能参数

型号	标称截面/mm^2	计算截面/mm^2	绞线结构 根数/（直径/mm）	绞线外径±5%/mm	参考单位质量±8%/(kg·km^{-1})	拉断力≥/kN	载流量≥/A
TJ	10	10.02	7/1.35	4.1	90	4.02	90
	16	15.89	7/1.70	5.1	143	6.37	125
	25	24.25	7/2.10	6.3	218	9.72	160
	35	34.36	7/2.50	7.5	310	13.77	200
	50	49.48	7/3.00	9.0	446	19.84	250
		48.35	19/1.80	9.0	437	19.38	250
	70	65.81	19/2.10	10.5	596	26.38	310
	95	93.27	19/2.50	12.5	845	37.39	380
	120	116.99	19/2.80	14.0	1060	46.90	440
	150	147.11	37/2.25	15.8	1337	58.98	510
	185	181.62	37/2.50	17.5	1649	72.81	585
	240	242.54	61/2.25	20.3	2209	97.23	700
	300	299.43	61/2.50	22.5	2725	120.04	800
	400	400.14	61/2.89	26.0	3640	160.42	960
	500	499.83	61/3.23	29.1	4545	200.38	1110

注：1. 参考单位质量按密度 8.89 g/cm^3 计算；

2. 载流量条件：风速 0.6 m/s，环境温度为 35 °C，导体工作温度 70 °C。

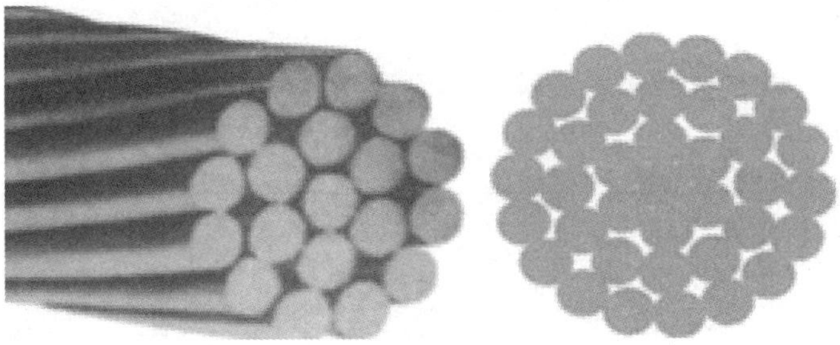

图 4-4　镁铜合金绞线外观及截面形状

表 4-5 铜镁合金硬绞线的规格型号、结构尺寸及性能参数

型号	标称截面积 /mm²	计算截面积 /mm²	绞线结构 根数/(直径/mm)	绞线外径 ±5%/mm	参考单位质量±8% /(kg·km⁻¹)	拉断力 ≥/kN	载流量 ≥/A
THJ	10	10.02	7/1.35	4.1	90	5.88	75
	16	15.89	7/1.70	5.1	143	9.33	100
	25	24.25	7/2.10	6.3	218	14.24	130
	35	34.36	7/2.50	7.5	310	20.17	160
	50	49.48	7/3.00	9.0	446	28.58	200
		48.35	19/1.80	9.0	437	28.39	200
	70	65.81	19/2.10	10.5	596	38.64	245
	95	93.27	19/2.50	12.5	845	54.76	305
	120	116.99	19/2.80	14.0	1060	67.57	350
	150	147.11	37/2.25	15.8	1337	86.37	410
	185	181.62	37/2.50	17.5	1649	106.63	465
	240	242.54	61/2.25	20.3	2209	142.40	560
	300	299.43	61/2.50	22.5	2725	175.80	635

注：1. 参考单位质量按密度 8.9 g/cm³ 计算；
2. 载流量条件：风速 0.6 m/s，环境温度为 35 °C，导体工作温度 70 °C。

另外还有青铜（锡铜合金）绞线，这里不再介绍。

三、接触网用软绞线

软绞线是由于单根线细，所以总股数很多，因此绞线就较柔软，软绞线多用作电连接线。

1. 铜软绞线

铜软绞线的外形及截面结构如图 4-5 所示。绞线型号、结构尺寸及性能参数见表 4-6 和表 4-7。

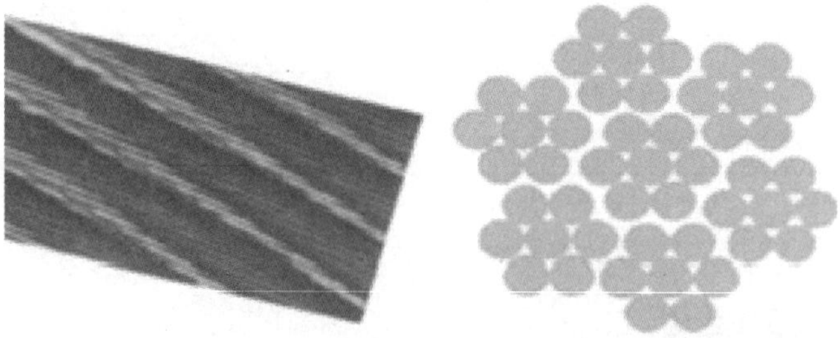

图 4-5 铜软绞线的外形及截面结构

表 4-6 铜软绞线的结构尺寸

型号	标称截面积 /mm²	计算截面积 /mm²	直径/mm	单线直径/mm	绞线外径 ±5%/mm	参考单位质量 ±8%/(kg·km⁻¹)
TJ	16	16.3	49	0.65	5.9	152
	25	26.1	133	0.50	7.5	246

续表

型号	标称截面积 /mm²	计算截面积 /mm²	直径/mm	单线直径/mm	绞线外径 ±5%/mm	参考单位质量 ±8%/(kg·km⁻¹)
TJ	35	37.6	133	0.60	9.0	353
	50	51.2	133	0.70	10.5	482
	70	72.7	189	0.70	13.0	685
	95	99.7	259	0.70	14.7	935
	120	118.5	336	0.67	16.4	1120
	150	150.1	392	0.70	18.3	1420
	185	185.1	525	0.67	20.4	1745
	210	209.8	595	0.67	21.5	1980
	240	245.2	637	0.70	23.1	2320
	300	296.6	637	0.70	25.4	2800

注：参考单位质量按密度 8.89 g/cm³ 计算

表 4-7　铜软绞线性能参数

型号	标称截面积 /mm²	抗拉强度≥ /MPa	伸长率/%	20 °C 电阻率 ≤/(Ω·mm²·m⁻¹)	载流量≥/A	
					风速 0.6/(m·s⁻¹)	风速 1.0/(m·s⁻¹)
TJR	16	300	25	0.017 241	135	155
	25				180	205
	35				225	255
	50				280	310
	70				340	370
	95				420	460
	120				485	535
	150				570	625
	185				660	720
	210				720	780
	240				785	850
	300				895	920

注：载流量条件：环境温度为 40 °C，导线工作温度 80 °C。

2. 铜镁合金软绞线

铜镁合金软绞线的外形及截面结构与图 4-5（铜软绞线）基本相同。绞线型号、结构尺寸及性能参数见表 4-8。

表 4-8 铜镁合金软绞线的结构尺寸及性能参数

型号	标称截面积/mm²	计算截面积/mm²	绞线结构 股数/根数/（直径/mm）	绞线外径±5%/mm	参考单位质量±8%/(kg·km⁻¹)	单线强度≥/MPa	综合拉断力≥/kN	20 °C 电阻率≤/(Ω·mm²·m⁻¹)
THJR	10	99.6	7/7/0.50	4.5	89	116	5.68	0.027 73
	16	16.3	7/7/0.65	5.9	152	195	9.56	
		16.3	12/7/0.05	6.2	152	116	9.74	
	25	26.1	19/7/0.50	7.5	246	116	15.43	
	35	37.6	19/7/0.60	9.0	353	167	22.21	

注：参考单位质量按密度 8.9 g/cm³ 计算。

任务二　架空式柔性接触网

学习目标

（1）掌握接触悬挂的种类。
（2）熟悉补偿装置的结构，掌握安装曲线的使用方法。
（3）掌握中心锚结、吊弦、电连接的类型及结构。
（4）掌握腕臂柱的基本结构形式。
（5）掌握硬横跨（梁）的组成、各节点的装配形式。
（6）了解支柱及基础的类型。

4.2.1 接触悬挂的种类

架空接触网按悬挂形式的不同，可分为柔性架空接触网和刚性架空接触网，简称柔性悬挂和刚性悬挂。

按承力索的设置情况，柔性接触悬挂分为简单悬挂和链形悬挂两种类型。简单悬挂不设承力索，是直接将接触线悬吊固定在支持装置上的一种悬挂形式。因没有承力索，接触线弛度较大，弹性不均匀，悬挂稳定性较差，不适应高速运行的要求，目前已不采用。链形悬挂是指在接触线上方设有承力索，接触线通过吊弦悬挂在承力索上的悬挂形式。已被电气化铁路广泛采用。链形悬挂按悬挂点处的吊弦形式、下锚方式、接触线和承力索的相对位置分为以下几种类型：

1. 按悬挂点处吊弦形式分类

链形悬挂按悬挂点处吊弦形式分为简单链形悬挂和弹性链形悬挂。

1）简单链形悬挂

简单链形悬挂是在悬挂点旁采用普通整体吊弦的形式，如图 4-6（a）所示。

2）弹性链形悬挂

弹性链形悬挂是在悬挂点处采用弹性吊索的悬挂的形式，如图 4-6（b）所示。

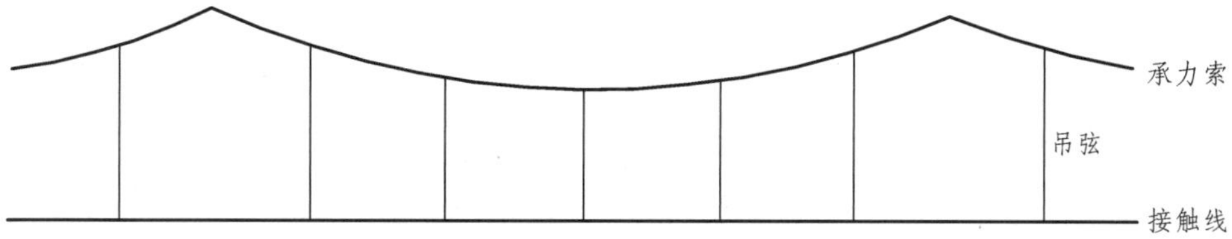

（a）简单链形悬挂

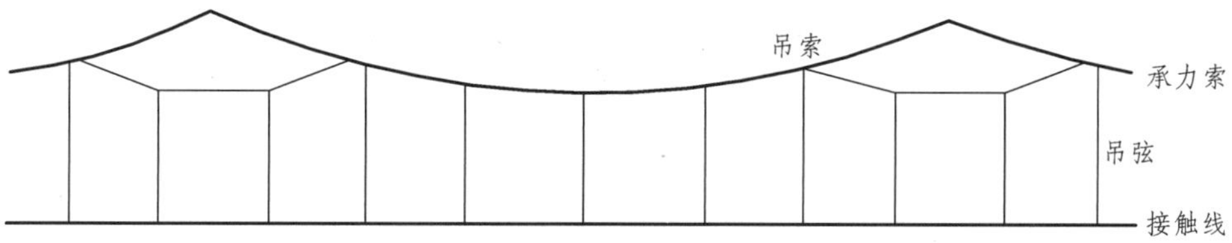

（b）弹性链形悬挂

图 4-6 链形接触悬挂示意图

2. 按下锚方式分类

链形悬挂按下锚方式分为无补偿链形悬挂、半补偿链形悬挂和全补偿链形悬挂三种悬挂形式，如图 4-7 所示。

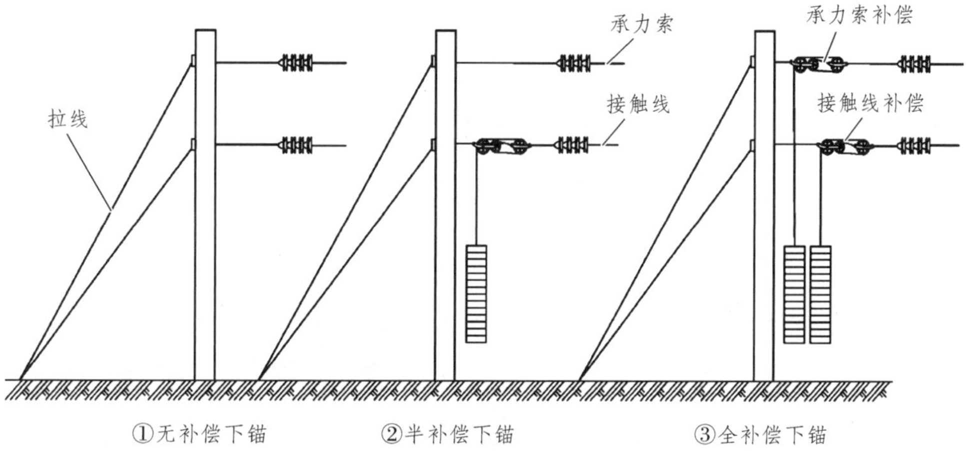

图 4-7 链形悬挂下锚示意图

1）无补偿链形悬挂

无补偿链形悬挂下锚也叫硬锚，接触悬挂的承力索和接触线通过绝缘子直接固定在支柱上。一般用于车站长度较短的锚段上代替中心锚结，另一端采用全补偿下锚。

2）半补偿链形悬挂

半补偿链形悬挂下锚是承力索为硬锚，接触线通过张力补偿装置下锚，其张力不随温度变化。承力索的张力和弛度随温度发生变化，虽然接触线通过张力补偿，但承力索的弛度变化会导致接触线的高度发生变化，目前较少采用。

3）全补偿链形悬挂

全补偿链形悬挂下锚，承力索和接触线均通过张力补偿装置固定到支柱上。当温度变化时，补偿装置自动调整，保证线索张力和弛度不变。因此，全补偿链形悬挂具有线索张力恒定、接触线高度一致，弹性均匀等优点，在我国电气化铁路中广泛应用。

3. 按接触线和承力索的相对位置分类

链形悬挂按接触线和承力索布置的相对位置可分为直链形悬挂、半斜链形悬挂和斜链形悬挂三种形式（因斜链形悬挂采用较少，本书中不再叙述）。

1）直链形悬挂

直链形悬挂是承力索和接触线布置在同一个垂直面内。在直线区段，为了使受电弓滑板均匀磨耗，接触线与承力索均布置成“之”字形；在曲线区段，承力索和接触线布置成折线形。（在任何区段内，承力索和接触线布置的垂直面与受电弓垂直）。如图 4-8 所示。在直链形悬挂中，吊弦无横向偏移。

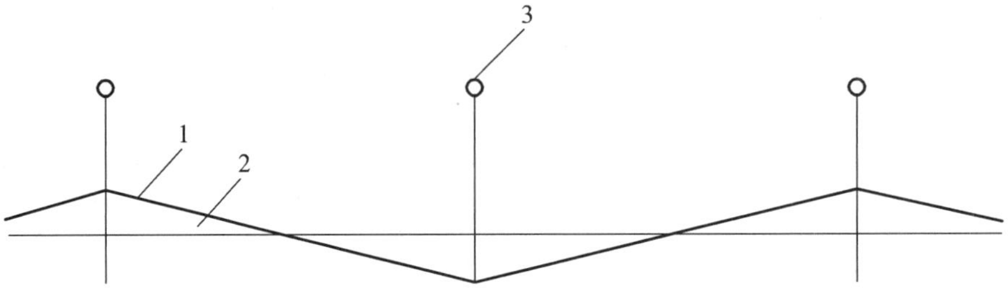

（a）直线区段

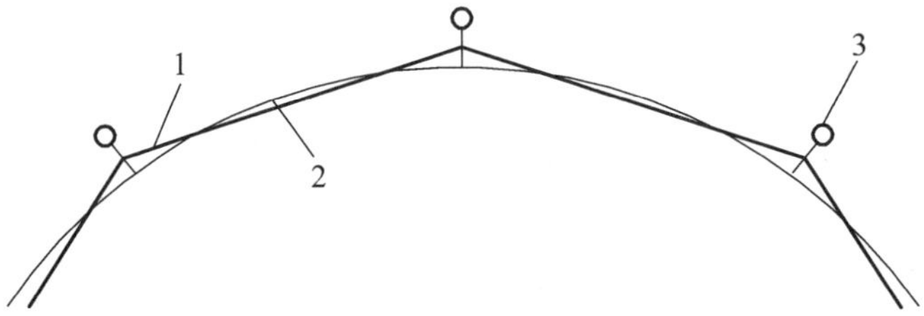

（b）曲线区段

图 4-8　直链形悬挂示意图

1—承力索和接触线；2—受电弓（线路）中心；3—支柱

2）半斜链形悬挂

半斜链形悬挂是将承力索布置在线路中心线的正上方，接触线呈“之”字形布置，接触线相对于承力索布置的水平投影呈左右相对位移的位置。半斜链形悬挂一般用于直线区段，如图 4-9 所示。

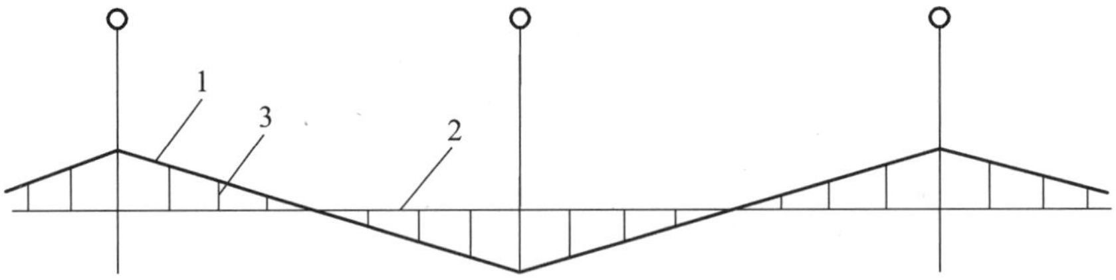

图 4-9　半斜链形悬挂示意图

1—接触线；2—线路中心及承力索；3—吊弦

4.2.2　补偿装置及安装曲线

一、补偿装置

补偿器是一种自动调整线索张力的装置，当气温变化时，线索要伸长或缩短，由于补偿器坠砣的重量固定不变，线索沿线路纵向移动，而保持线索的张力不变，使接触悬挂具有良好的工作状态。

补偿器主要由滑轮组（或棘轮）、坠铊、坠铊限制架及其连接件组成。城市轨道交通下锚补偿装置采用的是棘轮装置其传动比为 1∶3，补偿绳为 50 mm^2 软态不锈钢丝绳；坠铊的材质为铸铁，在坠铊串中部安装坠铊抱箍，并附卡在限制架的导管上能自由地上下滑动。

1. 双承力索（或双接触线）下锚补偿器

其结构见图 4-10 所示。所用材料见表 4-9 所列。

本图为双承力索并联下锚，双承力索用三角调节板并联后通过悬式绝缘子与补偿器小轮上的补偿绳连接；大轮上的补偿绳与坠砣杆连接；大小轮固定在同一轴上。坠铊串安有抱箍可在坠铊限制架导管上自由滑动，以防坠铊串受风力的影响摆动侵入限界或碰撞支柱。

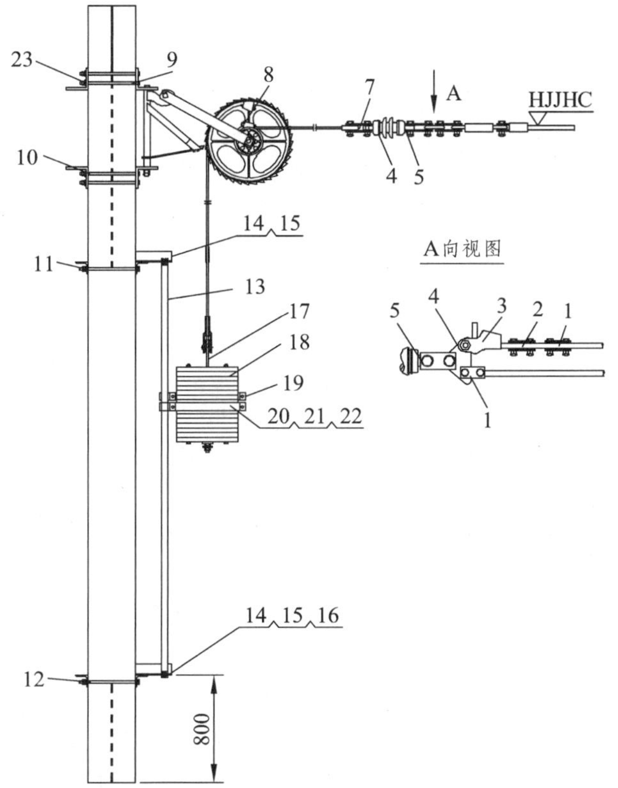

图 4-10　双索（或双线）下锚补偿器

表 4-9　双承力索下锚补偿器材料表

序号	名称	序号	名称	序号	名称
1	终锚线夹	9	棘轮上底座	17	坠铊杆
2	调整螺栓	10	棘轮下底座	18	坠铊
3	双联板	11	坠铊限制架（上底座）	19	坠砣抱箍
4	三角调节板	12	坠铊限制架（下底座）	20	螺栓
5	双联碗头挂板	13	坠砣限制管	21	螺母
6	悬式绝缘子	14	螺栓	22	垫圈
7	球头挂环	15	垫圈	23	承锚抱箍
8	棘轮装置	16	弹簧垫圈		

2. 单承力索和单接触线下锚补偿装置

单承力索和单接触线同杆下锚时，承力索在上边，接触线在下边，且距离较大，承力索用终端锚固线夹直接与下锚平衡板相连接，接触线用双耳楔形线夹通过调整螺栓、双联板与下锚平衡板相连，成为并联下锚，其结构形式见图 4-11 所示，所有材料见表 4-10 所列。

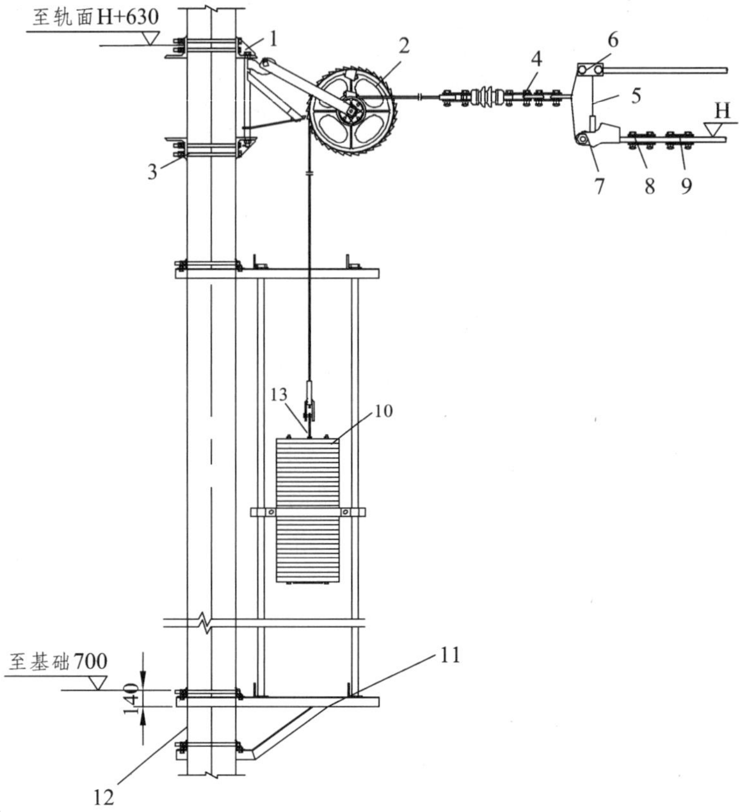

图 4-11 地面段单承力索单接触线全补偿下锚安装图

表 4-10 地面段单承力索全补偿下锚材料表

序号	名　称	序号	名　称	序号	名　称
1	上承锚底座	6	终锚线夹	11	坠铊限制架
2	棘轮装置	7	双联板	12	坠铊限制架
3	下承锚底座	8	调整螺栓	13	坠铊杆
4	绝缘子	9	双耳线夹		
5	下锚平衡板	10	坠　　铊		

3. 补偿制动装置

制动装置是一种当线索发生断线时，能自动对下落的坠铊进行制动的装置。其作用是防止事故扩大，保护坠铊及棘轮。棘轮补偿装置本身带有制动装置，它是将大轮的外缘设置成锯齿状（即为棘轮），再在棘轮的上下底座上设置一舌簧（棘爪）。

为保证在极限温度时，补偿器仍能可靠地进行张力补偿，在大小轮盘槽中缠绕钢丝绳的圈数应符合技术要求，根据施工温度来确定。此时将棘轮与棘爪的间隙调至约 20 mm，使棘轮能自由转动。当发生断线事故时，由于制动间隙为 20 mm，也就是棘轮在开始下落的一瞬间，就与棘爪接触并被卡住，即停止了继续下落，这样就起到缩小事故范围和保护坠铊的作用。

二、补偿坠铊串安装曲线表

1. 单支承力索与单支接触线并联下锚坠铊安装曲线表

图 4-12 为传动比 1∶3 单支承力索与单支接触线并联补偿下锚坠铊安装曲线。L：中心锚结硬锚至补偿坠铊串的距离；T：环境温度；b：坠铊串底面至基础面（或地面）的距离。例如：当 $L = 500$ m；$T = 15$ °C 时查得：b 值为 1 900 mm。

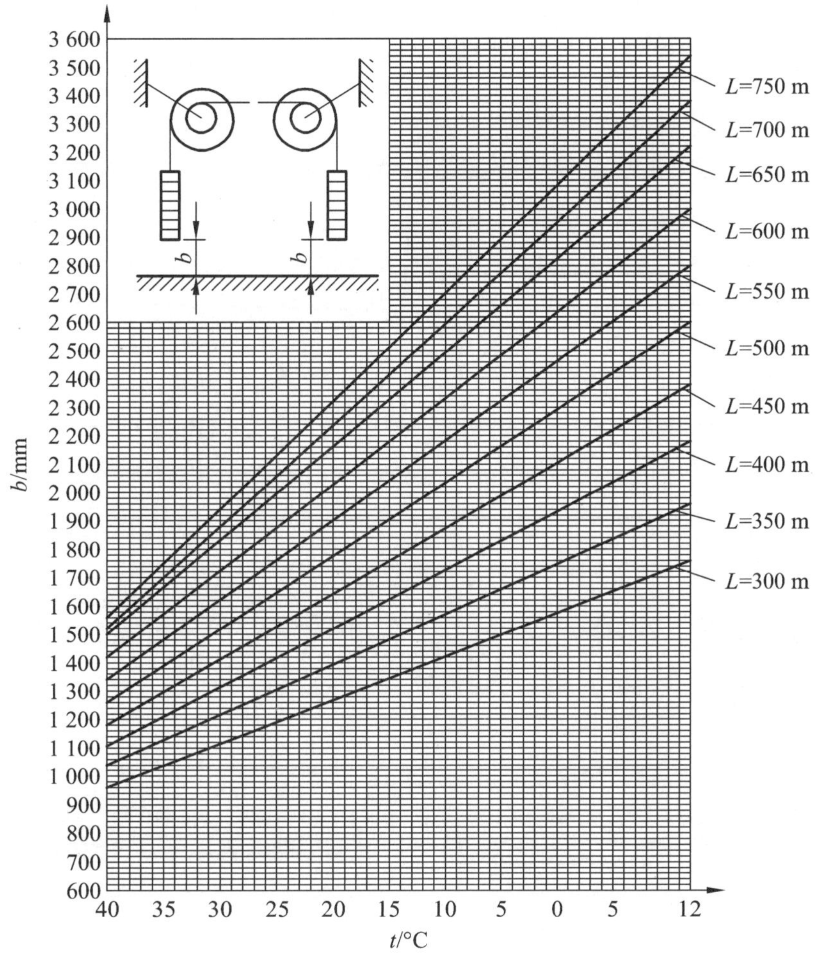

图 4-12　单支承力索与单支接触线棘轮补偿坠铊安装曲线

2. 双支承力索或双支接触线并联下锚坠铊安装曲线表

双支承力索或双支接触线并联下锚坠铊安装曲线表形式及查用方法，与单支承力索单支接触线并联下锚坠铊安装曲线表基本相同，故不再赘述。

4.2.3　中心锚结、吊弦、电连接

一、中心锚结

在两端设有补偿器的锚段中部，为防止接触悬挂向一侧位移，将接触线固定到承力索上，同时

将承力索硬锚在相邻支柱上，这种悬挂固定装置称为中心锚结。

一般当锚段长度小于 750 m 时，不设中心锚结，视为半个锚段，一端设为硬锚，另一端设补偿装置，此时，硬锚的作用就相当于中心锚结。

（一）中心锚结的结构

中心锚结主要由中心锚结线夹、锚结绳固定线夹、承力索锚固线夹、中心锚结绳、绝缘子及连接件等组成。

全补偿链形悬挂中心锚结的结构形式如下。

1. 单接触线、双承力索中心锚结

单接触线、双承力索简单链形悬挂中心锚结的结构见图 4-13 所示。需要材料见表 4-11。

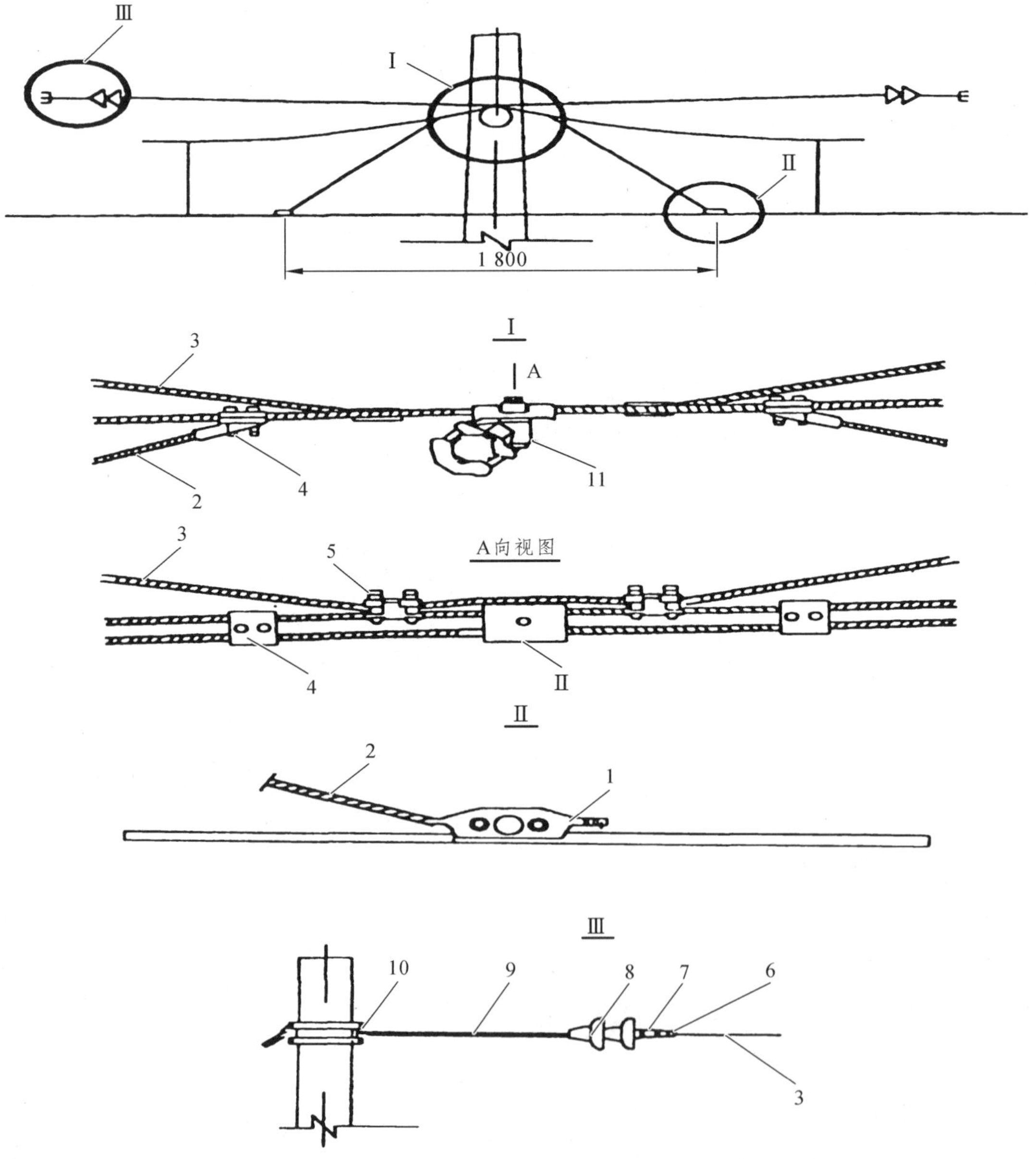

图 4-13　单线、双索中心锚结

表 4-11　链形悬挂中心锚结材料表

序号	名称	序号	名称	序号	名称
1	中心锚结线夹	5	承力索锚固线夹	9	杵环杆
2	接触线锚结绳	6	承力索终锚线夹	10	承锚抱箍
3	承力索锚结绳	7	单联碗头挂板	11	双线支撑线夹
4	锚结绳固定线夹	8	悬式绝缘子		

由图可知：两根承力索是通过一根承力索中心锚结绳，与两侧的支柱硬锚固定。承力索与承力索锚结绳的固定，是在该平腕臂上的双线支撑线夹的两侧分别用一套承力索锚固线夹固定在一起的；而承力索锚结绳是在中间柱两侧相邻支柱上硬锚固定的。接触线与承力索的固定是通过两根接触线中心锚结绳（呈八字形）与双承力索固定。每一根接触线中心锚结绳的上边用一套锚结绳固定线夹固定在双承力索上，它的下边用一套中心锚结线夹与接触线固定。两个中心锚结线夹间的距离为 8 m。

2. 双接触线、双承力索中心锚结

双接触线、双承力索简单链形悬挂中心锚结结构如图 4-14 所示。需用材料见表 4-12。

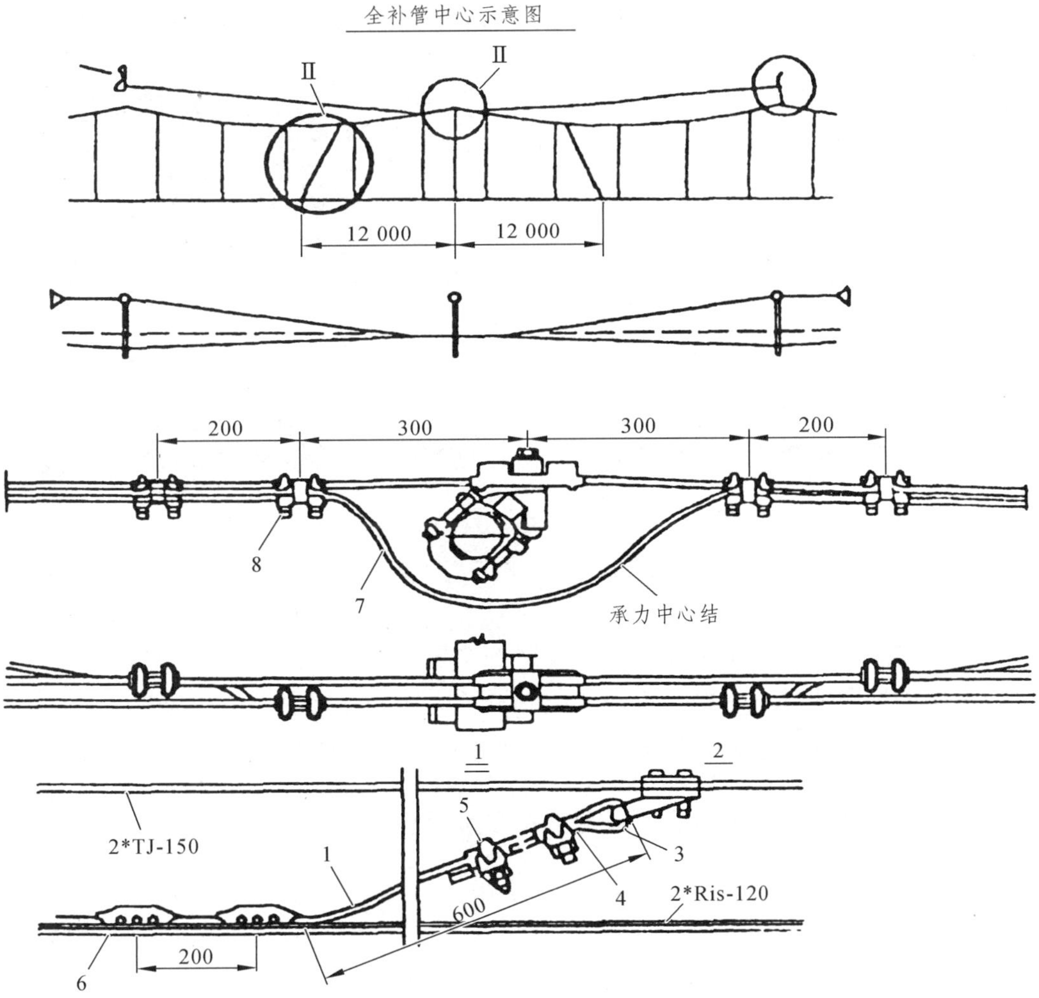

图 4-14　双接触线双承力索中心锚结

表 4-12　双接触线双承力索中心锚材料表

序号	名称	序号	名称	序号	名称
1	接触线中锚绳	4	半圆管衬垫	7	承力索中心锚结绳
2	锚结绳固定线夹	5	钢丝绳卡子	8	双承力索锚固线夹
3	心形环	6	中心锚结线夹		

这种形式的中心锚结，也是用一根承力索中心锚结绳将双承力索固定到支柱上的。但承力索中心锚结绳与双承力索的固定，是在双线支撑线夹的两侧分别用两套（共四套）双承力索锚固线夹分别与两根承力索固定在一起的，且锚结绳是绕到平腕臂的下边通过的。接触线与承力索的固定也是通过两根接触线中心锚结绳（呈八字形）用锚结绳固定线夹与双承力索固定的。但是，每一根接触线锚结绳的下边是用两套中心锚结线夹（共四套）分别与两支接触线固定在一起的，两侧中心锚结线夹的距离为 24 m。

（二）接触线中心锚结的安装及要求

（1）接触线中心锚结线夹间距符合设计要求。

（2）接触线中心锚结绳回头的预留、中心锚结绳的安装位置，安装形式如图 4-15 所示。

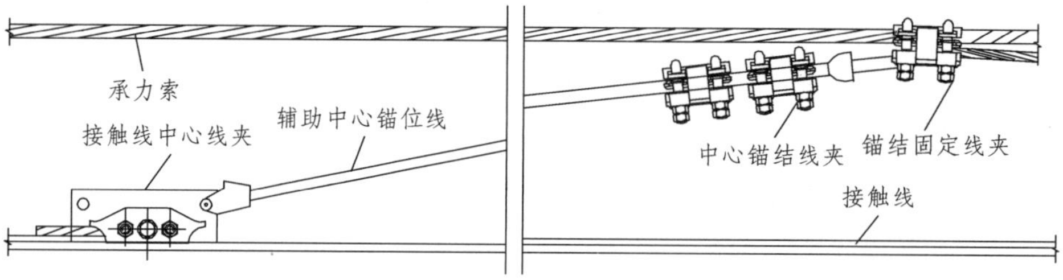

图 4-15　双接触线双承力索中心锚结

（3）用小绳将中锚线夹处的接触线挂在承力索上，使接触线抬高不超过 100 mm。

（4）安装接触线锚结绳固定线夹后松开小绳，使接触线中心锚结线夹处接触线高度比相邻吊弦点高出 30 mm。

（三）承力索中心锚结的安装及要求

（1）安装中心锚结的腕臂一定要在垂直于线路的位置。

（2）承力索中心锚结绳预留弧度，避免接触腕臂。

（3）靠近腕臂的两承力索中心锚结线夹距腕臂中心约为 300 mm；承力索锚结线夹之间的距离约为 200 mm，两个外侧的线夹安装在支柱侧。

（4）承力索中心锚结绳的弛度略小于或等于所在跨距承力索的弛度且两边张力相等。

二、吊　弦

吊弦是链形悬挂中承力索和接触线间的连接部件。吊弦的作用是把接触线悬吊在承力索上，同时，还起到将承力索与接触线导通电流并联供电的作用。

（一）吊弦类型

吊弦根据接触悬挂的结构不同，其整体吊弦的构成也不同，下面介绍两种。

1. 单线整体吊弦

单线吊弦，接触悬挂由单接触线和单承力索构成时的吊弦。其构成见图 4-16 所示。

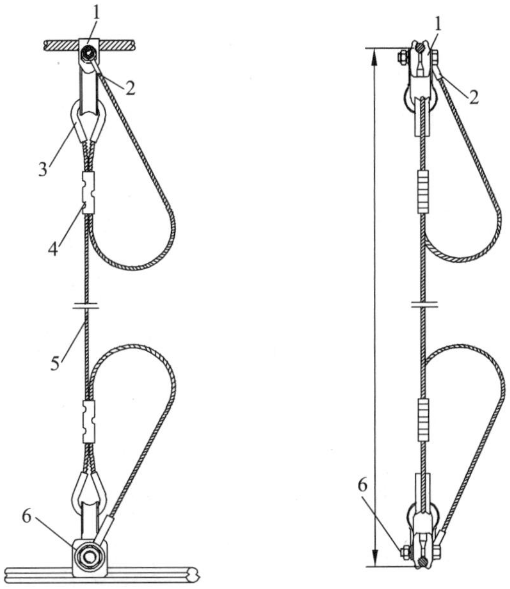

图 4-16 单线整体吊弦

1—承力索吊弦线夹；2—连接线夹；3—心形环；4—钳压管；
5—16 mm^2 青铜绞线；6—接触线吊弦线夹

2. 双线整体吊弦

双线吊弦，接触悬挂由双接触线和双承力索构成时的吊弦。其安装形式见图 4-17 所示。

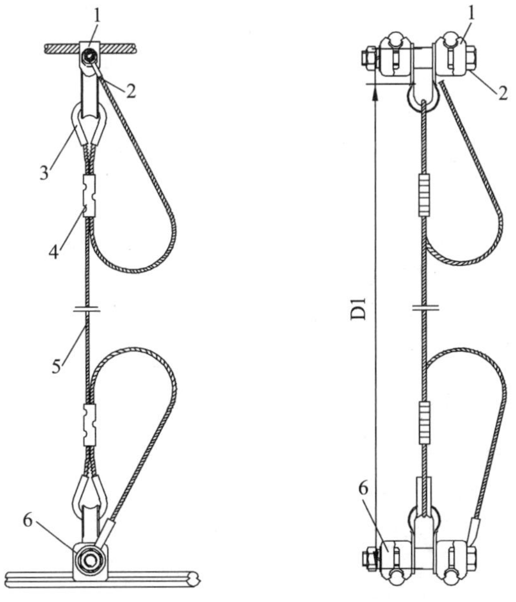

图 4-17 双承力索双接触线整体吊弦

1—双承力索吊弦线夹；2—连接线夹；3—心形环；4—钳压管；
5—16 mm^2 青铜绞线；6—双接触线吊弦线夹

这两种吊弦形式，均为载流环式整体吊弦，其下料长度为计算长度加两端预留长度（2×350 mm），其有效长度依据现场实际测量核实进行计算并修正，然后压接。整体吊弦还可分为可调的和不可调的两种，其结构形式基本相同，只是将上部的钳压管改为“压紧螺栓”即为可调吊弦。

（二）吊弦的计算

1. 吊弦间距的计算

吊弦的布置应根据悬挂类型及所在跨距的大小进行。吊弦间的距离一般为 5 ~ 9 m 均匀布置，其偏差为 ± 50 mm。简单链形悬挂的吊弦布置如图 4-18 所示。不同跨距内的吊弦根数（N）及吊弦间距见表 4-13。

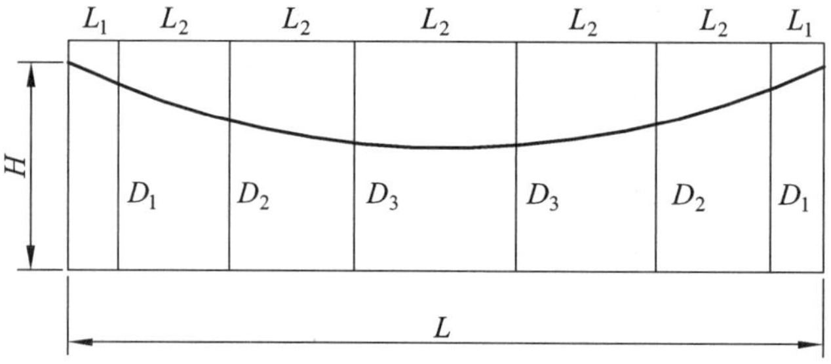

图 4-18 吊弦布置示意图

表 4-13 简单链形悬挂吊弦布置表

L/m	15 ~ 26	27 ~ 35	36 ~ 44	45 ~ 53	54 ~ 62
N	3	4	5	6	7
L_1	2.5 ~ 4.33	3.38 ~ 4.38	3.6 ~ 4.4	3.75 ~ 4.42	3.86 ~ 4.43
L_2	5 ~ 8.67	6.75 ~ 8.75	7.2 ~ 8.8	7.5 ~ 8.83	7.71 ~ 8.86

对于简单链形悬挂吊弦间距计算式为

$$L_2 = L/N$$

$$L_1 = L_2/2$$

式中 L——跨距长度，m；

N——跨距中的吊弦根数；

L_2——跨距中吊弦间距；

L_1——第一根吊弦到悬挂点的距离。

2. 吊弦长度的计算

吊弦数量和间距确定后，各吊弦的长度根据吊弦所在跨距承力索的张力、悬挂合成负载、接触线无弛度时承力索的弛度、结构高度及吊弦在跨距中的位置来计算的。吊弦长度计算见示意图 4-19。

吊弦长度的计算公式为

$$D = H - q_0 x(L-x)/2T_c$$

或

$$D = H - 4x(L-x) \times F_o / L。$$

式中 D——所求吊弦长度，m；

H——实际结构高度，m；

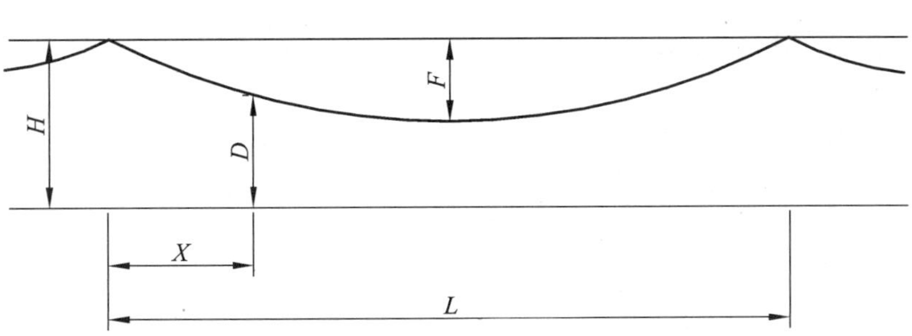

图 4-19　吊弦长度计算示意图

T_C——承力索的张力，kN；

q_0——链形悬挂合成负载，kN/m；

$q_0 = g_c + g_j + g_d g_c$，承力索单位负载，kN/m。

g_j——接触线单位负载，kN/m；

g_d——吊弦单位负载（按 0.5 N/m 考虑）；

L——跨距长度，m；

x——所求吊弦到悬挂点的距离，m；

F_0——接触线无弛度时承力索的弛度，m。

以上吊弦长度的计算，是按等高悬挂考虑的。若为不等高悬挂时，还要加以修正计算公式。

（三）制作吊弦

（1）测量出相邻两悬挂点的跨距、定位点处承力索距轨面的高度、外轨超高等数据。

（2）按跨距、结构高度、曲线半径、外轨超高及施工设计图纸利用计算软件算出吊弦的长度，编制成吊弦预配数据表，该表吊弦长度的数据应清楚地标明吊弦具体零件的起点位置。

（3）在整体吊弦平台上预配吊弦。预配误差控制在 ± 1 mm 范围内。

（4）将每根吊弦应用阿拉伯数字标明吊弦编号，同一跨的吊弦应表明锚段号、定位号，并将预配好的吊弦分锚段单独包装，表明区间和锚段号。

（四）技术要求

（1）预制整体吊弦应依据计算数据，利用吊弦制作平台预制。整体吊弦长度应严格控制，施工偏差 ± 1 mm。

（2）测量整体吊弦安装的位置应从悬挂点向跨中测量，其偏差应在跨中调整，安装允许偏差位置为 ± 50 mm。

（3）吊弦线夹螺栓紧固力矩为 25 N · m。吊弦安装后应处于受力状态。

（4）安装吊索应符合设计要求，吊索以悬挂点为中心，两侧平分且受力均匀。

（5）整体吊弦的载流环应固定在吊弦线夹螺栓头一侧（即不应固定在螺母侧），吊弦载流环方向要朝向车辆运行的方向；上、下行吊弦应在同一断面内，误差 ± 50 mm。

三、电连接

电连接是用一段或几段导线将接触网悬挂之间、设备与悬挂间进行连接起来的装置。其作用是导通电流或实现线索间的等电位，以减小电阻，降低能耗，方便检修作业。

电连接线一般采用铜软绞线（TRJ-120mm^2）。

（一）电连接的种类及结构

电连接根据安装位置不同可分为：横向电连接、道岔电连接、锚段关节电连接、股道间电连接、隔离开关电连接和避雷器电连接。

1. 横向电连接

横向电连接是用一段较短的导线，通过电连接线夹将同一组接触悬挂的承力索和接触线连接起来（或将接触悬挂与馈电线连接起来）的电连接。城市轨道交通线路上馈电线与接触网间每隔 60 ~ 100 m 设一处横向电连接，如图 4-20 所示。

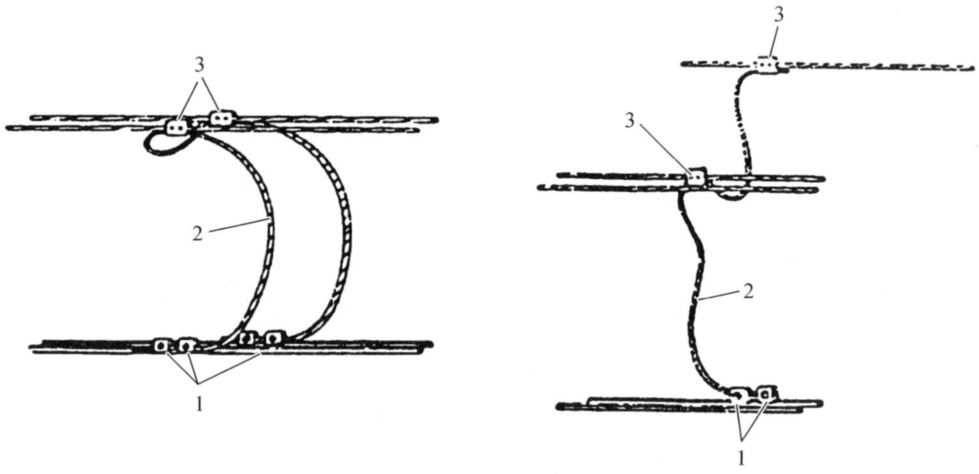

（a）承力索与接触线　　（b）馈电线与接触悬挂

图 4-20　横向电连接安装图

1—120 型馈电网线线夹；2—120 mm^2 软铜绞线；3—150/120 型通用线夹

横向电连接的作用是：更好地将承力索和接触线及馈电线连接起来，避免由承力索经吊弦流向接触线的电流过大而烧坏吊弦。

2. 道岔电连接

在道岔上方，两工作支接触线相交处，均应安装电连接，使两股道上的两支悬挂实行电流导通。其连接方式如图 4-21 所示。

（1）型适用于正线接触悬挂为双支承力索，双支接触线与站线单支承力索单支接触线的连接。

（2）型适用于站线单索单线与单索单线间的电连接。

以上两种类型线岔电连接组合形式为 TMMT 型。

节点“T”是电连接线与接触线的连接固定，电连接线和线夹压接后用螺栓固定在接触线上。

节点“M”是电连接线与承力索的连接固定，它是用 D1 型电连接线夹将电连接线与承力索平行并联起来，在距电连接线夹 100 mm 的两侧用直径约 1.5 mm 的单股铜线进行绑扎，绑扎长度为 50 mm，绑扎线应紧密不重叠。

3. 锚段关节电连接

在锚段关节处，两棵内侧转换柱的外侧，距转换柱 6 m 处各安装一组锚段关节电连接。其作用是将两纵向相邻的两个锚段紧密连接起来，进行电流导通。锚段关节电连接的结构形式如图 4-22 所示。

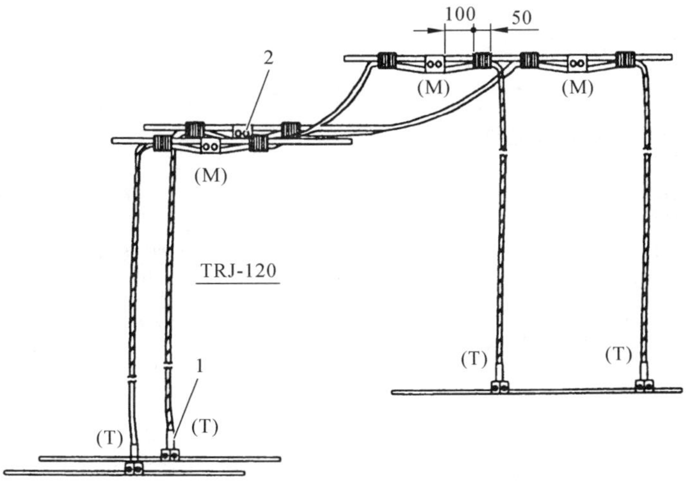

（a）（1）型

1—直式接触线电连接线夹；2—D_1 型电连接线夹

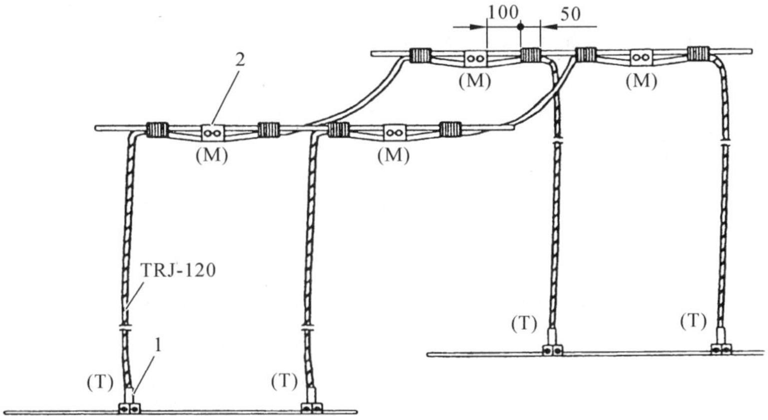

（b）（2）型

1—直式接触线电连接线夹；2—D_1 型电连接线夹

图 4-21　道岔电连接安装图

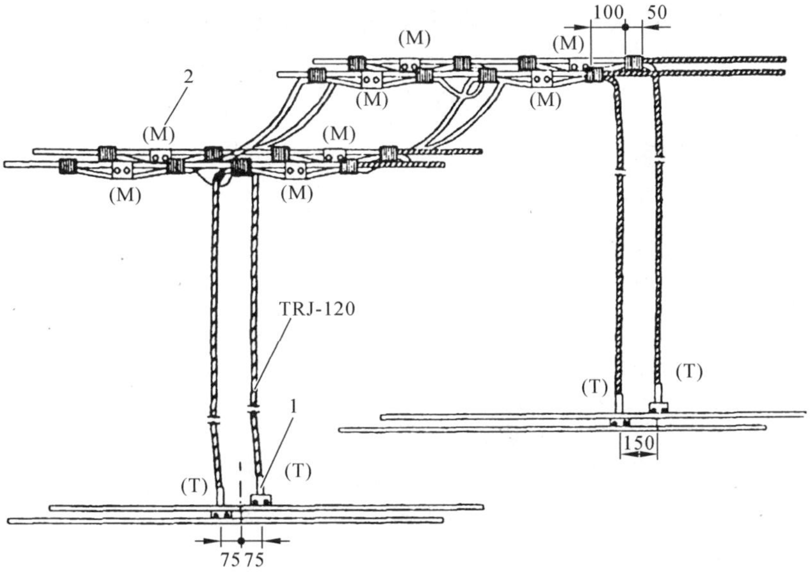

图 4-22　锚段关节电连接

1—直式接触线电连接线夹；2—D1 型电连接线夹

4. 股道间电连接

在停车场、车辆段等股道多的场所，用导线通过将各股道接触悬挂紧密连接起来，以并联股道间的接触悬挂、导通电流、提高供电质量。

5. 隔离开关电连接

隔离开关电连接即隔离开关引线，它通过隔离开关把两个相邻的电分段连接起来。隔离开关电连接分布在开关的两侧，与开关连接端均通过设备线夹（或接线端子）固定到开关上，另一端通过电连接线夹固定在不同电分段的接触悬挂上。

6. 避雷器电连接

避雷器电连接即避雷器引线，它把避雷器与被保护的电气设备或接触网连接起来。它的一端通过接线端子固定在避雷器上，另一端用电连接线夹接到接触网馈电线上或接触悬挂上。

4.2.4 地面柔性接触网支持与定位

一、高架桥柔性架空接触网类型

1. 单支柱形式

单支柱在高架桥上安装时，是利用预埋在桥面上的地脚螺栓，把支柱固定在桥面上。而在地面上安装时，则需要另打基础，用基础螺栓把支柱固定在基础上。

其特点为：上下行接触网不论在电气上还是机械上均互相独立，当一侧股道发生事故时，不会影响另一侧股道，缩小了事故范围，施工要求相对简单。

2. 门形支架钢柱

门形支架柱的上端用梁柱接头与支架横梁连接起来，呈“门”形结构，故称门形支架；其下端也是法兰盘结构，以便于安装固定，用于高架桥上双线路上的腕臂安装和多线路上硬横跨的安装。门形横跨的横梁及等径支柱采用无缝钢管（结构管），材质为普通碳素钢。

二、地面正线柔性架空接触网类型

地面段还可以采用中间立柱的形式，既节省支柱数量，又降低了成本，但一出现事故，影响面会比较大。支柱容量比单侧立柱要大，荷载加大；由于支柱设立在两条线路中间，因此支柱装配及下锚需要安装空间，增加了投资。

4.2.5 腕臂定位装置及硬横跨

一、腕臂支持定位装置

腕臂支持定位装置是根据悬挂类型、线路情况及在锚段中的位置等的不同，有很多不同的结构形式。

腕臂支持定位装置的形式在设计时要考虑以下几个因素：

（1）接触线工作高度：在接触线无弛度时，接触线底面至两轨面连线的垂直距离。用“H”表示，单位为“mm”。

（2）接触线的拉出值：在定位点处接触线至受电弓中心线的水平距离。拉出值一般为 ± 200 mm，最大不超过 250 mm。

（3）结构高度：在链形悬挂中，悬挂点处承力索与接触线水平面间的垂直距离，一般在 800 ~ 1400 mm。

（4）支柱的侧面限界：在邻近轨面高度处，支柱内缘与线路中心线的水平距离，用（CX）表示。

（5）最小绝缘间隙：带电体到接地体的静态最小值。一般为 150 mm（困难时 115 mm），动态最小值为 100 mm。

在腕臂支持定位装置装配中，中间柱是最多的。在一个锚段里，除两端衔接部分外，中间的支柱都属于中间柱。它根据所处位置的线路情况，其装配的结构形式也不相同。

（一）简单悬挂中间柱腕臂装配

1. 直线中间柱（正定位）

直线中间柱（正定位）结构形式如图 4-23 所示，该图需要材料见表 4-14。

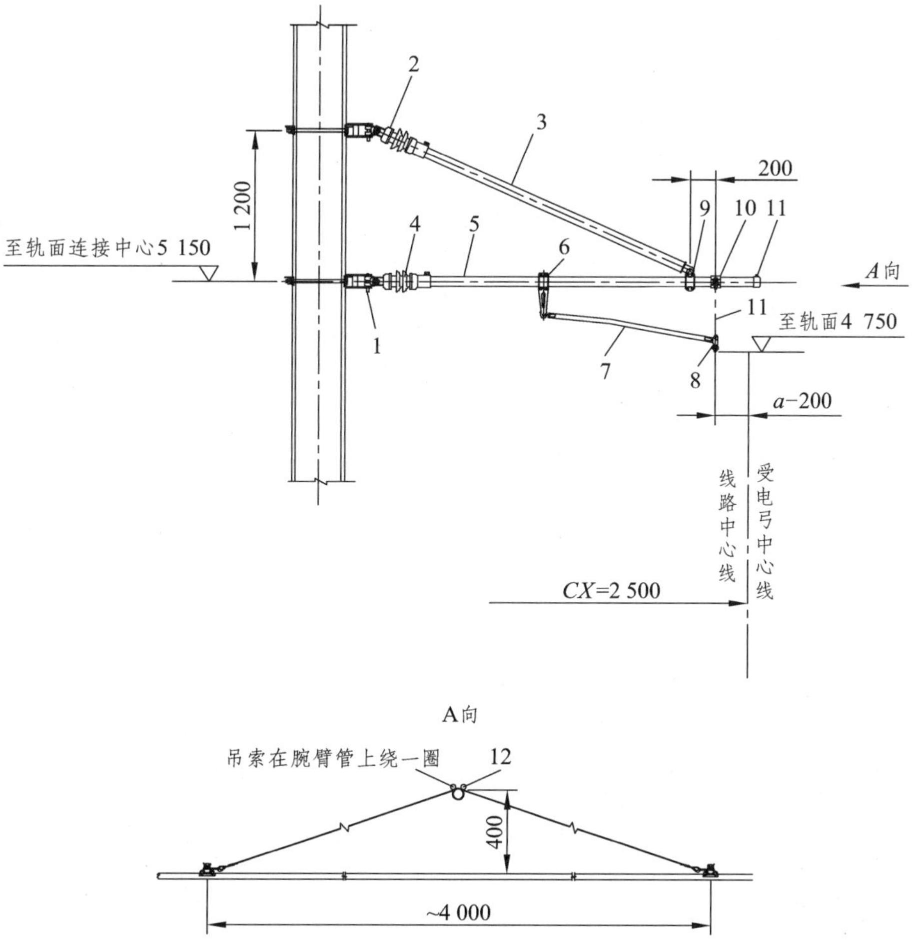

图 4-23　简单悬挂直线中间柱（正定位）安装图

表 4-14 简单悬挂直线中间柱（正定位）用料表

序号	名称	序号	名称	序号	名称
1	腕臂底座	5	平腕臂	9	套管双耳
2	棒式绝缘子	6	长定位环	10	吊索座
3	斜腕臂	7	定位器	11	管 帽
4	棒式绝缘子	8	定位线夹	12	吊索压板

平腕臂与斜腕臂通过套管双耳连接固定在一起，并通过绝缘子与支柱绝缘。定位器通过长定位环安装固定在平腕臂上。另外在平腕臂上还装有吊索压板，吊索的中心用吊索压板固定在腕臂上，其两端用定位线夹等与接触线连接固定，将接触线吊起。

2. 简单悬挂直线中间柱（反定位）

简述悬挂直线中间柱（反定位）结构形式如图 4-24 所示。该图的平腕臂与斜腕臂的连接固定与正定位相似，但平腕臂加长，2 型长定位环安装在了套管双耳的外侧，定位器将接触线拉向外侧，形成反定位。该装配需要材料见表 4-15。

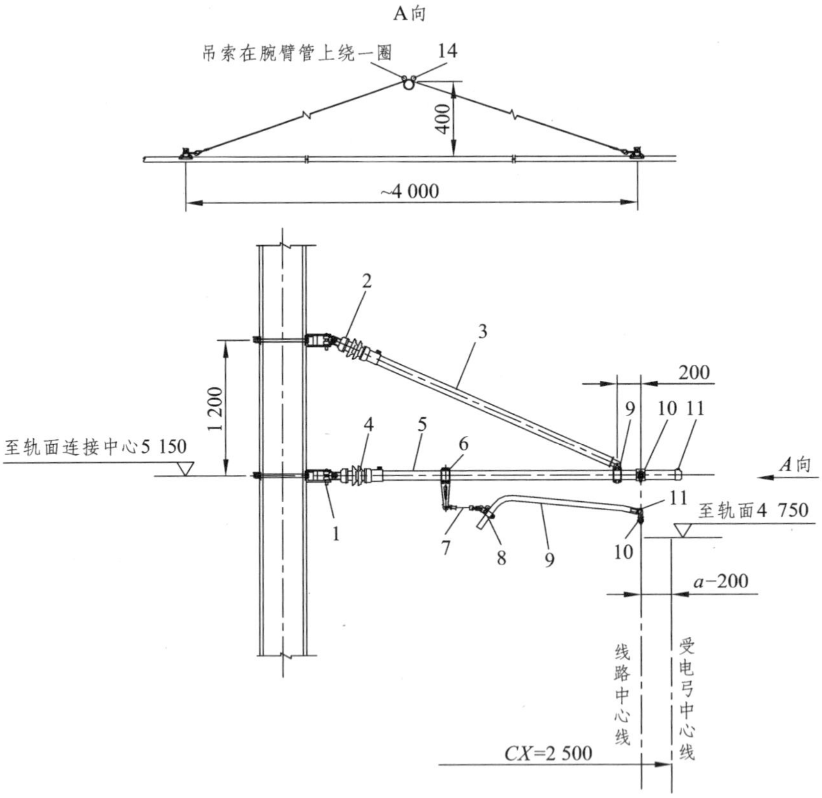

图 4-24 简单悬挂直线中间柱（反定位）安装图

表 4-15 简单悬挂直线中间柱）（反定位）用料表

序号	名称	序号	名称	序号	名称
1	腕臂底座	5	平腕臂	9	套管双耳
2	棒式绝缘子	6	长定位环	10	吊索座
3	斜腕臂	7	定位器	11	管 帽
4	棒式绝缘子	8	定位线夹	12	吊索压板

3. 简单悬挂小半径（R≤400 m）曲外中间柱

由于曲线半径很小，曲线力很大，要采用软定位方式，其结构如图 4-25 所示。需要材料见表 4-16。

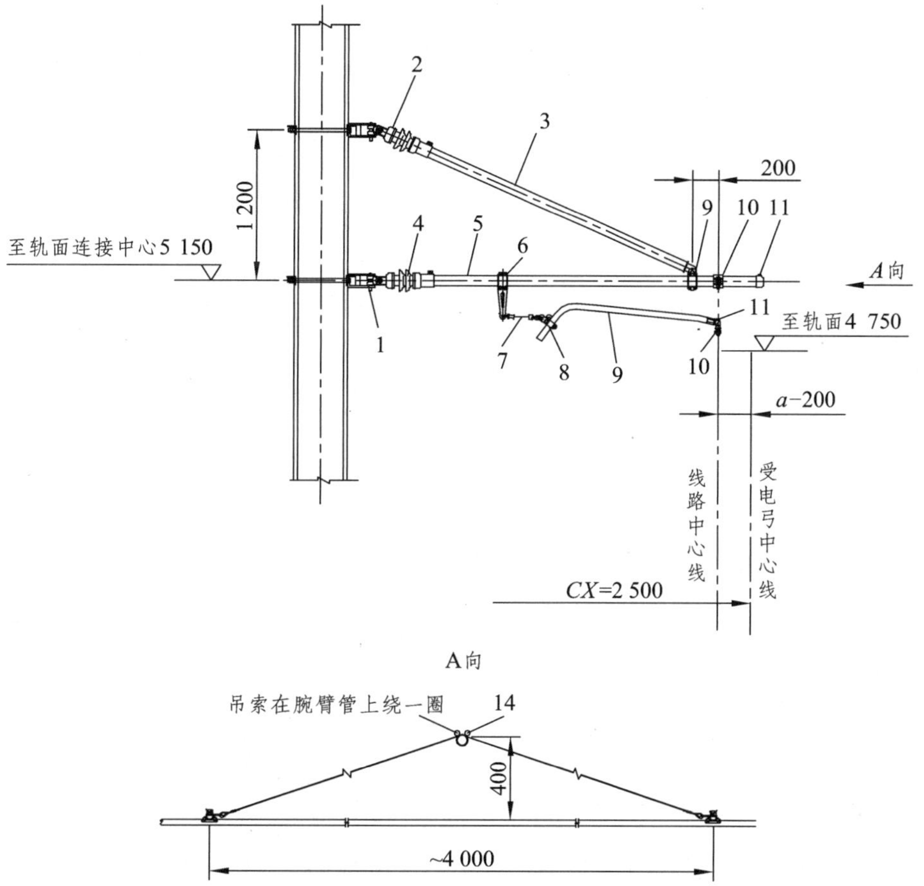

图 4-25　简单悬挂小半径（R≤400 m）曲外中间柱安装图

表 4-16　简单悬挂小半径（R≤400 m）曲外中间柱用料表

序号	名称	序号	名称	序号	名称
1	腕臂底座	6	长定位立柱	11	套管双耳
2	棒式绝缘子	7	不锈钢拉线	12	吊索座
3	斜腕臂	8	定位环	13	管帽
4	棒式绝缘子	9	软定位器	14	吊索压板
5	平腕臂	10	定位线夹	15	定位环

该装配的平腕臂与斜拉杆的连接固定与直线中间柱正定位基本相同，但定位装置不同，由长定位立柱、不锈钢拉线、软定位器及连接件组成。

4. 简单悬挂小半径（R≤400 m）曲内中间柱

小半径曲内中间柱也要采用软定位方式，其腕臂结构形式与直线中间柱反定位基本相同，但定位装置不同，由长定位立柱、不锈钢拉线、软定位器及连接件组成。因为这种设计形式很少采用，所以不再做详细介绍。

（二）链型悬挂中间柱腕臂装配

1. 直线中间柱（正定位）

直线中间柱（正定位）装配结构见图 4-26 所示。定位器把接触线拉向了支柱侧，所以称为正定位。装配用料见表 4-17。

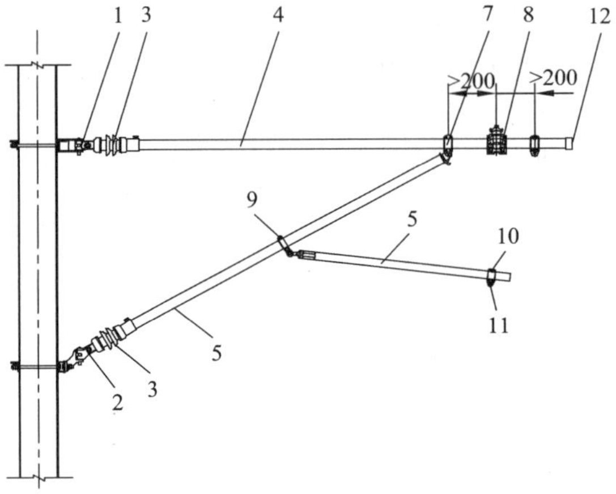

图 4-25 直线中间柱正定位安装图

表 4-17 直线中间柱正定位装配用料表

序号	名称	序号	名称	序号	名称
1	腕臂上底座	5	斜腕臂	9	定位环
2	腕臂下底座	6	定位管	10	支持器
3	腕臂绝缘子	7	套管双耳	11	定位线夹
4	平腕臂	8	双线支撑线夹	12	管帽

绝缘子对支柱绝缘，两个腕臂与支柱构成三角形，在结构上具有稳定性；承力索固定于安装在平腕臂上的支撑线夹上，接触线的水平位置（拉出值）由安装于腕臂上的定位装置（定位管加支持器型）决定。

2. 直线中间柱（反定位）

直线中间柱（反定位）装配结构如图 4-27 所示。由于定位器把接触线拉向支柱的反侧，所以称之为反定位。装配用料见表 4-18。

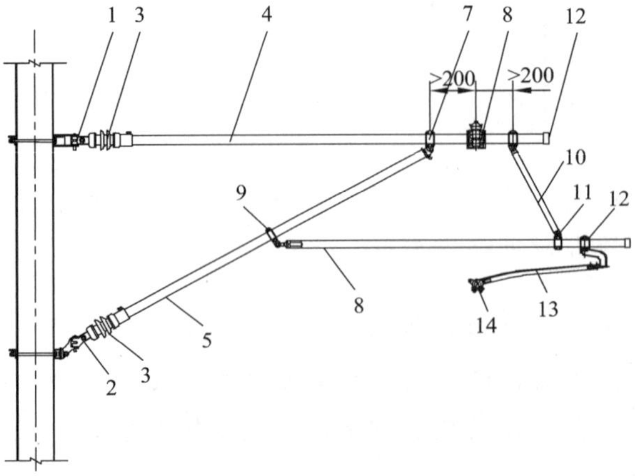

图 4-27 直线中间柱反定位安装图

表 4-18　直线中间柱装配用料表

序号	名称	序号	名称	序号	名称
1	腕臂上底座	6	定位管	11	套管双耳
2	腕臂下底座	7	套管双耳	12	长定位单环
3	腕臂绝缘子	8	支撑线夹	13	定位器
4	平腕臂	9	定位环	14	定位线夹
5	斜腕臂	10	定位管支撑	15	管帽

3. 大半径曲外中间柱

大半径曲外中间柱的装配结构与直线正定位柱基本相同；所用材料也大致一样，只是部分零件的长度有所加长。

4. 大半径曲内中间柱

大半径曲内中间柱的装配结构与直线反定位柱基本相同；所用材料也基本相同，只是部分零件的长度有所改变。

5. 小半径（$R<900$ m）曲外中间柱

小半径曲外中间柱的装配如图 4-28 所示，装配用料见表 4-19。

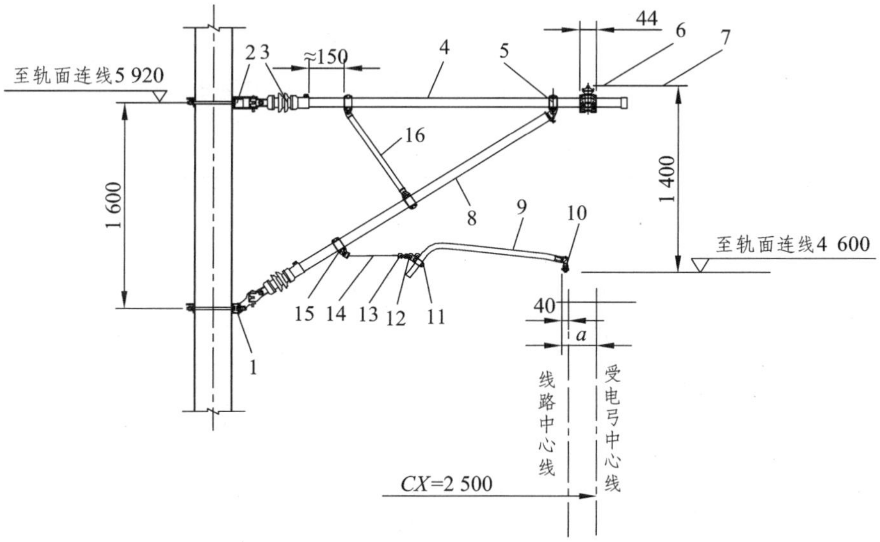

图 4-28　小半径曲外（$R<900$ m）中间柱安装图

表 4-19　小半径曲外中间柱装配用料表

序号	名称	序号	名称	序号	名称
1	腕臂下底座	7	管帽	13	钳压管
2	腕臂上底座	8	斜腕臂	14	青铜绞线
3	腕臂绝缘子	9	软定位器	15	定位双环
4	平腕臂	10	定位线夹	16	定位管支撑
5	套管双耳	11	定位环		
6	双线支撑线夹	12	心形环		

$R<900$ m 曲线力很大，所以采用软定位。

由于支柱位于曲线外侧，所以定位器把接触线拉向支柱，且相对于受电弓中心有一偏移值。

6．小半径（$R<900$ m）曲内中间柱

小半径曲内中间柱的装配如图 4-29 所示。由于支柱位于曲线内侧，所以定位器把接触线拉向远离支柱方向，且相对于受电弓中心有一偏移值，这种装配所需材料见表 4-20。

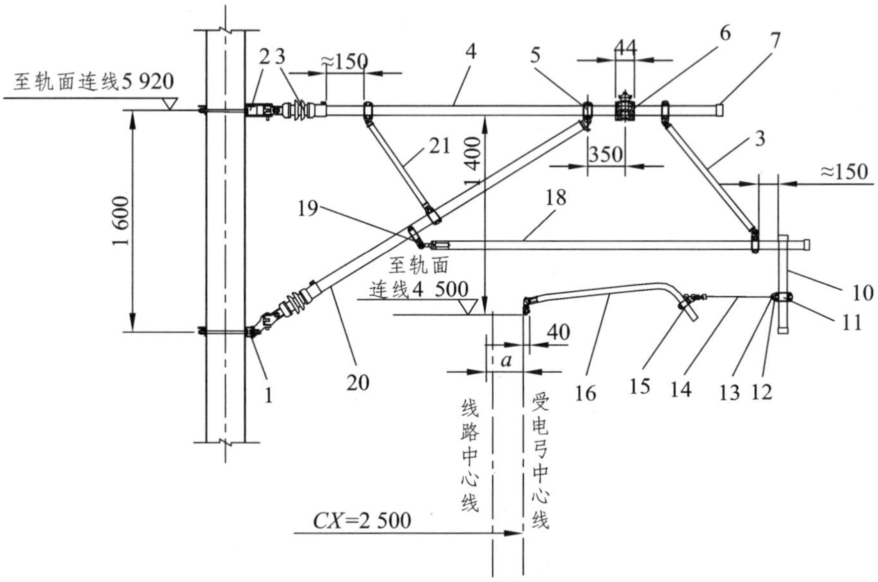

图 4-29　小半径曲内（$R<900$ m）中间柱安装图

表 4-20　小半径曲内中间柱的装配材料表

序号	名称	序号	名称	序号	名称
1	腕臂下底座	8	定位管支撑	15	定位环
2	腕臂上底座	9	套管双耳	16	软定位器
3	腕臂绝缘子	10	长定位立柱	17	定位线夹
4	平腕臂	11	定位双环	18	定位管
5	套管双耳	12	心形环	19	定位环
6	支撑线夹	13	钳压管	20	斜腕臂
7	管帽	14	铜绞线	21	定位管支撑

（三）链型悬挂转换柱腕臂装配

转换柱在锚段关节处通过支持定位装置承受工作支和非工作支两组接触悬挂负载的支柱。

转换柱有非绝缘转换柱和绝缘转换柱之分。就其腕臂支持定位装置而言，基本相同。下面我们介绍几种非绝缘转换柱的装配结构。

1．直线非绝缘转换柱（ZF1）的装配

ZF1 的结构如图 4-30 所示。支柱有两组腕臂，工作支一组与直线正定位柱基本相同；非工作支一组只悬挂有承力索，没有接触线，是因为接触线在此柱下锚。装配结构所需材料见表 4-21。

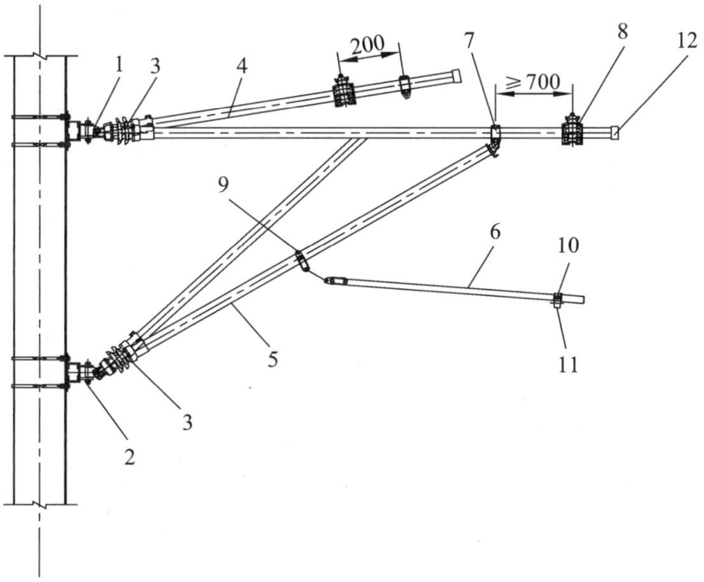

图 4-30 直线非绝缘转柱（ZF1）安装图

表 4-21 直线非绝缘转换柱（ZF1）用料表

序号	名称	序号	名称	序号	名称
1	双腕臂上底座	5	斜腕臂	9	定位环
2	双腕臂下底座	6	定位管	10	支持器
3	棒式绝缘子	7	套管双耳	11	定位线夹
4	平 腕 臂	8	支撑线夹	12	管 帽

2. 直线非绝缘转换柱（ZF2）的装配

ZF2 柱的结构如图 4-31 所示。该柱的装配同于两个直线正定位，由于非工作支接触线被抬高。所以对其定位使用的是锚支定位卡子。该装配结构形式所需材料见表 4-22。

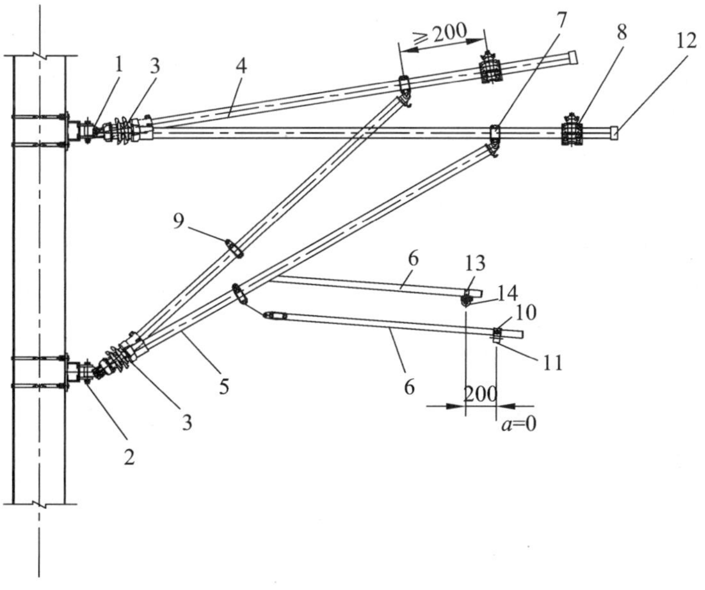

图 4-31 直线非绝缘转换柱（ZF2）安装图

表 4-22 直线非绝缘转换柱（ZF2）用料表

序号	名称	序号	名称	序号	名称
1	双腕臂上底座	6	定位管	11	定位线夹
2	双腕臂下底座	7	套管双耳	12	管帽
3	棒式绝缘子	8	双线支撑线夹	13	锚支定位卡子
4	平腕臂	9	定位环	14	管帽
5	斜腕臂	10	支持器		

3. 直线非绝缘转换柱（ZF3）的装配

ZF3 的结构如图 4-32 所示。ZF3 装配图与 ZF2 装配图相比，两组支持装置上都有承力索和接触线。主要区别在于两组接触悬挂的位置交换。

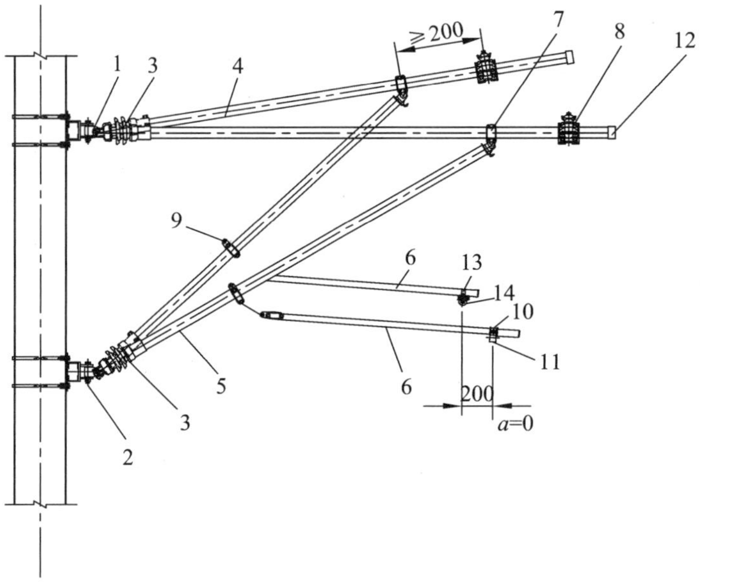

图 4-32 直线非绝缘转换柱（ZF3）安装图

ZF2 与 ZF3 上两组接触悬挂的相对位置要求：

（1）工作支腕臂及接触悬挂按直线正定位装配并定位，但接触线的拉出值为零。

（2）非工作支接触线比工作支接触线抬高 200 mm；两线水平间距为 200 mm。

（3）非工作支承力索比工作支承力索抬高 300 mm（或 200 mm）且在本组接触线的正上方。

4. 直线非绝缘转换柱（ZF4）的装配

直线非绝缘转换柱（ZF4）的结构如图 4-33 所示。此柱也有两组腕臂，工作支一组与直线反定位柱基本相同，非工作支一组只悬挂承力索，没有接触线。该装配结构所需材料见表 4-23。

以上介绍的是直线非绝缘转换柱 ZF1、ZF2、ZF3 和 ZF4 的装配结构。在曲线上，则有 QF1 QF2 QF3 QF4 的装配结构。主要区别在于：曲外转换柱上的工作支定位装置采用正定位；曲内转换柱上的工作支定位装置采用反定位。

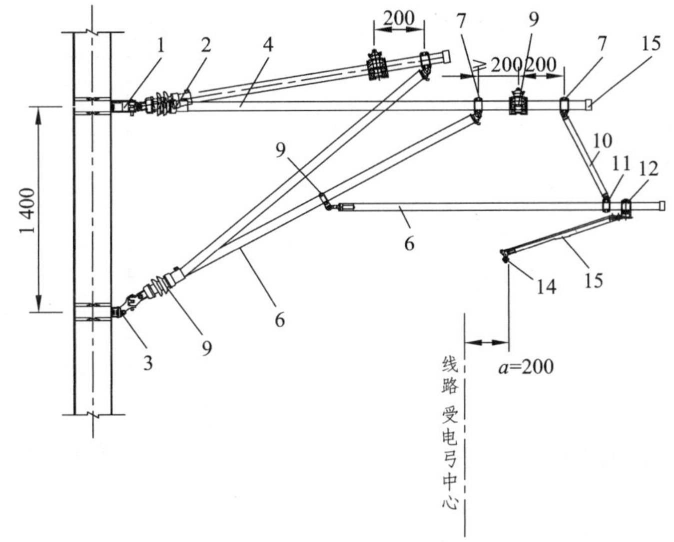

图 4-33　直线非绝缘转换柱（ZF4）安装图

表 4-23　直线非绝缘转换柱（ZF4）用料表

序号	名称	序号	名称	序号	名称
1	双腕臂上底座	6	定位管	11	套管双耳
2	双腕臂下底座	7	套管双耳	12	长定位单环
3	棒式绝缘子	8	双线支撑线夹	13	定位器
4	平腕臂	9	定位环	14	定位线夹
5	斜腕臂	10	定位管支撑	15	管帽

（四）链型悬挂道岔柱的装配

道岔柱根据所处的线路情况及支柱位置的不同，可分为以下三种类型：

（1）L（拉）型：定位装置把两组接触线均拉向支柱，两支持装置均受拉。其结构如图 4-34 所示，需要材料见表 4-24。

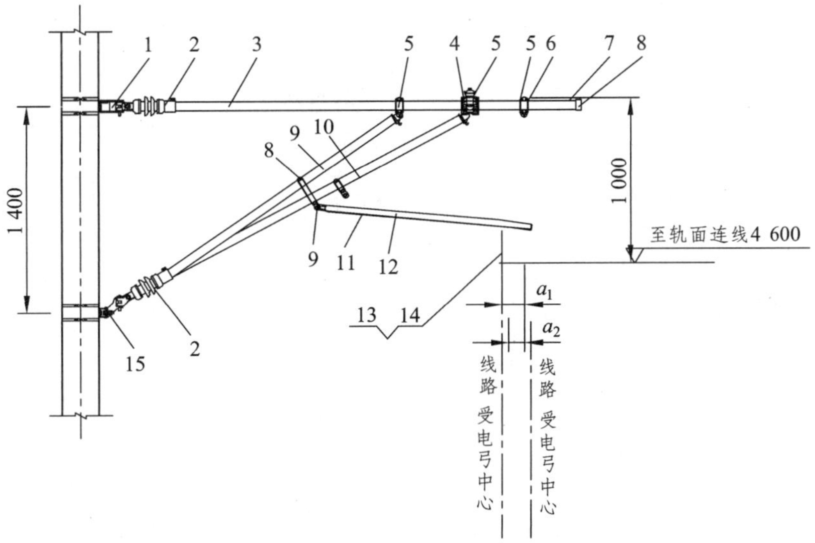

图 4-34　L（拉）型道岔柱安装图

表 4-24　L（拉）型道岔柱柱装配用料表

序号	名称	序号	名称	序号	名称
1	双腕臂上底座	6	管帽	11	定位管
2	棒式绝缘子	7	平腕臂	12	定位管
3	平腕臂	8	定位环	13	支持器
4	套管双耳	9	斜腕臂	14	定位线夹
5	双线支撑线夹	10	斜腕臂	15	双腕臂下底座

从图 4-33 可以看出：L（拉）型道岔柱有两套腕臂，两组接触悬挂。但由于两组接触悬挂均为工作支，且结构高度相等。L（拉）型道岔柱的两组平腕臂都水平安装，定位装置都与直线正定位基本相同。

（2）Y（压）型：定位装置为两组反定位形式，两支持装置均受压。其结构如图 4-35 所示，该装配形式所用材料见表 4-25。

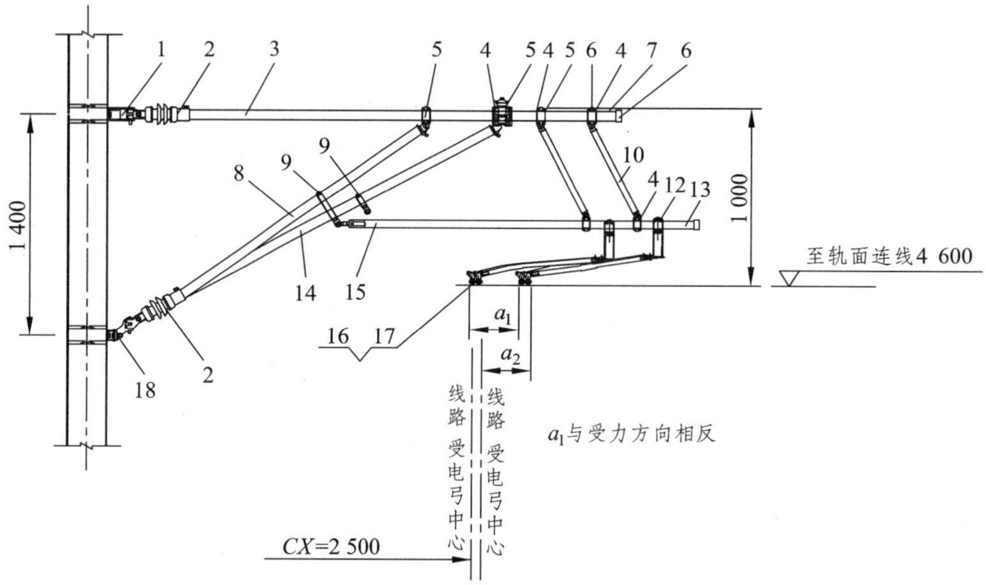

图 4-35　压（Y）型道岔柱安装图

表 4-25　Y 型道岔柱装配用料表

序号	名称	序号	名称	序号	名称
1	双腕臂上底座	7	平腕臂	14	斜腕臂
2	棒式绝缘子	8	定位环	15	定位管
3	平腕臂	9	斜腕臂	16	定位器
4	套管双耳	10	斜腕臂	17	定位线夹
5	双线支撑线夹	12	长定位单环	18	双腕臂下底座
6	管　帽	13	定位管		

（3）LY（拉压）型：定位装置把一组接触线拉向支柱，使另一组接触线远离支柱；其结构如图 4-36 所示，该装配形式所用材料见表 4-26。

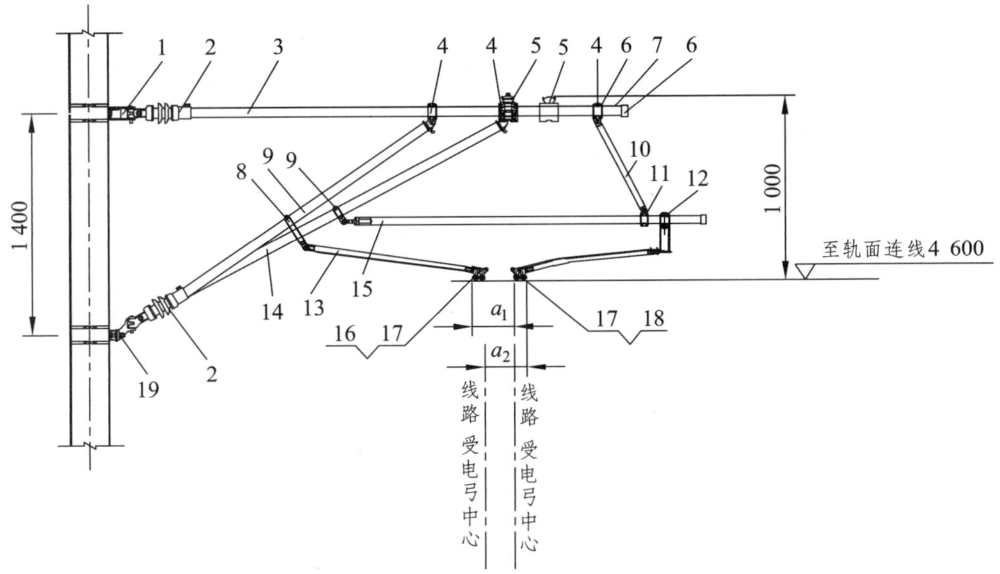

图 4-36　拉压（LY）型道岔柱安装图

表 4-26　LY 型道岔柱装配用料表

序号	名称	序号	名称	序号	名称
1	双腕臂上底座	8	定位环	15	定位管
2	棒式绝缘子	9	斜腕臂	16	定位器
3	平腕臂	10	定位管支撑	17	定位线夹
4	套管双耳	11	套管双耳	18	定位器
5	双线支撑线夹	12	长定位单环	19	双腕臂下底座
6	管　帽	13	定位管		
7	平腕臂	14	斜腕臂		

二、硬横跨

硬横跨是多股道接触悬挂横向支持装置，由横跨多股道的两棵支柱、硬横梁、上下部定位索、绝缘子等组成，在结构上较稳定，便于安装。

硬横跨的结构形式比较复杂。每组硬横跨是由若干个节点组合而成的。链形悬挂与简单悬挂的结构形式不同，硬横跨常用典型节点形式如图 4-37 所示。

（一）链形悬挂的硬横跨节点

1. 节点 1 和 2

节点 1、2 是硬横跨在钢柱上的装配形式。节点 1 用于支柱位于无站台处。主要由定位索抱箍、吊索抱箍、调整螺旋、绝缘子、上下部定位索等组成。上下部定位索（TJ—50 型 19 股青铜绞线）通过一片绝缘子与支柱和横梁绝缘，节点 2 用于支柱位于有站台上、上下部定位索的内侧增加吊弦（吊索）将上下部定位索吊平。其结构见图 4-38 所示，所用材料见表 4-27。

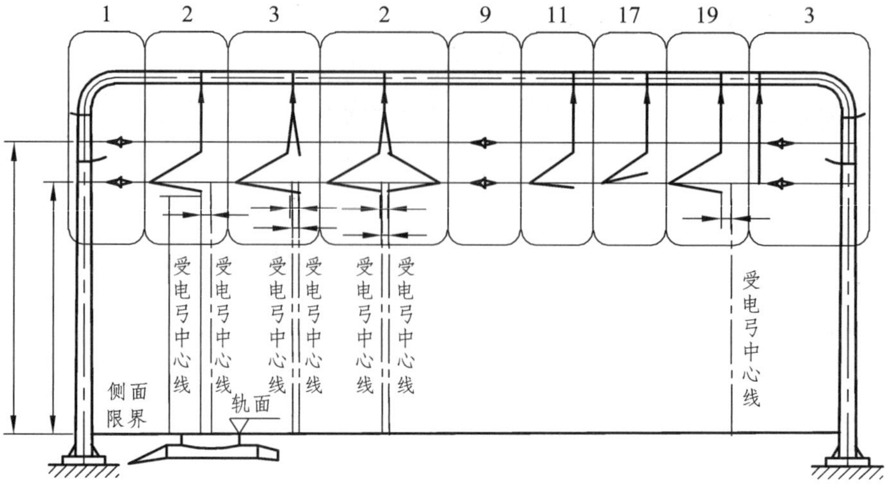

图 4-37　硬横跨典型节点图

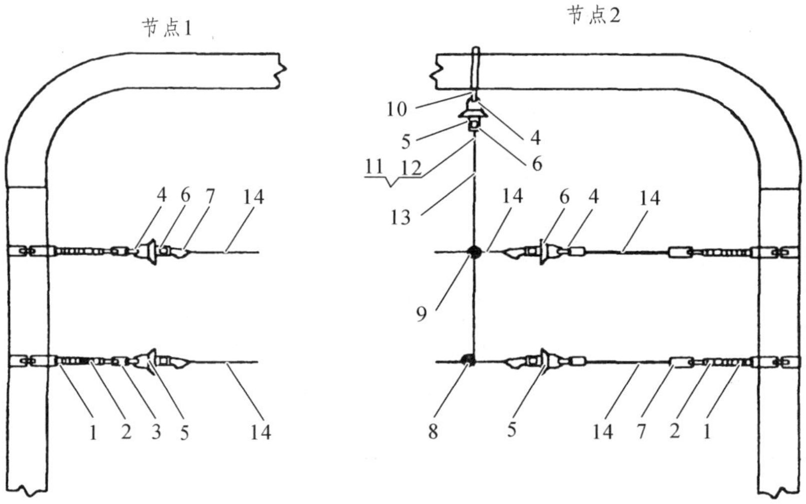

图 4-38　节点 1、2 示意图

表 4-27　节点 1、2 材料表

序号	名称	序号	名称	序号	名称
1	定位索抱箍	6	单联腕头挂板	11	心形环
2	调整螺栓	7	双耳楔形线夹	12	钳压管
3	D 型连接板	8	定位索线夹	13	吊　索
4	球头挂环	9	定位环线夹	14	上下定位索
5	悬式绝缘子	10	吊索抱箍		

2. 节点 5

节点 5 的定位方式相当于中间柱。（即正、反、软定位）它的应用最为广泛，如图 4-39 所示，所用材料见表 4-28。

3. 节点 6

节点 6 的定位方式相当于 L 型（或 Y 型）道岔柱。其结构见图 4-40 所示，所用材料见表 4-29 所示。

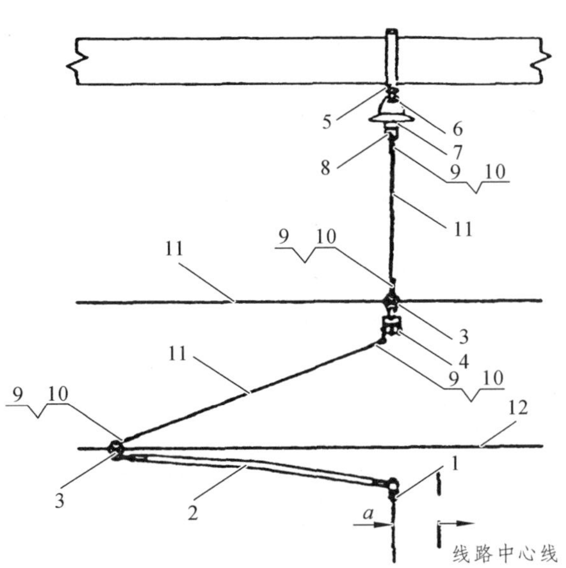

图 4-39　节点 5 示意图

表 4-28　节点 5 材料表

序号	名称	序号	名称	序号	名称
1	定位线夹	5	吊索抱箍	9	心形环
2	定位器	6	球头挂环	10	钳压管
3	定位环线夹	7	悬式绝缘子	11	吊　索
4	悬吊滑轮	8	单联碗头挂板	12	上下定位索

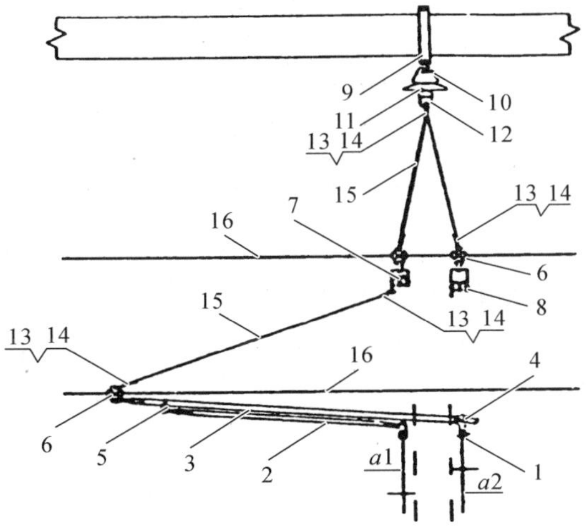

图 4-40　节点 6 示意图

表 4-29　节点 6 材料表

序号	名称	序号	名称	序号	名称
1	定位线夹	6	定位环线夹	11	绝　缘　子
2	DC 型定位器	7	双线悬吊滑轮	12	单联腕头挂板
3	定位管	8	长悬吊滑轮	13	心形环
4	长支持器	9	吊索抱箍	14	钳压管
5	定位环	10	球头挂环	15	吊　索

4. 节点 7

节点 7 的定位方式相当于 LY 型道岔柱。两组都为定位器，分别通过定位环线夹固定在同一下部定位索上；定位装置把两组接触线拉向两侧。其结构如图 4-41 所示。所用材料见表 4-30。

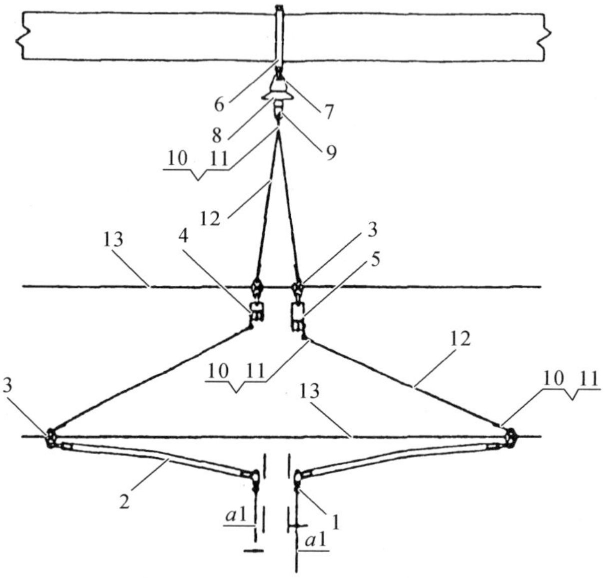

图 4-41　节点 7 示意图

表 4-30　节点 7 材料表

序号	名称	序号	名称	序号	名称
1	定位线夹	5	长悬吊滑轮	9	单联碗头挂板
2	定位器	6	吊索抱箍	10	心形环
3	定位环线夹	7	球头挂环	11	钳压管
4	双线悬吊滑轮	8	悬式绝缘子	12	吊　索

5. 节点 8

节点 8 是在定位索上对相邻股道的接触悬挂进行横向电分段。它是在两定位索上分别安装一套下锚绝缘子，两端与两个双耳楔形线夹相连接。其结构如图 4-42 所示，节点 14 为防窜动中心锚结。

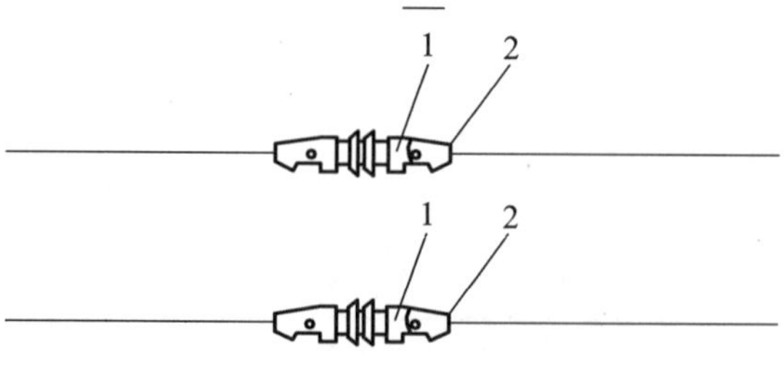

图 4-42　节点 8 示意图

1—双耳楔形线夹；2—悬式绝缘子

6. 节点 9

节点 9 是链形悬挂硬横跨跨越非电化股道节点。它是在非电化股道上方的两定位索上各安装两套下锚绝缘子，使之成为一段无电区，其结构见图 4-43 所示。

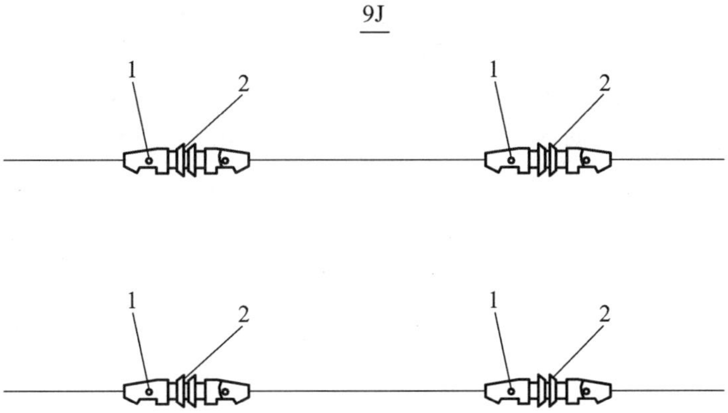

图 4-43 节点 9 示意图

1—双耳楔形线夹；2—悬式绝缘子

7. 节点 11 和 12

节点 11 和 12 都是对一组非工作支悬挂的支持和定位。节点 11 是接触线位于下部定位索下边；因接触线为非工作支，所以，不需用定位器，而是用夹环和拉索把接触线牵拉在定位环线夹上。其结构如图 4-44 所示。节点 12 是接触线位于下部定位索上边。。图中的虚线为节点 12 的拉索和夹环。所用材料见表 4-31。

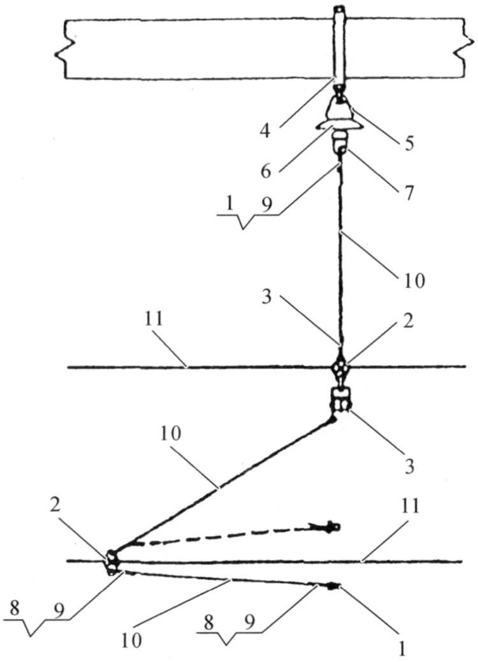

图 4-44 节点 11、12 示意图

表 4-31 节点 11、12 用料表

序号	名称	序号	名称	序号	名称
1	夹 环	5	球头挂环	9	钳压管
2	定位环线夹	6	悬式绝缘子	10	吊 索
3	双线悬吊滑轮	7	单联碗头挂板	11	上下定位索
4	吊索抱箍	8	心形环		

（二）简单悬挂的硬横跨节点

在城轨线路的停车场、车库线及车辆段等场所采用补偿弹性简单悬挂，硬横跨的定位索只需一根。其两侧的支柱和硬横梁是 H 型钢（即“工”字钢）。定位索采用 TJ-50 型 19 股青铜绞线。

1. 节点 1J、2J

节点 1J、2J 是简单悬挂硬横跨定位索在 H 型钢柱上的安装固定形式。其结构见图 4-45 所示。节点 1J 有调整螺栓，而节点 2J 没有，但多一个 D1 型双孔板，其余相同。需要材料见表 4-32。

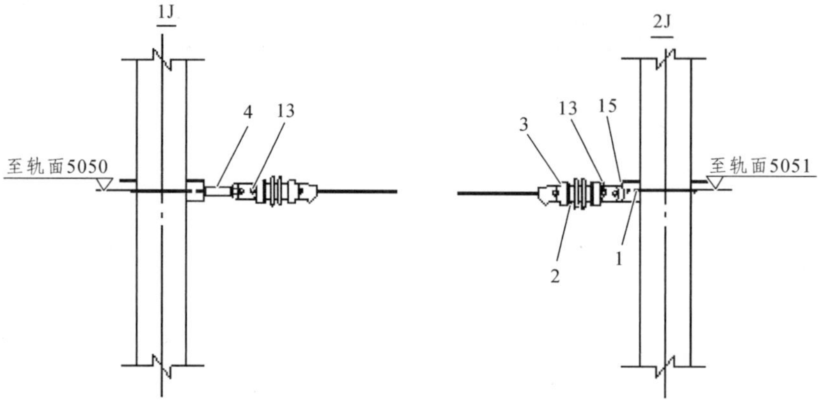

图 4-45 简单悬挂硬横跨节点 1J、2J、安装图

表 4-32 简单悬挂硬横跨节点 1J、2J 材料表

序号	名称	序号	名称
1	定位索底座	4	调节螺旋
2	悬式绝缘子	5	双联板
3	双耳楔形线夹	6	型双联板

2. 节点 5J、7J

节点 5J 是一组工作支接触线在硬横跨上的悬吊与定位。节点 7J 相当于拉压型道岔柱的悬吊和定位。结构见图 4-46 所示。需要材料见表 4-33。

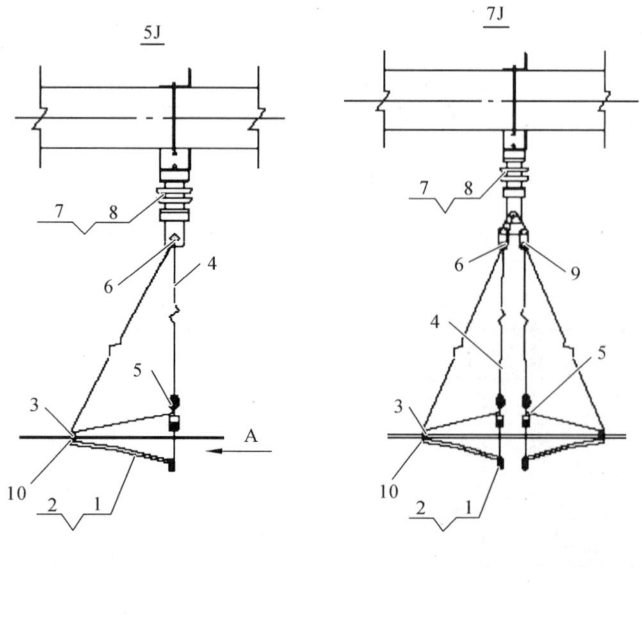

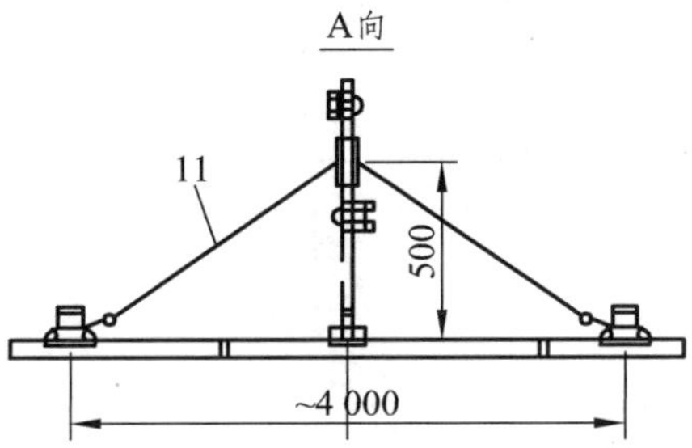

图 4-46　简单悬挂硬横跨节点 5J、7J 安装图

表 4-33　节点 5J、7J 材料表

序号	名称	序号	名称	序号	名称
1	定位线夹	5	悬吊滑轮	9	三角调节板
2	定位器	6	双联板	10	半圆管衬垫
3	定位环线夹	7	下锚绝缘子	11	吊　　索
4	不锈钢拉线	8	定位索抱箍		

3. 节点 8J、9J

节点 8J 是在定位索上对相邻股道的接触悬挂进行横向电分段。它是在定位索上加装一套下锚绝缘子，两端与两个双耳楔形线夹相连接。其结构如图 4-47（a）所示。

节点 9J 是简单悬挂硬横跨跨越非电化股道节点。它是在非电化股道上方的定位索上加装两套下锚绝缘子，使之成为一段无电区。其结构见图 4-47（b）所示。

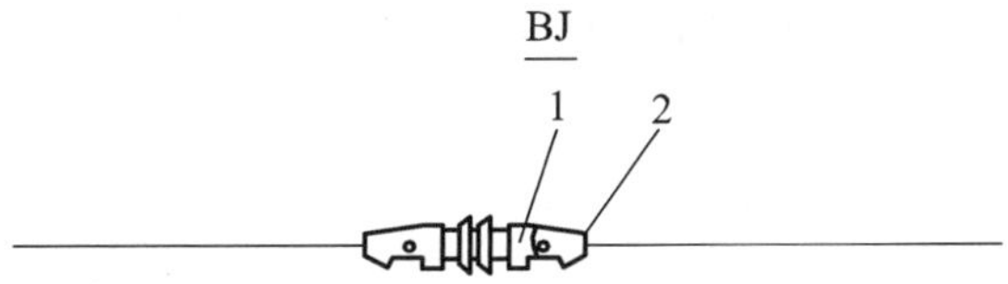

（a）节点 8J 安装图

1—悬式绝缘子；2—双耳楔形线夹

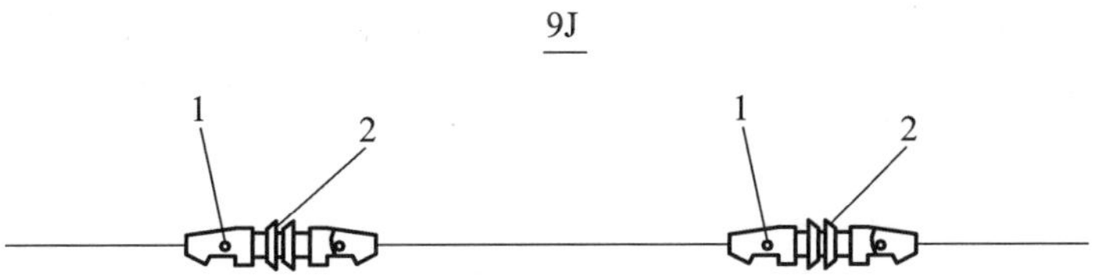

（b）节点 9J 示意图

1—双耳楔形线夹；2—悬式绝缘子

图 4-47　节点示意图

4. 节点 10J

节点 10J 是硬横跨位于非绝缘锚段关节处的节点，所起的作用相当于非绝缘转换柱。两组接触悬挂，工作支用 L3 型定位器进行定位；非工作支用夹环和 ϕ3.5 不锈钢拉线牵拉。安装形式见图 4-48。需用材料见表 4-34。

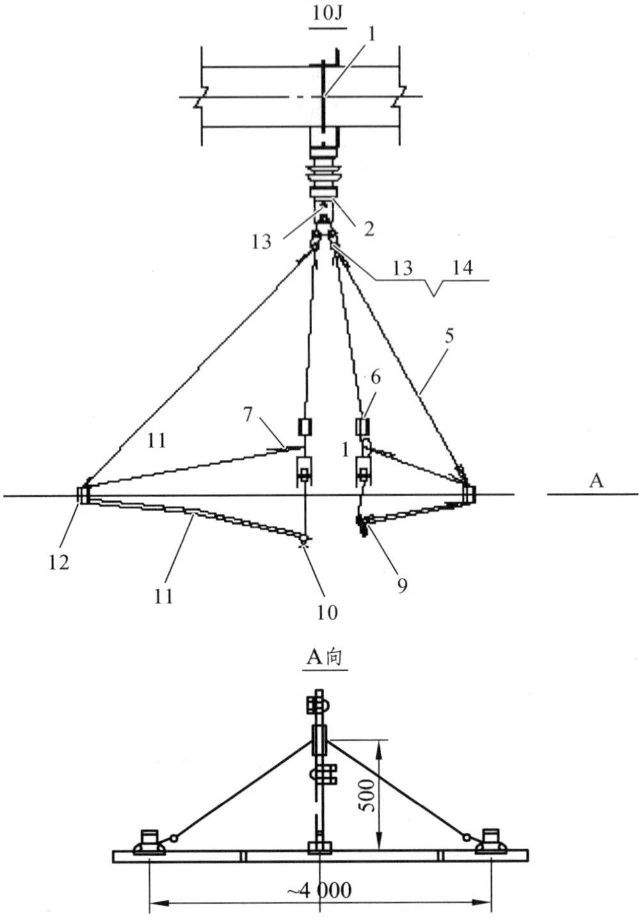

图 4-48 简单悬挂硬横跨节点 10J 安装示意图

表 4-34 节点 10J 材料表

序号	名称	序号	名称	序号	名称
1	定位索底座	6	定位环线夹	11	定位器
2	悬式绝缘子	7	悬吊滑轮	12	定位环
3	双耳楔形线夹	8	吊　　索	13	双联板
4	调节螺旋	9	夹　　环	14	三角调节板
5	吊　　索	10	定位线夹	15	双联板

5. 节点 11J、16J

节点 11 是一支非工作支悬挂在硬横跨上的悬吊与固定。是用夹环和 $\phi3.5$ 不锈钢拉线牵拉，安装于定位索上的定位环线夹上以便固定。

节点 16 是接触线上安装有分段绝缘器时在硬横跨上的悬吊与固定。其悬吊与固定方式与节点 5J 基本相同。悬吊滑轮的高度由 500 mm 增加到 1 000 mm。同时还需要 4 根吊线用来吊平分段绝缘器。安装形式见图 4-49 所示。需要材料见表 4-35。

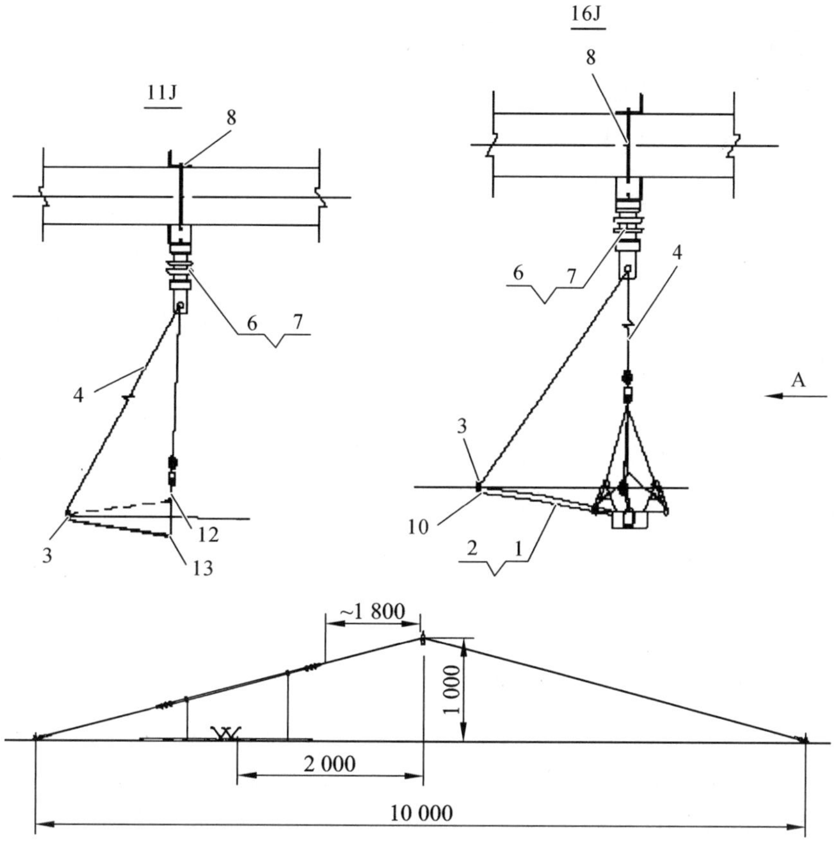

图 4-49　简单悬挂硬横跨节点 11J、16J 安装图

表 4-35　节点 11J、16J 用料表

序号	名称	序号	名称	序号	名称
1	定位线夹	5	悬吊滑轮	9	分段绝缘器
2	定位器	6	双联板	10	半圆管衬垫
3	定位环线夹	7	悬式绝缘子	11	吊　索
4	不锈钢拉线	8	定位绳抱箍	12	夹　环

4.2.6　支柱与基础

一、支　柱

支柱是用来承受接触悬挂及支持装置负荷，并将其负荷传递给基础或大地，把接触悬挂固定在规定高度上的接触网设备。

（一）支柱的类型

城市轨道交通接触网支柱按其材质不同，大致可分为预应力钢筋混凝土支柱和钢柱两大类。

1. 预应力钢筋混凝土支柱

在城市轨道交通线路上采用的混凝土支柱为锥形杆。这种锥形杆的锥度为 1/75，小头直径为 ϕ243.3 mm，臂厚为 60 mm；大头直径为 ϕ390 mm，壁厚为 70 mm；长度为 11 m；容量为 60、80、100 kN · m 三种，具体尺寸见图 4-50 所示。

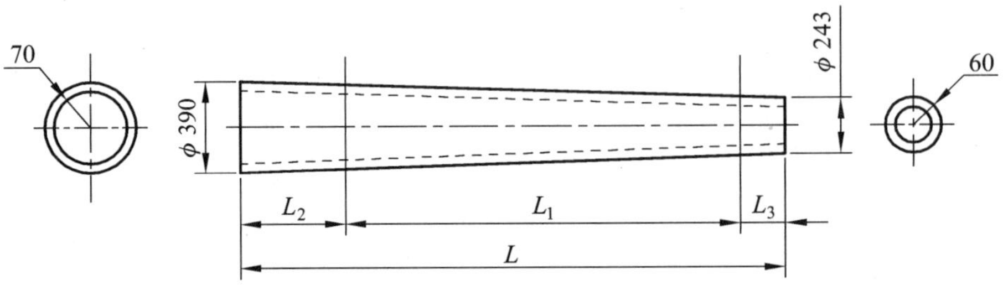

图 4-50 支柱外形尺寸图

三种锥型支柱类型的表示符号为：

$$\frac{60}{8+3}\Phi 243,\quad \frac{80}{8+3}\Phi 243,\quad \frac{100}{8+3}\Phi 243$$

其中：分子表示支柱在垂直线路方向的支柱容量，kN · m。

分母上第一个数字 8 表示支柱地面以上高度，单位为 m，第二个数字 3 表示支柱埋深。

ϕ243—表示支柱小头直径，mm。

2. 钢　柱

城市轨道交通线路上采用的钢支柱，又可分为单腕臂支柱和门形支架柱。

1）锥形钢管支柱

锥形钢管支柱安装形式见图 4-51 所示，其外形结构见图 4-52 所示。

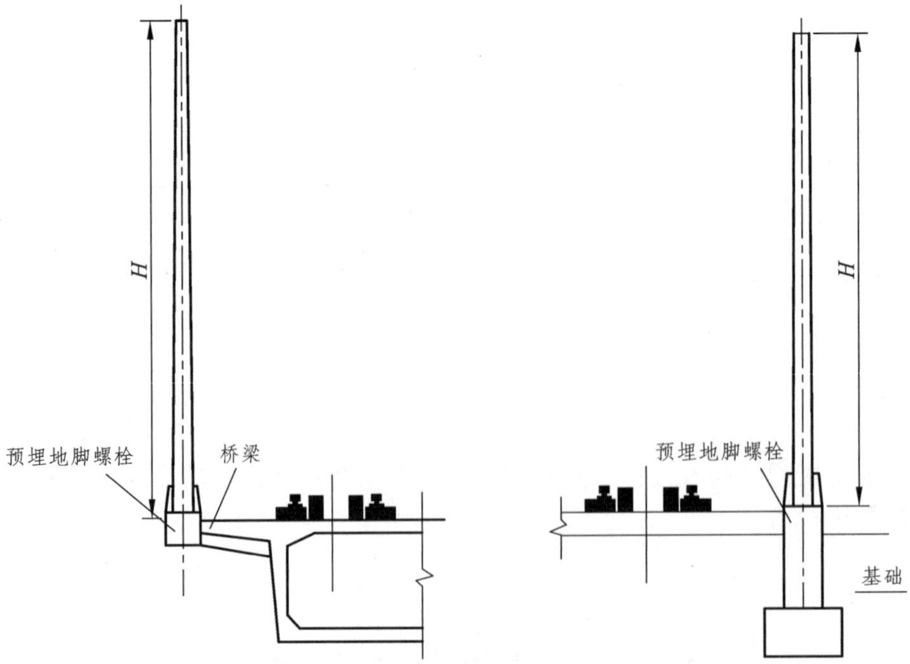

图 4-51 单腕臂支柱安装示意图

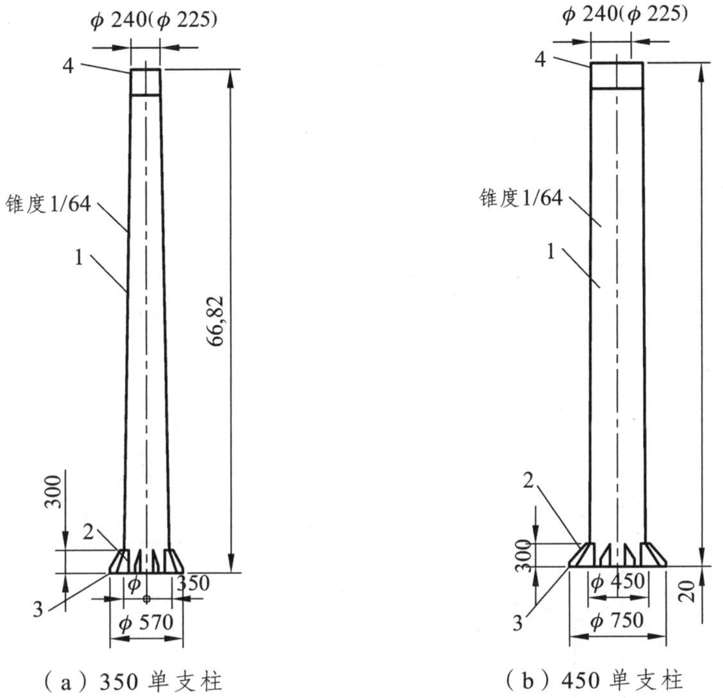

图 4-52　单支柱构造图

1—锥形管；2—筋板；3—法兰盘；4—柱顶封板

单支柱在高架桥上安装时，是利用预埋在桥面上的地脚螺栓，把支柱固定在桥面上。而在地面上安装时，则需要另打基础，用基础螺栓把支柱固定在基础上。

单支柱的型号为：DZ-350-H7000/8000。

DZ—单支柱；350—单支柱底径，mm；H—单支柱高度，m。

2）圆形钢管柱

圆形钢管柱、弯臂本体采用无缝钢管，材质为普通碳素钢，如图 4-53 所示。

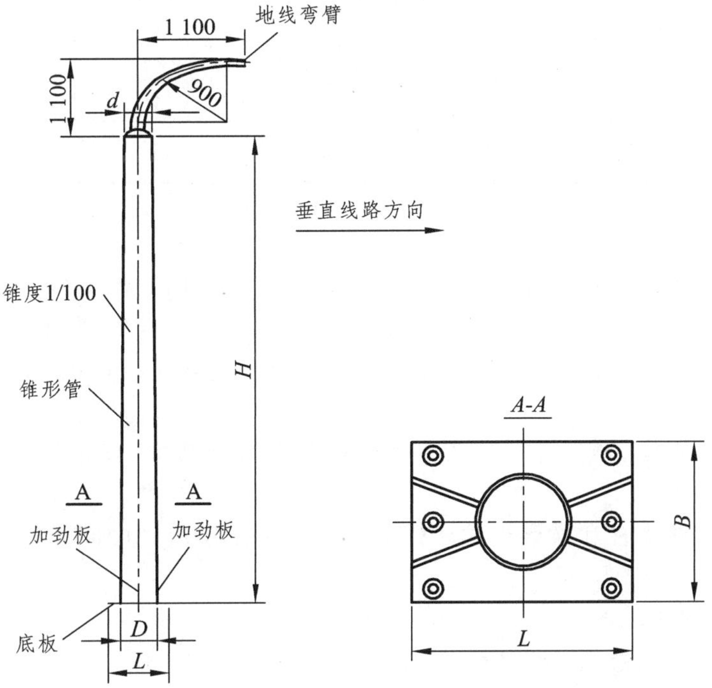

图 4-53　圆形钢管柱、弯臂本体外形尺寸示意图

3）H 型钢柱

H 型钢支柱的外形如图 4-54 所示，其规格和型号如表 4-36 所示。

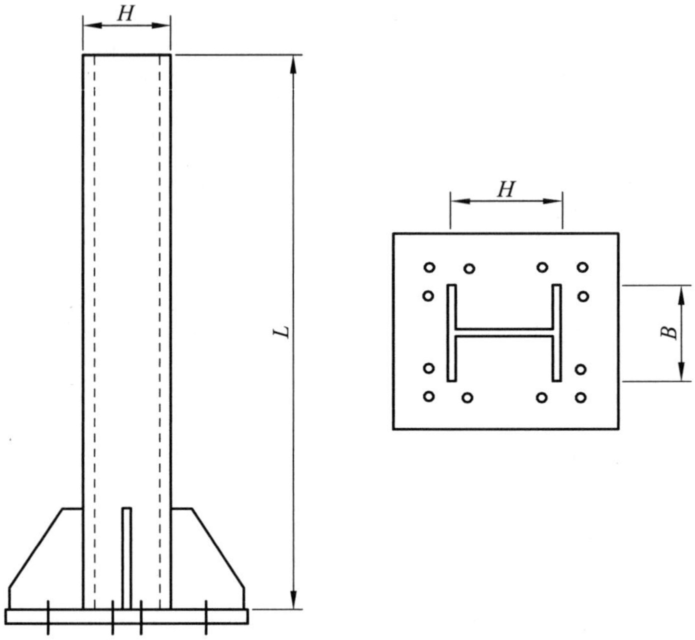

图 4-54　H 型钢支柱

表 4-36　H 型钢柱规格型号及其截面尺寸表

H 型钢柱类型	柱高 L/m	截面尺寸/mm		厚度/mm		质量/kg
		宽度 B	高度 H	腹板	腹板	
HGZ250/5.75	5.75	250	250	9	14	416
HGZ300/7.5	7.5	300	300	10	15	709
HGZ350/7.5	7.5	350	350	12	19	1 028
HGZ400/7.5	7.5	400	400	13	21	1 290

3. 门形支架钢柱

门形支架柱的上端用梁柱接头与支架横梁连接起来，呈“门”形结构，故称门形支架；其下端也是法兰盘结构，以便于安装固定，用于高架桥上双线路上的腕臂安装和多线路上硬横跨的安装。门形横跨的横梁及等径支柱采用无缝钢管（结构管），材质为普通碳素钢。

1）单门形架钢柱

门形架是采用柱底固定，横梁与柱顶接头连接的门形刚架结构。横梁为等径管型结构，如图 4-55 所示。

门形支架由左右两棵支柱和横梁组成。横梁又分成两个梁段，中间用横梁连接套管连接固定在一起。

2）连续门形支架钢柱

连续门形支架钢柱如示意图 4-56 所示。

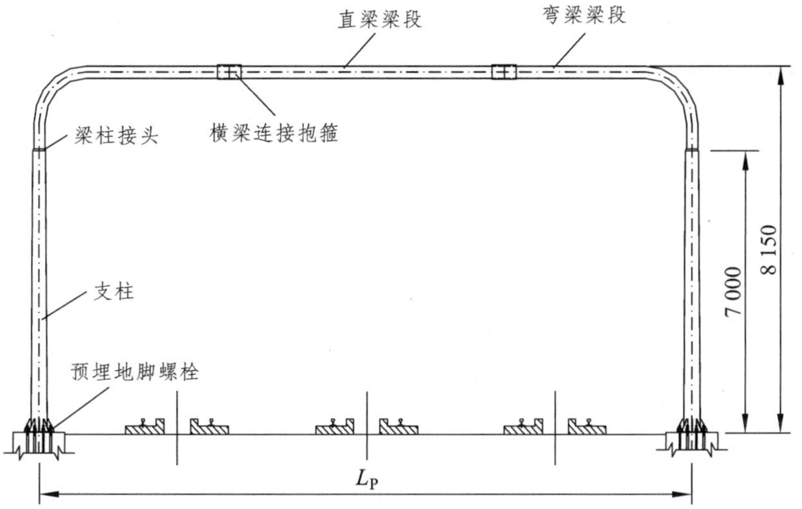

图 4-55　单门形支架钢柱安装示意图

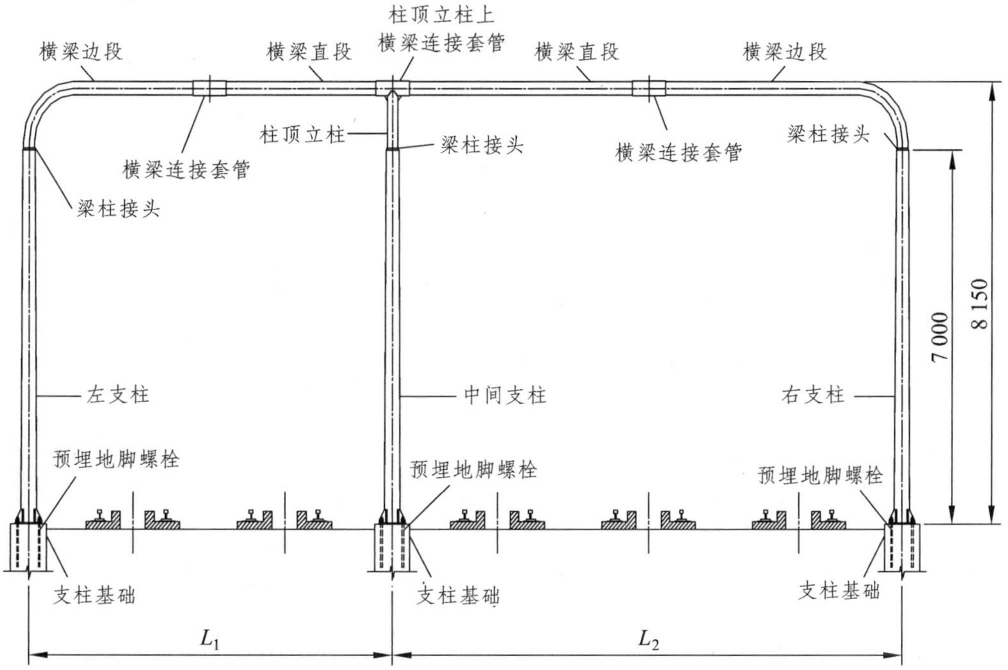

图 4-56　连续门形支架示意图

组成及代号：连续门形支架是由横梁、边支柱、中间立柱、中间立柱柱顶立柱及梁柱过渡接头五个部分组成的，各型连续门形支架的组成如表 4-37 所示。

表 4-37　连续门形支架组成表

序号	名　称	型　号	支柱高度/m	连续门形支架组成				
				边支柱	中间立柱	中间立柱柱顶立柱	横梁	梁柱过渡接头
1	两跨连续门形支架	MJ-350-3-L1/L2	7	2×MJBZ-350	1x MJZJZ-245	1×MJLZ-245	2—MJLD-245＋3×MJLZD-245	3×LZJT-265
2	三跨连续门形支架	MJ-350-3-L1/L2/L3	7	2×MJBZ-350	2x MJZJZ-245	2×MJLZ-245	2×MJLD-245＋6×MJLZD-245	4×LZJT-265
3	四跨连续门形支架	MJ-350-3-L1/L2/L3/L4	7	2×MJBZ-350	3 x MJZJZ-245	3×MJLZ-245	2×MJLD-245＋9×MJLZD-245	5×MJT-265

连续门形支架类型代号：　MJ-350-3-L1/L2/L3…/L*n*

连续门形支架　　　　　　　　　　连续门形支架各跨跨度
连续门形支架柱底外径（mm）　　　型号编号

二、基　础

（一）GH 型基础

路基区段 GH 型钢支柱基础分为灌注桩基础和钻孔锚杆基础。桥梁上是预埋地脚螺栓。

1. 灌注桩基础

土质地段采用机械钻孔（ϕ700 mm）灌注钢筋混凝土灌注桩基础，GH 型钢支柱基础的外形如图 4-57 所示。

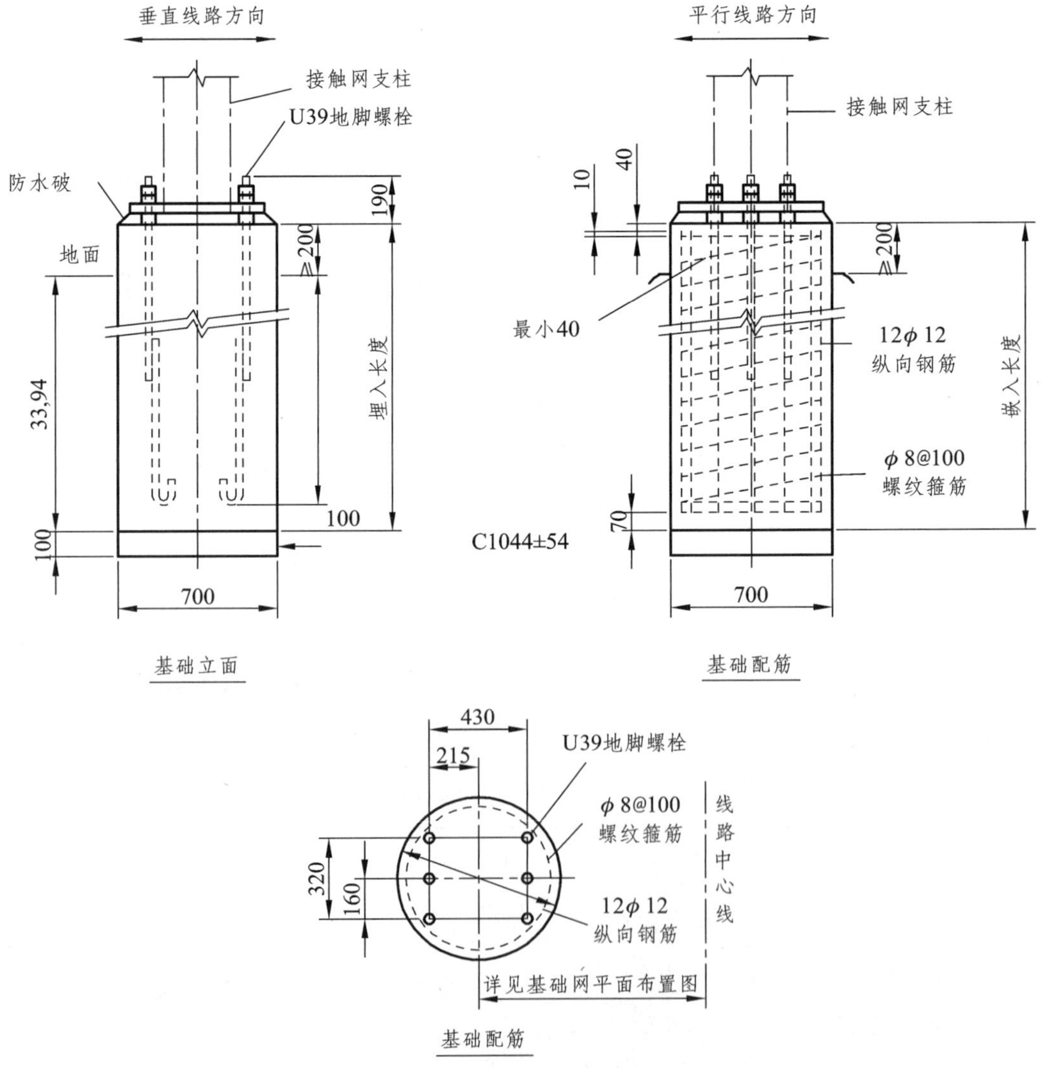

图 4-57　灌注桩基础安装图

2. 钻孔锚杆基础

坚石岩质地段采用钻孔锚杆基础，GH 型钢支柱基础的外形如图 4-58 所示。GH 型钢支柱基础尺寸见表 4-38。

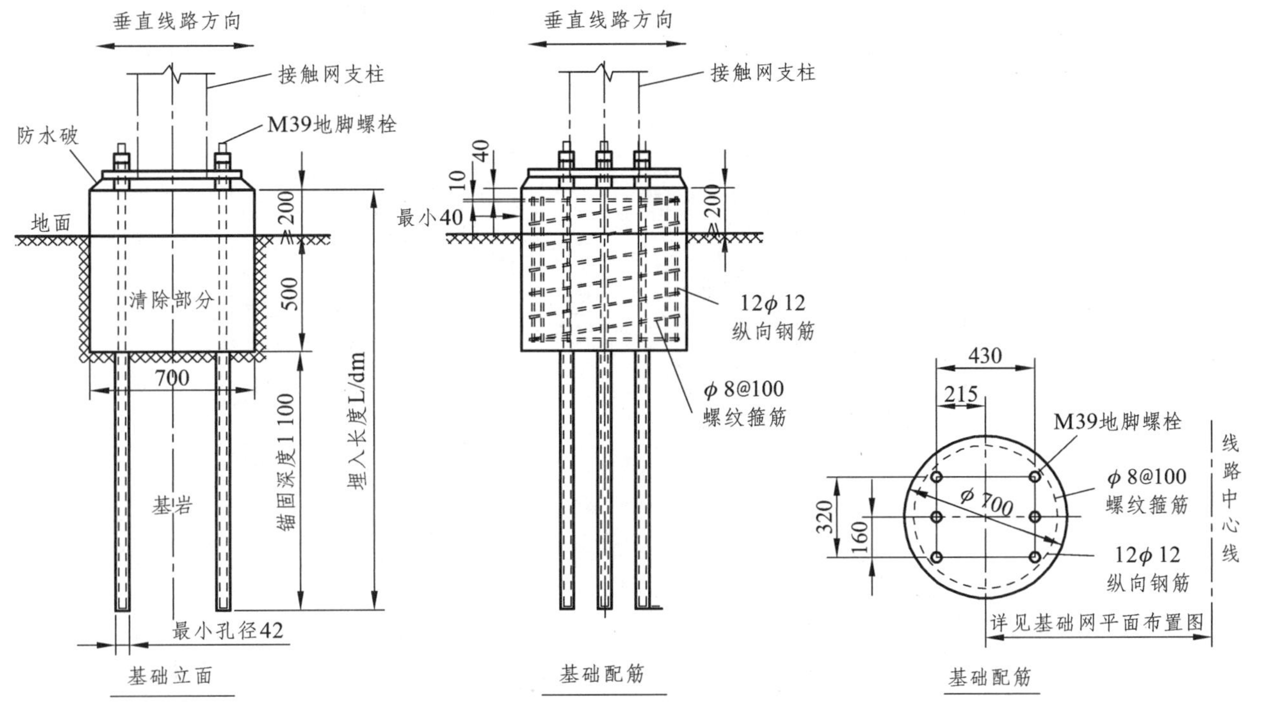

图 4-58　GH 型钢支柱基础外形

表 4-38　GH 型钢支柱基础尺寸

序号	基础类型	支柱型号	基础高度 L/m	备注/mm
1	F04-80	A 型支柱	2.9（2.7＋0.2）	M39×6（2 800＋190）
2	F04-100	A 型支柱	3.2（3.0＋0.2）	M39×6（3 100＋190）
3	F04-120	A 型支柱	3.3（3.1＋0.2）	M39×6（3 400＋190）
4	F05-80、100、120	A 型支柱	0.7（0.5＋0.2）	M39×6（1 800＋190）

表中：F04 表示灌注 GH 钢支柱的钢筋混凝土基础，2.9（2.7＋0.2）表示基础高度为 2.9 m，埋深为 2.7 m，基础外露不小于 0.2 m，其他类推。

F05 表示 GH 钢支柱的锚杆基础，基础高度均为 0.7 m，埋深为 0.5 m，基础外露为不小于 0.2 m。

80、100、120 等表示地面处悬挂方向的弯矩（kN·m）。

M39×6（2 800＋190）表示六根直径为 39 mm 的地脚螺栓，长度为 2 990 mm，基础内埋注长度为 2800 mm，外露长度为 190 mm，其他类推。

（二）腕臂圆形钢管支柱基础

路基区段腕臂圆钢管支柱基础一般均采用机械钻孔（ϕ700 mm）灌注钢筋混凝土基础，路肩地面以下 1 200 mm 深度实施人工开挖成边长为 700 mm 的方孔基础，如图 4-59 所示。桥梁上是预埋地脚螺栓。腕臂圆形钢管支柱基础见表 4-39。

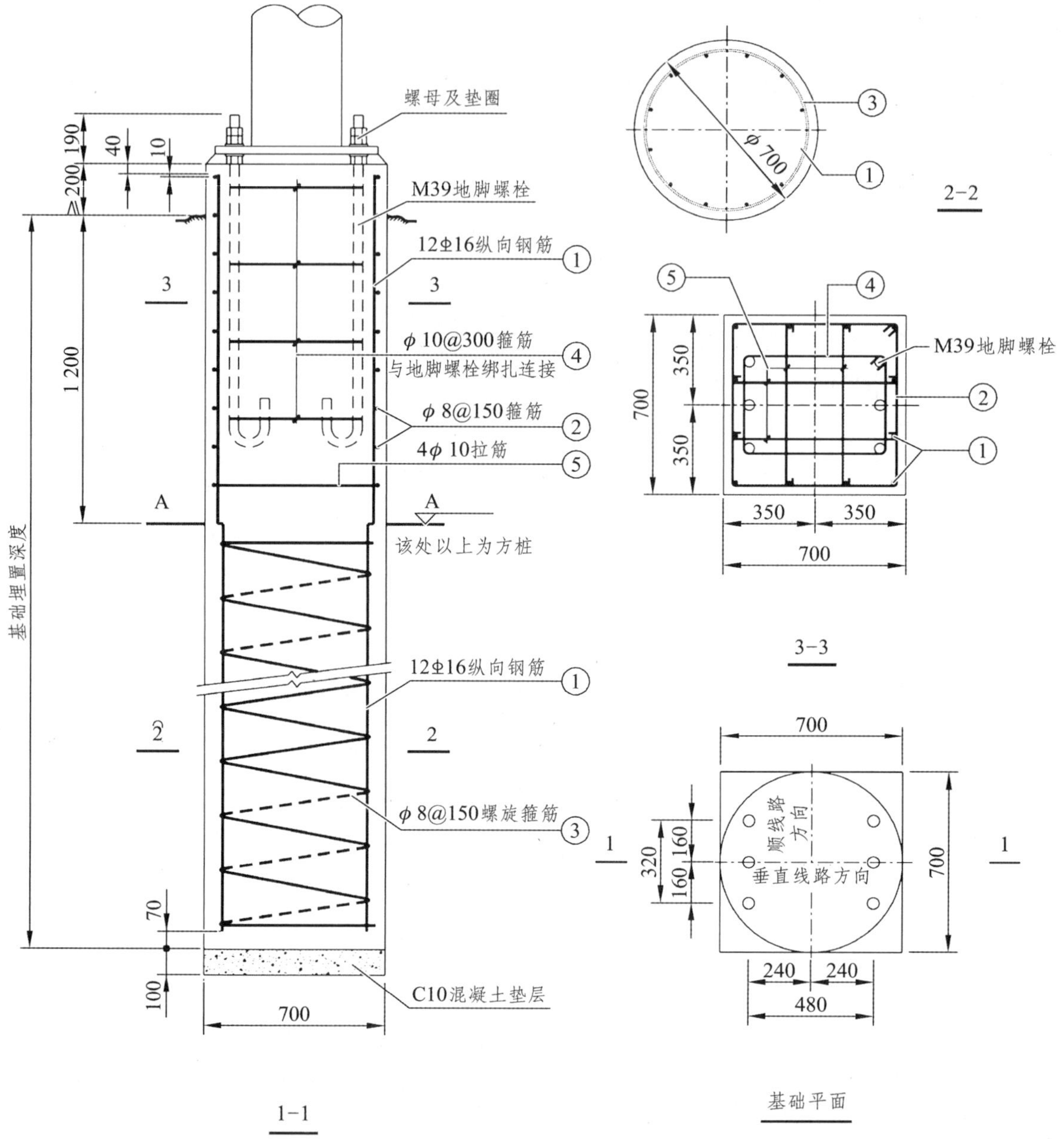

图 4-59　腕臂圆形钢支柱基础安装图

表 4-39　基础各部尺寸表

序号	基础类型	支柱型号	基础高度/m	备注/mm
1	F02-80	R80/H（350）	3.7（3.5＋0.2）	M39×6（1100＋190） 基础高于地面 200 mm
2	F02-100	R100/H（350）	3.8（3.6＋0.2）	
3	F02-120	R120/H（350）	3.9（3.7＋0.2）	
4	F02-140	R140/H（350）	4.0（3.8＋0.2）	
5	F02-160	R160/H（350S）	4.1（3.9＋0.2）	
6	F02-180	R180/H（350S）	4.2（4.0＋0.2）	

表中：F02 表示灌注直径为 350 mm 的钢管支柱钢筋混凝土基础，3.7（3.5＋0.2）表示基础高度为 3.7 m，埋深为 3.5 m，基础外露不小于 0.2 m，其他类推。

80、100、120 等表示地面处悬挂方向的弯矩（kN·m）。

M39×6（1100+190）表示六根直径为 39 mm 的地脚螺栓，长度为 1290 mm，基础内埋注长度为 1100 mm，外露长度为 190 mm，其他类推。

（三）钢管硬横梁支柱基础

路基区段腕臂圆钢支柱基础一般采用机械钻孔（ϕ700 mm）灌注钢筋混凝土基础，路肩地面以下 1 200 mm 深度实施人工开挖成边长为 700 mm 的方孔基础，如图 4-60 所示。桥梁上是预埋地脚螺栓，钢管硬横梁支柱基础见表 4-40。

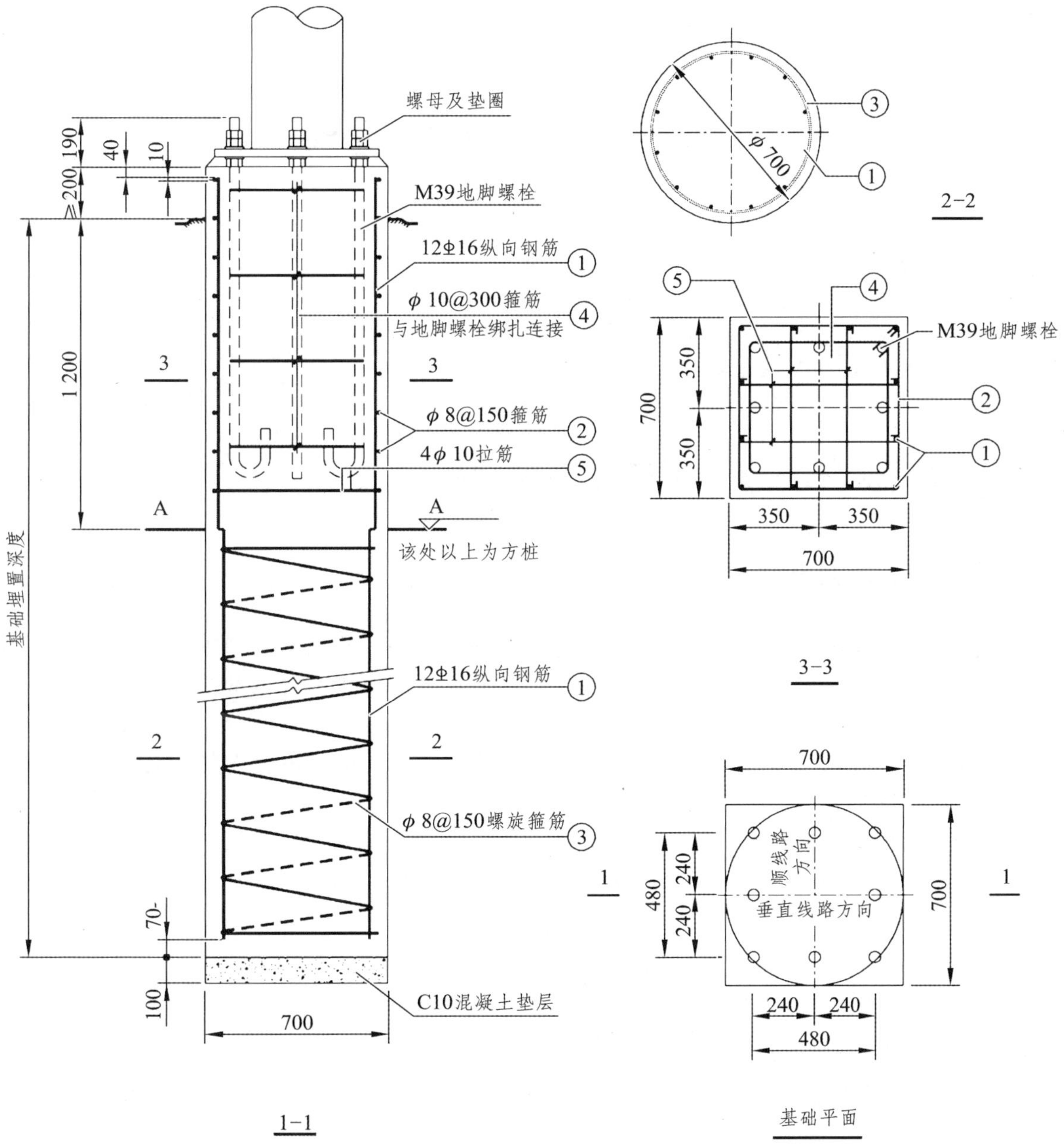

图 4-60 钢管硬横梁支柱基础安装图

表 4-40 部分基础各部尺寸表

序号	基础类型	支柱型号	基础高度 L/m	备注/mm
1	F03-120	BGZ5、ZGZ5；BGZ7，ZGZ7	3.9（3.7＋0.2）	M42×8（1 200＋190） 基础高于地面 200 mm
2	F03-140	BGZ8，ZGZ8	4.0（3.8＋0.2）	
3	F03-160	BGZ6，ZGZ6	4.1（3.9＋0.2）	

表中：F03 表示灌注直径为 350 mm 的钢管硬横梁支柱钢筋混凝土基础，3.9（3.7＋0.2）表示基础高度为 3.9 m，埋深为 3.7 m，基础外露不小于 0.2 m，其他类推。

120、140、160 等表示地面处悬挂方向的弯矩（kN · m）。

M42×8（1 200＋190）表示八根直径为 42 mm 的地脚螺栓，长度为 1 390 mm，基础内埋注长度为 1200 mm，外露长度为 190 mm，其他类推。

任务三 架空式刚性接触网

学习目标

（1）了解刚性悬挂接触网的特点和组成。
（2）懂得刚性悬挂主要组成部分、汇流排的种类。

4.3.1 架空式刚性接触网的特点及组成

一、刚性接触网的特点

（1）刚性悬挂能够满足传输大功率、受电弓良好地受流以及最大行车速度的要求。

（2）刚性汇流排和接触线无轴向力，不存在断排可能性；刚性悬挂的故障一般为故障点，所以刚性悬挂事故范围小。

（3）刚性悬挂的锚段关节简单，锚段长度短，提高了车辆运行中的安全性和适应性。

（4）受电弓维修周期长。接触线磨耗较小，使用寿命约 20 年。

刚性接触网是一种没有弹性的结构形式，适应于隧道内安装，设计速度一般不大于 160 km/h。

刚性悬挂分成若干锚段，每个锚段长度一般不超过 250 m，跨距一般为 6～12 m，与行车速度有密切的关系，如表 4-41 所示。

表 4-41 PAC110 型汇流排，速度与跨距的关系表

速度/(km/h)	60	70	80	90	100	110	120
跨距/m	12	11	10	9	8	7	6

二、刚性接触网的组成

刚性接触网主要由接触悬挂、支持定位装置、绝缘部件以及架空地线等部分组成。

1. 接触悬挂

接触悬挂由汇流排、接触线、中心锚结、锚段、线岔等组成。整个悬挂布置成正弦波的形状，一个锚段形成正弦波，各悬挂点拉出值不大于 200 mm，如图 4-61 所示。

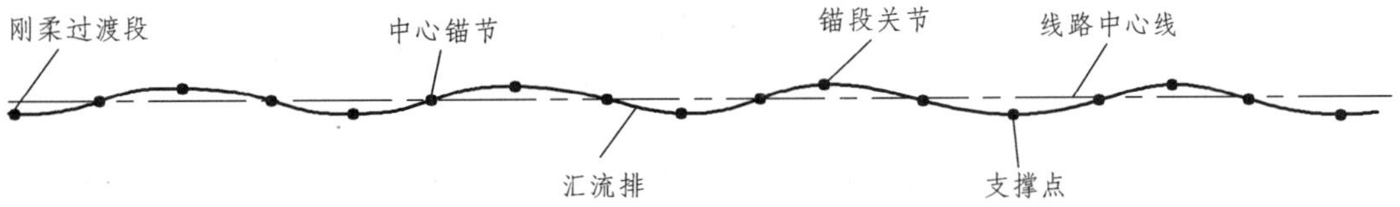

图 4-61　刚性悬挂布置示意图

2. 支持定位装置

支持定位装置的作用是通过绝缘子把汇流排、接触线等固定在隧道顶或隧道壁上，其安装形式主要有“Π”型结构形式，如图 4-62 所示。

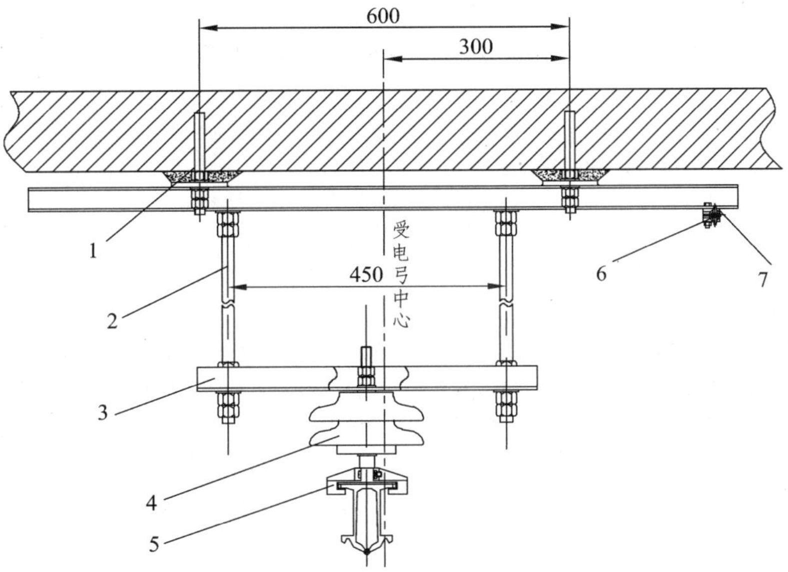

图 4-62　Π 型刚性悬挂示意图

1—螺杆锚栓；2—T 型头螺栓；3—悬吊槽钢；4—针式绝缘子；
5—汇流排；6—悬吊安装底座；7—120 型地线线夹

3. 绝缘部件

绝缘部件一般采用泄露距离不小于 250 mm 的表面上釉的瓷质柱式绝缘子。

柱式绝缘子下部为内胶装的 M16 内螺纹式不锈钢附件，上部为内胶装的 M16 外露螺杆，外露螺纹有效长度为 55 mm，螺杆材质为不锈钢，如图 4-63 所示。

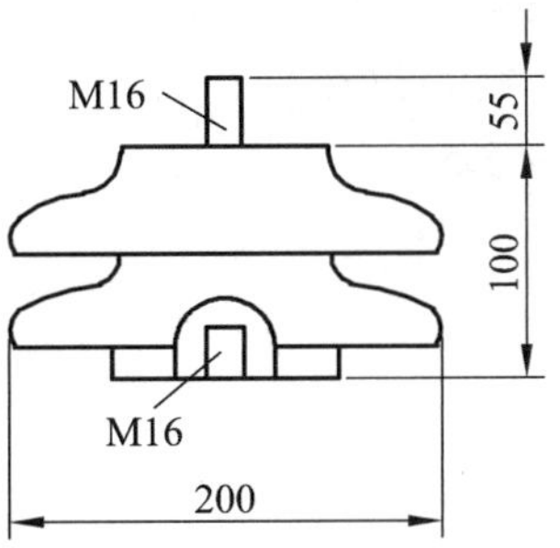

图 4-63　柱式绝缘子示意图

4. 架空地线

架空地线在隧道内吊柱上的下锚如图 4-64 所示。

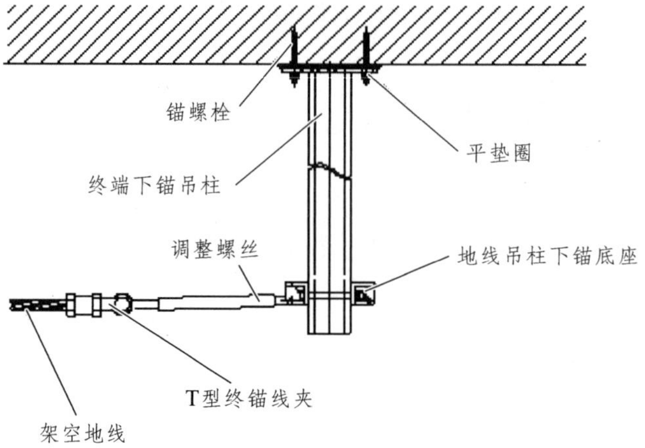

图 4-64　架空地线终端锚固安装图

4.3.2　架空式刚性接触网汇流排

一、汇流排

汇流排是夹持固定接触线，承载和传输电能。汇流排一般用铝合金材料制成，分为“Π”型和“T”型两种结构形式，如图 4-65 所示。本章节以“Π”型结构为讲解介绍对象。

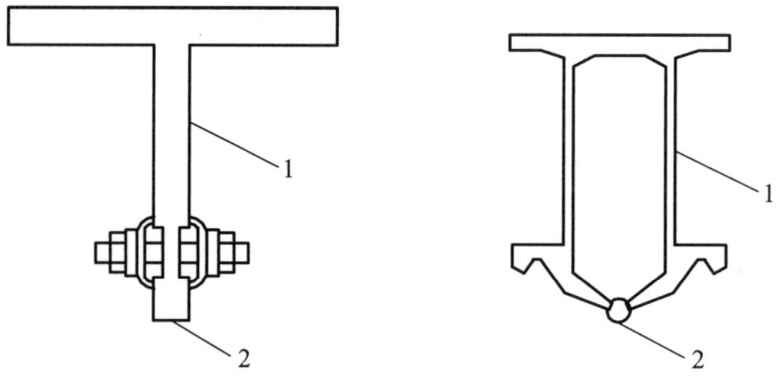

图 4-65　“T”型和“Π”型结构图

1—汇流排；2—接触线

“Π”型汇流排包括标准型汇流排、汇流排终端及切槽式汇流排。标准型汇流排一般有 PAC110 和 PAC80 两种，是刚性接触悬挂的主要组成部分，其长度一般制成 12 m。

汇流排终端用于锚段关节、线岔及刚柔过渡处；其作用是使受电弓在锚段关节、线岔和刚柔过渡处能够平滑、顺畅的过渡。其长度为 7.5 m。

二、汇流排终端和中间接头

1. 汇流排终端

汇流排终端一般安装在汇流排的末端，有利于受电弓平滑过渡。

在刚性悬挂的锚段关节、电分段、线岔等处均设置汇流排终端。其截面尺寸与汇流排完全一致，区别在于终端 1500 mm 长度内向上翘起 70 mm，制造长度为 7 500 mm。如图 4-66 所示。

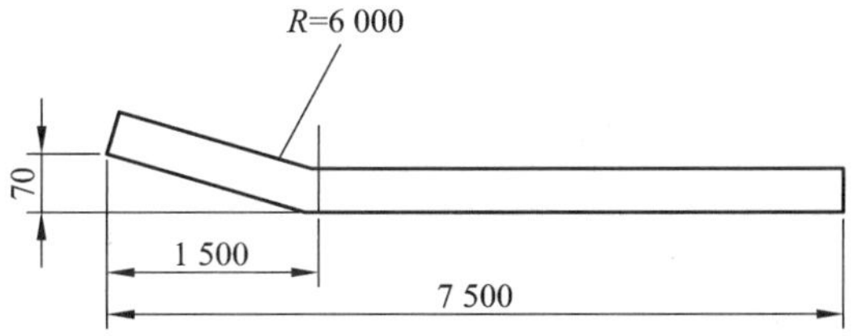

图 4-66 汇流排终端示意图

2. 中间接头

汇流排连接使用的中间接头，每个面有 4×2 个 ϕ10 无螺母式六角螺钉，接头时插入汇流排将汇流排中从两边外侧面连接。

汇流排接头主要由汇流排中间接头连接板和无螺母式六角螺钉组成，如图 4-67 所示。用于两根汇流排之间的连接，如图 4-68 所示。被连接的两根汇流排既要保证可靠的机械连接，又要有足够大的接触面积，确保导电性能良好。

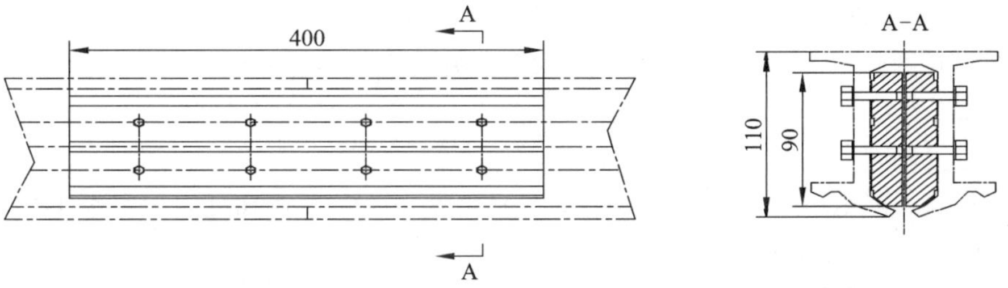

图 4-67 中间接头示意图

图 4-68 中间接头实物图

任务四 接触网安全运行

4.4.1 安全生产管理

一、安全教育制度

1. 安全教育目的

安全教育的目的是宣传贯彻落实安全生产方针、政策、法律法规及安全知识，提高员工的安全意识和安全技能，防止伤亡事故，减少职业危害，促进安全生产和文明施工。

2. 安全教育内容

（1）安全生产的法律、法规、规章和方针、政策。
（2）安全生产责任制、职业安全管理体系知识、技术标准和安全操作规程。
（3）岗位安全知识、自我保护知识、紧急救护知识和劳动纪律。
（4）劳动防护用品、用具的使用和保管。
（5）生产安全事故案例。
（6）事故防范措施和应急救援预案。
（7）有关管理部门安排的其他内容。

3. 安全教育范围

安全教育必须做到全面、全员、全过程地覆盖所有人员，贯穿于施工生产的各个阶段和方面，不得留有死角。全体干部职工都应自觉接受安全教育。

4. 生产岗位职工安全教育

1）新上岗人员的教育

新上岗的各类人员必须接受不少于24学时的三级安全教育。参加三级安全教育人员经考试合格后，方可上岗工作。

2）特种作业人员的教育

从事特种作业的人员必须经过专门的安全知识和安全操作技能培训，并经过考核，取得特种作业操作资格证书后方可上岗作业。

3）其他职工的安全教育

应以贯彻执行《安全生产法》为主线，熟练掌握应知应会的安全生产知识，提高职工安全防范能力和规范职工安全生产行为。

二、安全生产检查制度

（1）安全技术部负责组织接触网班组的定期、不定期和专项安全检查， 督促各值守点、班组认真执行安全生产法律、法规，及时纠正安全生产违法违规行为，排查和消除事故隐患，不断提高安全生产管理水平，有效防范和减少各类事故发生。

（2）安全检查人员在安全检查工作中，根据检查情况，下发“安全整改通知书”。检查工作结束之后，检查组要填写安全检查总结。

（3）定期安全检查。

① 班组安全生产检查每月不少于4次，由安全技术部安全专职制定年度检查计划。

② 安全检查人员在检查中发现事故隐患和不安全因素，应下发“安全整改通知书”，要求被检点进行整改；如有严重危及人身和行车安全的隐患，必须停止作业。

③ 被检各点安全整改情况，由专职安全管理人员负责追踪，按规定时间和整改要求完成后，将整改结果报安全技术部核查。安全技术部根据整改结果情况，进行复查。

三、不定期和专项安全检查

不定期安全检查是指季节性、临时性安全检查。如节假日、气候（冬季、汛期、大风等）变化可能会给施工带来事故隐患和危害的安全检查；专项安全检查是指专业性、群众性的安全检查，如职业健康安全管理体系检查、接触网示范段检查、劳动防护用品检查、安全专项治理检查等。

四、日常安全检查

施工生产的日常安全检查，主要是作业队和施工班组，在施工生产过程中和施工完毕之后所进行的安全检查工作。当施工生产作业完成后，各班组应进行全面自检。

4.4.2　抢修预案及流程

一、柔性接触网断线故障预案

故障现象：接触线、承力索断落、吊弦断裂、腕臂偏移、支持装置损坏、接触线断落、线面扭曲变形、定位管严重偏移、定位装置损坏、下锚处坠陀下垂。

（一）抢修组织、机具和材料的准备

1．抢修人员组织

抢修负责 1 人，信息员 1 人，安全员 2 人，验电接地 4 人，下锚装置每处 3 人（2 处），车梯至少 3 组（每组 5 人）。

2．抢修工机具

验电器、接地棒、伸缩梯、1.5 t/3 t 手扳葫芦、紧线器、断线钳、压接钳、钢丝绳、扭面器、校线器、激光测量仪、常用工具、照明器具、对讲机。

3．抢修材料设备

接触网连接线夹、接触线 20 m、承力索 20 m、吊弦若干、铅丝、定位装置及相关零件、支持装置及相关零件。

（二）抢修方法与程序

1．初步认定故障原因

（1）人员、工具、材料到达事故现场后，按照既定的抢修分工立即进行抢修准备。
（2）抢修组长指定专人对事故现场进行拍照、取证。
（3）抢修组长根据事故现场情况及断线情况，初步判断事故原因。

2．确定抢修方案

（1）抢修命令下达后，抢修负责人派 1 组车梯人员对故障锚段进行检查，检查人员及时将接触网受损情况告知抢修总负责人及信息员。
（2）抢修负责人根据接触网受损情况制定方案，准备抢修工器具及材料。

（3）断线处派 3 组车梯人员对损坏承力索或接触线进行临时性恢复，并更换损坏的部件，可用铅丝代替吊弦临时悬吊接触线。

（4）下锚处各派一组人员临时悬吊坠陀，配合断线处抢修，并时刻观察下锚处的变化。

（5）重点检查线岔、锚段关节、分段绝缘器处的接触线变化。

（6）抢修完毕后清理现场，达到送电条件后，抢修总负责人消令，通知调度送电。

（7）待夜间运营结束后对故障锚段进行全面恢复。

（三）安全注意事项

（1）抢修人员到达事故现场后，不得接近断线。断线坠地时，人员距离断线落地点不得小于 10 m。

（2）未封锁线路时，人员、机具不得上线。抢修人员必须位于故障线路一侧。

（3）抢修作业时必须听从抢修组长指挥。作业过程中严禁作业人员和工器具侵入邻线带电安全范围。

观察故障修复后的第一列电客车通过故障锚段的情况，根据故障的情况要求电客列车限速。

（4）运营恢复后，不间断派人登上电客列车观察故障锚段的情况。

（5）现场派抢修人员保驾，待夜间运营结束后对故障锚段进行全面恢复。

二、柔性接触网定位、支持装置故障预案

故障现象：定位管变形、定位线夹断裂。

（一）抢修组织、机具和材料的准备

1. 抢修人员组织

抢修负责 1 人，信息员 1 人，安全员 2 人，验电接地 4 人，车梯 2 ~ 3 组（每组 5 人）

2. 抢修工机具

车梯、验电器、接地棒、伸缩梯、1.5 t/3 t 手扳葫芦、紧线器、断线钳、压接钳、钢丝绳、扭面器、校线器、旗杆绳、激光测量仪、常用工具、照明器具、对讲机。

3. 抢修材料设备

接触线连接线夹、接触线、承力索、吊弦若干、铅丝、定位装置及相关零件、支持装置及相关零件。

（二）抢修方法与程序

1. 初步认定故障原因

（1）人员、工具、材料到达事故现场后，按照既定的抢修分工立即进行抢修准备。

（2）抢修组长指定专人对事故现场进行拍照、取证。

（3）抢修组长根据事故现场情况，初步判断事故原因。

2. 确定抢修方案

（1）抢修命令下达后，抢修负责人派 1 组车梯人员对故障锚段进行检查，检查人员及时将接触网受损情况告知抢修总负责人。

（2）抢修负责人根据接触网受损情况制定方案，准备抢修工器具及材料。

（3）如故障发生在直线段，可直接拆除该定位装置，并用临时吊弦悬挂，同时调整导高、拉出值；如故障发生在曲线段，更换新的定位装置，同时调整导高、"之"字值。

（4）如发生严重断线事故，可参照接触网断线故障预案。

（5）抢修完毕后清理现场，达到送电条件后，抢修总负责人消令，通知调度送电。

（三）安全注意事项

（1）信息员每隔 5 min 向公司调度汇报故障抢修情况及其他需协调事宜。

（2）若故障点位于上下行贯通区段，则应在抢修区域加装安全防护带（红白带），设专人安全防护。

（3）观察故障修复后的第一列电客车通过故障点的情况，根据故障的情况要求电客列车限速。

（4）待夜间运营结束后对故障锚段进行全面恢复。

三、柔性接触网分段绝缘器故障预案

故障现象：分段绝缘器导滑板变形、分段绝缘器吊索断裂、分段绝缘子断裂（重型分段），分段绝缘杆断裂（轻型分段），严重情况下，可能造成弓网事故。

（一）抢修组织、机具和材料的准备

1. 抢修人员组织

抢修负责 1 人，信息员 1 人，安全员 2 人，验电接地 4 人，下锚装置每处 3 人（2 处），车梯 2-3 组（每组 5 人）。

2. 抢修工机具

车梯 2 ~ 3 组、工程抢修车。验电器、接地棒、伸缩梯、1.5 t/3 t 手扳葫芦、紧线器、断线钳、压接钳、钢丝绳、扭面器、校线器、旗杆绳、激光测量仪、常用工具、照明器具、对讲机。

3. 抢修材料设备

接触线连接线夹、接触线 20 m、承力索 20 m、分段绝缘器、吊弦若干、铅丝、定位装置及相关零件、支持装置及相关零件。

（二）抢修方法与程序

1. 初步认定故障原因

（1）人员、工具、材料到达事故现场后，按照既定的抢修分工立即进行抢修准备。

（2）抢修组长指定专人对事故现场进行拍照、取证。

（3）抢修组长根据事故现场情况，初步判断事故原因。

2. 确定抢修方案

（1）抢修负责人根据接触网受损情况制定方案，准备抢修工器具及材料。

（2）对损坏的分段绝缘器进行临时性恢复，并更换损坏的部件，可用铅丝代替吊弦临时悬吊接触线。

（3）下锚处各派一组人员临时悬吊坠陀配合抢修，并时刻观察下锚处的变化。

（4）抢修完毕后清理现场，达到送电条件后，抢修总负责人消令，通知调度送电。

（三）安全注意事项

（1）信息员每隔 5 min 向公司调度汇报故障抢修情况及其他需协调事宜。

（2）若故障点位于上下行贯通区段，则应在抢修区域加装安全防护带（红白带），设专人安全防护。

（3）若条件允许的情况下，恢复运营后抢修负责人可申请派人在线路外侧观察电客列车经过故障点的状态。

（4）观察故障修复后的第一列电客车通过故障点的情况，根据故障的情况要求电客列车限速。

（5）运营恢复后，不间断派人登上电客列车观察故障点的情况。

（6）待夜间运营结束后对故障点进行全面恢复。

四、柔性接触网下锚装置故障预案

故障现象：补偿绳断线、下锚绝缘子断裂会造成坠陀下落，半个锚段线路失去张力补偿，损坏定位装置、支持装置、绝缘子等。严重情况下，可能造成弓网事故，引起线面扭曲、吊弦断裂、偏移、支持装置损坏，甚至可能造成断线。

（一）抢修组织、机具和材料的准备

1. 抢修人员组织

抢修负责 1 人，信息员 1 人，安全员 2 人，验电接地 4 人，下锚装置每处 3 人（2 处），车梯 2～3 组（每组 5 人）。

2. 抢修工机具

车梯 2～3 组、工程抢修车、验电器、接地棒、伸缩梯、1.5 t/3 t 手扳葫芦、紧线器、断线钳、压接钳、钢丝绳、扭面器、校线器、旗杆绳、激光测量仪、常用工具、照明器具、对讲机。

3. 抢修材料设备

下锚绝缘子、补偿绳、铅丝及其他相关零件。

（二）抢修方法与程序

1. 初步认定故障原因

（1）人员、工具、材料到达事故现场后，按照既定的抢修分工立即进行抢修准备。

（2）抢修组长指定专人对事故现场进行拍照、取证。
（3）抢修组长根据事故现场情况，初步判断事故原因。

2. 确定抢修方案

（1）抢修命令下达后，抢修负责人派 1 组车梯人员对故障锚段进行检查，检查人员及时将接触网受损情况告知抢修总负责人及信息员。
（2）抢修负责人根据接触网受损情况制定方案，准备抢修工器具及材料。
（3）对损坏的下锚装置进行临时性恢复，重点检查线岔、锚段关节、分段绝缘器处的接触线变化。
（4）抢修完毕后清理现场，达到送电条件后，抢修总负责人消令，通知调度送电。

（三）安全注意事项

（1）信息员每隔 5 min 向公司调度汇报故障抢修情况及其他需协调事宜。
（2）若故障点位于上下行贯通区段，则应在抢修区域加装安全防护带（红白带），设专人安全防护。
（3）观察故障修复后的第一列电客车通过故障点的情况，根据故障的情况要求电客列车限速。
（4）运营恢复后，不间断派人登上电客列车观察故障点的情况。
（5）待夜间运营结束后对故障点进行全面恢复。

五、隔离开关及上网电缆故障预案

故障现象：隔离开关分合闸不到位、刀头严重烧损，连接部件断裂，绝缘子击穿无法送电，上网电缆绝缘破损。

（一）抢修组织、机具和材料的准备

1. 抢修人员组织

抢修负责 1 人，信息员 1 人，安全员 2 人，验电接地 4 人，机动人员 6 人。

2. 抢修工机具

工程抢修车、验电器、接地棒、伸缩梯、断线钳、旗杆绳、手柄（含钥匙）、常用工具、照明器具、对讲机。

3. 抢修材料设备

绝缘垫、绝缘套管、扎带、隔离开关及其他相关零件。

（二）抢修方法与程序

1. 初步认定故障原因

（1）人员、工具、材料到达事故现场后，按照既定的抢修分工立即进行抢修准备。
（2）抢修组长指定专人对事故现场进行拍照、取证。
（3）抢修组长根据事故现场情况，初步判断事故原因。

2. 确定抢修方案

（1）抢修命令下达后，抢修负责人应确认与抢修时涉及的隔离开关对应的牵引站馈电开关是否改为冷备用。

（2）检查人员检查隔离开关受损情况，并将检查情况告知抢修总负责人及信息员。

（3）抢修负责人根据接触网受损情况制定方案，准备抢修工器具及材料。

（4）如牵引站进线侧的隔离开关绝缘子被击穿，将牵引所相对应闸刀编号的馈电开关断开，然后将该隔离开关分闸，使其退出运行。

（5）将相邻的联络开关合闸，此时供电方式变为三个隔离开关向两个供电臂供电。

（6）如上网侧的隔离开关绝缘子被击穿，将牵引所相对应闸刀编号的馈电开关断开，然后将该隔离开关分闸，使其退出运行。

（7）将该隔离开关的上网电缆与接触网分离，并作临时悬吊、绝缘，此时供电方式为大双边供电。

（8）如上网电缆破损，可用绝缘套管包扎作临时绝缘隔离。

（9）抢修完毕后清理现场，达到送电条件后，抢修总负责人消令，通知调度送电。

（三）安全注意事项

（1）信息员每隔 5 min 向公司调度汇报故障抢修情况及其他需协调事宜。

（2）若故障点位于上下行贯通区段，则应在抢修区域加装安全防护带（红白带），设专人安全防护。

（3）观察故障修复后的第一列电客车通过故障处的绝缘锚段关节（分段绝缘器）的情况，根据故障的情况要求电客列车限速。

（4）待夜间运营结束后对故障点进行全面恢复。

六、柔性接触网绝缘子故障预案

故障现象：绝缘子闪络，严重的情况下会被击穿，造成短路，使运行线路失电。如腕臂绝缘子发生断裂，会引起腕臂下垂，造成弓网事故。

（一）抢修组织、机具和材料的准备

1. 抢修人员组织

抢修负责 1 人，信息员 1 人，安全员 2 人，验电接地 4 人，车梯 2～3 组（每组 5 人）。

2. 抢修工机具

车梯、工程抢修车、验电器、接地棒、伸缩梯、1.5 t 手扳葫芦、钢丝绳、旗杆绳、激光测量仪、常用工具、照明器具、对讲机。

3. 抢修材料设备

绝缘垫、绝缘套管、扎带、接续条、铅丝、绝缘子、定位装置、支持装置及其他相关零件。

（二）抢修方法与程序

1. 初步认定故障原因

（1）人员、工具、材料到达事故现场后，按照既定的抢修分工立即进行抢修准备。
（2）抢修组长指定专人对事故现场进行拍照、取证。
（3）抢修组长根据事故现场情况，初步判断事故原因。

2. 确定抢修方案

（1）抢修命令下达后，抢修负责人派检查人员对绝缘子状态进行检查并及时将接触网受损情况告知抢修总负责人及信息员。
（2）抢修负责人根据故障情况制定方案，准备抢修工器具及材料。
（3）隧道段定位装置处绝缘子被击穿或断裂，处理工作如下：
① 直线段：直接拆除该定位管，使其脱离供电区域。
② 曲线段：更换绝缘定位管，等运营结束后再更换损坏的绝缘子。
（4）馈线绝缘子被击穿或断裂，处理工作如下：
① 拆除损坏的绝缘子。
② 用绝缘毯或绝缘套管包裹馈线，脱离接地。
（5）腕臂绝缘子被击穿或断裂，处理工作如下：
① 拆除并更换损坏的绝缘子。
② 在定位点处按技术要求调整，调整吊弦按偏移值。

（三）安全注意事项

（1）信息员每隔 5 min 向公司调度汇报故障抢修情况及其他需协调事宜。
（2）若故障点位于上下行贯通区段，则应在抢修区域加装安全防护带（红白带），设专人安全防护。
（3）观察故障修复后的第一列电客车通过故障点的情况，根据故障的情况要求电客列车限速。
（4）运营恢复后，不间断派人登上电客列车观察故障点的情况。
（5）待夜间运营结束后对故障点进行全面恢复。

七、刚性接触网绝缘部件故障预案

故障现象：绝缘子闪络、绝缘子击穿、绝缘子断裂。

（一）抢修组织、机具和材料的准备

1. 抢修人员组织

抢修负责 1 人，信息员 1 人，安全员 2 人，验电接地 2 人，车梯至少 1 组（每组 5 人）。共计至少 11 人。

2. 抢修工机具

车梯至少 1 组、工程抢修车、验电器、接地棒、伸缩梯、旗杆绳、激光测量仪、常用工具、照明器具、对讲机。

3. 抢修材料设备

刚性绝缘子、刚性汇流排线夹、中心锚节绝缘棒。

（二）抢修方法与程序

1. 初步认定故障原因

（1）人员、工具、材料到达事故现场后，按照既定的抢修分工立即进行抢修准备。
（2）抢修组长指定专人对事故现场进行拍照、取证。
（3）抢修组长根据事故现场情况，初步判断事故原因。

2. 确定抢修方案

（1）抢修命令下达后，抢修负责人派 1 组人员对故障锚段进行检查，检查人员及时将接触网受损情况告知抢修总负责人及信息员。
（2）抢修负责人根据接触网受损情况制定方案，准备抢修工器具及材料。
（3）定位点绝缘子击穿或断裂，处理工作为更换故障的绝缘子。
（4）中心锚节绝缘子故障，处理工作如下：
① 拆除故障绝缘子，先恢复运营。
② 申请晚间作业点对故障点进行修复。
（5）抢修完毕后清理现场，达到送电条件后，抢修总负责人消令，通知调度送电。

（三）安全注意事项

（1）信息员每隔 5 min 向公司调度汇报故障抢修情况及其他需协调事宜。
（2）若故障点位于上下行贯通区段，则应在抢修区域加装安全防护带（红白带），设专人安全防护。
（3）观察故障修复后的第一列电客车通过故障锚段的情况，根据故障的情况要求电客列车限速。
（4）运营恢复后，不间断派人登上电客列车观察故障锚段的情况。
（5）待夜间运营结束后对故障锚段进行全面恢复。

八、刚性接触网汇流排故障预案

故障现象：汇流排扭曲、变形、下垂。

（一）抢修组织、机具和材料的准备

1. 抢修人员组织

抢修负责人 1 人，信息员 1 人，安全员 2 人，验电接地 4 人，车梯至少 2 组（每组 5 人）。共计至少 18 人。

2. 抢修工机具

车梯至少 2 组、工程抢修车、验电器、接地棒、伸缩梯、旗杆绳、放线小车、激光测量仪、常用工具、照明器具、对讲机。

3. 抢修材料设备

汇流排，汇流排中间接头

（二）抢修方法与程序

1. 初步认定故障原因

（1）人员、工具、材料到达事故现场后，按照既定的抢修分工立即进行抢修准备。

（2）抢修组长指定专人对事故现场进行拍照、取证。

（3）抢修组长根据事故现场情况，初步判断事故原因。

2. 确定抢修方案

（1）抢修命令下达后，抢修负责人派 1 组人员对故障锚段进行检查，检查人员及时将接触网受损情况告知抢修负责人。

（2）抢修负责人根据接触网受损情况制定方案，准备抢修工器具及材料，进行故障处理:

① 汇流排未整体脱落，列车能限速运行。

要求限速通过故障点，并派人现场保驾，待夜间停运后恢复故障点。

② 汇流排脱落，导致严重侵限，列车无法运行。

派两组车梯人员将受损汇流排更换，保证通车条件，并要求限速通过故障点。

（3）抢修完毕后清理现场，达到送电条件后，抢修总负责人消令，通知调度送电。

（三）安全注意事项

（1）信息员每隔 5 min 向公司调度汇报故障抢修情况及其他需协调事宜。

（2）若故障点位于上下行贯通区段，则应在抢修区域加装安全防护带（红白带），设专人安全防护。

（3）观察故障修复后的第一列电客车通过故障锚段的情况，根据故障的情况要求电客列车限速。

（4）待夜间运营结束后对故障锚段进行全面恢复。

课后习题

一、选择题

（1）在线岔交叉接触线相距 500 mm 处，非工作支接触线相对于工作支接触线抬高不小于（　　）mm。

A. 40　　B. 45　　C. 50　　D. 55

（2）在线岔交叉接触线相距 500 mm 处，当两支均为工作支，侧线线岔接触线高差不大于（　　）mm。

A. 50　　B. 40　　C. 30　　D. 20

（3）锚段长度超过 800 m 时，铜合金及铜线接头总数不超过（　　）。

A. 6　　B. 5　　C. 4　　D. 8

（4）锚段内的接头距悬挂点应不小于（　　）m。

A. 1　　B. 2　　C. 3　　D. 0.8

（5）棒式绝缘子弯曲度不得超过（　　）。

A. 0.5%　　B. 1.0%　　C. 1.5%　　D. 2.0%

（6）绝缘子在干燥、清洁的状态时，施加电压使其表面达到闪络时的最低电压叫（　　）电压。

A. 干闪　　B. 湿闪　　C. 击穿　　D. 其他

（7）绝缘子的作用是保持接触网悬挂（　　）边缘。

A. 对地的电气　　B. 相间的电气

C. 对地或相间的电气　　D. 机械连接

（8）绝缘子承受机械负荷的安全系数一般为（　　）。

A. 0.5　　B. 1.5　　C. 2.5　　D. 3.5

（9）瓷绝缘子釉面剥落面积不得大于（　　）mm^2。

A. 200　　B. 300　　C. 400　　D. 500

（10）《接触网运行检修规程》规定：调整接触线高度，拉出值的周期为（　　）。

A. 3 个月　　B. 6 个月　　C. 12 个月　　D. 没有检修周期

（11）隔离开关的操作机构一般应安装在距地面（　　）m 处。

A. 0　　B. 0.8　　C. 1.1　　D. 1.4

（12）隔离开关引线距接地体的距离应不小于（　　）mm。

A. 300　　B. 330　　C. 400　　D. 500

（13）隔离开关的开合角度：分闸 90°，允许误差（　　），合闸成直线。

A. 91°　　B. +1°　　C. ±1°　　D. 0°

（14）担任隔离开关倒闸作业人员安全等级不得低于（　　）级。对取得隔离开关操作证得人员，公司负责每年进行一次安全规章考试。

A. 二　　B. 三　　C. 二　　D. 三

（15）《接触网运行检修规程》规定，分段绝缘器的检修周期为（　　）。

A. 三个月　　B. 六个月　　C. 九个月　　D. 一年

（16）分段绝缘器的工作面应与（　　）平行。

A. 地面　　B. 水平面

C. 轨面连线　　D. 承力索

（17）a、b 值符合设计安装曲线，在设计最低温度时，a 值不小于（　　）mm。

A. 200　　B. 350　　C. 400　　D. 800

（18）TCG-110，其中 TCG 表示（　　），110 表示截面积。

A. 铜接触线　　B. 铝接触线　　C. 铜承力索　　D. 钢承力索

（19）接触导线最大弛度距钢轨顶面的高度不超过（　　）mm。

A. 6 000　　B. 6 200　　C. 6 300　　D. 6 500

（20）隔离开关的操作机构一般应安装在距地面（　　）m 处。

A. 0.5　　B. 0.8　　C. 1.1　　D. 1.4

（21）绝缘杆、绝缘棒、绝缘手套、绝缘靴的试验周期是（　　）个月。

A. 3　　B. 6　　C.　　D. 12

（22）《接触网运行检修规程》规定：软横跨的检测周期为（　　）。

A. 6 个月　　B. 1 年　　C. 2 年　　D. 3 年

（23）安装于承力索和接触线之间的电连接称为（　　）电连接。

A. 横向　　B. 纵向　　C. 股道　　D. 道岔

（24）"接触网终点标"应设在接触线锚支距受电弓中心线（　　）mm 处接触线的上方。

A. 200　　B. 250　　C. 300　　D. 400

（25）当用楔形线夹连接或固定各种线索时，下面（　　）说法是错误的。

A. 线、索的回头的长度应为 300 ~ 500 mm

B. 一处绑扎时，绑扎宽度为 100 mm 左右

C. 两处绑扎时，每处绑扎宽度不得小于 50 mm

D. 绑扎线必须密贴

（26）符号 TG 表示（　　）腕臂。

A. 套管　　B. 非绝缘　　C. 绝缘　　D. 直线

（27）坠砣底面距地面的距离不得小于（　　）mm。

A. 400　　B. 500　　C. 200　　D. 600

（28）全补偿承力索下锚补偿由一个动滑轮和两个定滑轮组成的滑轮组，其传动比是（　　）。

A. 2∶4　　B. 2∶3　　C. 1∶3　　D. 1∶4

（29）接触网中 CX 表示（　　）。

A. 支柱的侧面限界　　B. 钢筋混凝土支柱

C. 悬式瓷瓶　　D. 隔离开关

（30）（　　）不属于补偿器的主要组成部分。

A. 滑轮组　　B. 坠砣　　C. 坠砣杆　　D. 棒瓶

二、判断题

（1）分段绝缘器的工作面应与地面平行。（　　）

（2）《接触网运行检修规程》规定，分段绝缘器的检修周期为 12 个月。（　　）

（3）柔性悬挂接触网分段绝缘器绝缘件表面清洁，绝缘性能良好且无损伤，当分段绝缘器绝缘件表面出现裂纹或缺损时，应及时给予更换。（　　）

（4）对不符合运营要求的应及时进行调整处理，调整时应与分段绝缘器两侧悬挂点的为参考对导流板逐点进行调整，使其整体接触面与轨面连线平行。检查分段绝缘器相对线路的水平高差（或坡度）。（　　）

（5）使用长水平尺模拟受电弓滑行状态在接触线至分段绝缘器再到接触线平缓进行，从水平尺进入分段绝缘器的始触点开始至离开分段绝缘器的整个过程中，水平尺所接触的接触线线面、分段绝缘器导流板接触面应始终与水平尺的贴面保持密贴接触。（　　）

（6）遇有雷雨、大雪、浓雾、大风等恶劣气候时，梯车可以上线作业。（　　）

（7）用梯车作业时，必须有预防感应电措施。（　　）

（8）梯车在曲线区段和桥面施工时，梯车要采取防倾倒措施。（　　）

（9）梯车在地面上推动时，工作台上可以有人停留。（　　）

（10）绝缘子的作用是保持接触悬挂对地的电气绝缘。（　　）

（11）接触线在锚段末端汇流排外余长为 100 ~ 150 mm，沿汇流排终端方向顺延，一般情况对接地体的距离不应小于 150 mm；困难情况不应小于 115 mm。（　　）

（12）接触网线岔是由两相交接触线，一根限制管和固定限制管的定位线夹、螺栓组成。（　　）

（13）各供电分区之间设有电分段、隔离开关；隔离开关分手动、电动两种。（　　）

（14）锚段关节作用：仅满足铝合金汇流排的温度变化曲线要求。（　　）

（15）定位管的作用是固定定位器并且使其在水平方向便于调节；它有 H 型定位管和 T 型定位管两种类型。（　　）

（16）《接触网运行检修规程》规定：测量支柱侧面限界的静态检修周期为 12 个月。（　　）

（17）《安全生产法》规定：安全设备的设计、制造、安装、使用、检测、维修、改造和报废，应当符合国家标准或者使用单位标准。（　　）

（18）接触网作业使用的兆欧表必须按检定周期每 12 个月送检，经检定合格后方准使用，严禁超周期使用。(　　)

（19）绝缘杆、绝缘棒、绝缘手套、绝缘靴的试验周期是 9 个月。(　　)

（20）接触网中 CX 表示隔离开关。(　　)

（21）分段绝缘器的工作面应与地面平行。(　　)

（22）按《接触网运行检修规程》规定，分段绝缘器的检修周期为 12 个月。(　　)

（23）柔性悬挂接触网分段绝缘器绝缘件表面清洁，绝缘性能良好且无损伤，当分段绝缘器绝缘件表面出现裂纹或缺损时，应及时给予更换。(　　)

（24）对不符合运营要求的应及时进行调整处理，调整时应与分段绝缘器两侧悬挂点的为参考对导流板逐点进行调整，使其整体接触面与轨面连线平行。检查分段绝缘器相对线路的水平高差（或坡度）。(　　)

（25）使用长水平尺模拟受电弓滑行状态在接触线至分段绝缘器再到接触线平缓进行，从水平尺进入分段绝缘器的始触点开始至离开分段绝缘器的整个过程中，水平尺所接触的接触线线面、分段绝缘器导流板接触面应始终与水平尺的贴面保持密贴接触。(　　)

（26）遇有雷雨、大雪、浓雾、大风等恶劣气候时，梯车可以上线作业（　　）

（27）用梯车作业时，必须有预防感应电措施。(　　)

（28）梯车在曲线区段和桥面施工时，梯车要采取防倾倒措施。(　　)

（29）梯车在地面上推动时，工作台上可以有人停留。(　　)

（30）绝缘子的作用是保持接触悬挂对地的电气绝缘。(　　)

（31）接触线在锚段末端汇流排外余长为 100 ~ 150 mm，沿汇流排终端方向顺延，一般情况对接地体的距离不应小于 150 mm；困难情况不应小于 115 mm。(　　)

（32）接触网线岔是由两相交接触线，一根限制管和固定限制管的定位线夹、螺栓组成。(　　)

（33）各供电分区之间设有电分段、隔离开关；隔离开关分手动、电动两种。(　　)

（34）锚段关节作用：仅满足铝合金汇流排的温度变化曲线要求。(　　)

（35）定位管的作用是固定定位器并且使其在水平方向便于调节；它有 H 型定位管和 T 型定位管两种类型。(　　)

（36）按《接触网运行检修规程》规定：测量支柱侧面限界的静态检修周期为 12 个月。(　　)

（37）《安全生产法》规定：安全设备的设计、制造、安装、使用、检测、维修、改造和报废，应当符合国家标准或者使用单位标准。(　　)

（38）接触网作业使用的兆欧表必须按检定周期每 12 个月送检，经检定合格后方准使用，严禁超周期使用。(　　)

（39）绝缘杆、绝缘棒、绝缘手套、绝缘靴的试验周期是 9 个月。(　　)

（40）接触网中 CX 表示隔离开关。(　　)

三、简答题

1. 什么是接触网？接触网由哪几部分组成？
2. 刚性接触网的含义是什么？
3. 接触线的含义是什么？
4. 承力索的含义是什么？
5. 辅助馈线的含义是什么？
6. 电分段的含义是什么？
7. 分段绝缘器的含义是什么？
8. 隔离开关的含义是什么？

9. 架空地线的含义是什么？
10. 中心锚结（柔性）的含义是什么？
11. 中心锚结（刚性）的含义是什么？
12. 锚段关节的含义是什么？
13. 绝缘子的含义是什么？
14. 限界门的含义是什么？
15. 硬点的含义是什么？
16. 门型软横跨的含义是什么？
17. 接触网停电作业时在作业区两端加挂临时接地线的目的是什么？
18. 装设接地线的顺序是怎样的？
19. 使用绝缘手套时应注意什么？
20. 如何挂、拆接地线？
21. 柔性接触网步行巡视有哪些要求与内容？
22. 绝缘子在使用前外观检查应满足什么要求？
23. 简述中心锚结的功用。
24. 简述电连接的功用。
25. 接地线的作用是什么？
26. 对手扳葫芦进行外观检查时，在什么情况时不得使用？
27. 简述分段绝缘器的作用。
28. 什么是接触网冷滑试验？
29. 哈尔滨地铁的牵引变电所有哪几座？
30. 验电接地绝缘手套使用前应注意哪些事项？怎样检查？
31. 柔性接触网分为几个修程？分别是什么？
32. 接触网巡视分为哪几种？
33. 柔性接触网车梯巡视的技术要求是什么？
34. 刚性接触网车梯巡视的技术要求是什么？
35. 刚性接触网热滑的技术标准是什么？
36. 下锚装置检修的技术标准是什么？
37. 接触网登电客车巡视的巡视内容及技术标准是什么？
38. 刚性步行巡视应巡视哪些内容？
39. 刚性接触网导高拉出值测量的标准是什么？
40. 对接触线检查的技术标准是什么？
41. 刚柔过渡应检查哪些项目？
42. 刚性汇流排外观检查标准是什么？
43. 接触网电连接外观检查有哪些？
44. 刚性定位装置的检修技术标准是什么？
45. 绝缘子检查和清扫时注意什么？
46. 柔性接触网导高拉出值测量的标准是什么？
47. 接触网柔性螺栓检查和紧固的技术标准是什么？
48. 柔性下锚补偿检修的技术标准是什么？
49. 柔性定位检修应检查些什么？
50. 柔性接触网悬挂装置应检查什么？
51. 简述接触网验电器验电的操作流程。

52. 简述接触网接地线的接拆地操作流程。
53. 简述绝缘手套的检验操作方法。
54. 施工梯车如何组建与搭构？
55. 支柱的攀登现场实做如何进行？
56. 如何接触网工器具进行认知识别？
57. 如何接触网零件设备进行识别？
58. 接触网常用工具的使用要求是什么？
59. 接触线磨耗怎样检测？
60. 接触网施工中梯车规定？
61. 简述接触网万用表的实物使用方法。
62. 通过实物描述断线钳的组成、特点、参数。
63. 通过实物描述游标卡尺的分类以及读数方法。
64. 使用梯车作业时的注意事项是什么？
65. 通过实物叙述梯车的安全要求。
66. 什么是自感电动势？
67. 对滑轮组进行外观拉查时，有什么情况时不得使用？
68. 电功率与电能有什么区别？它们之间的关系如何？
69. 附加导线接头应符合哪些规定？
70. 柔性接触网锚段关节检修技术标准是什么？
71. 锚柱为什么要在拉线反侧打临时拉线？
72. 什么叫作力矩？
73. 对手扳葫芦进行外观检查时，有什么情况时不得使用？
74. 电力牵引供电系统由哪几部分组成？
75. 隔离开关检修的技术标准是什么？
76. 基础出现蜂窝面的原因有哪些？如何处理？
77. 对各种紧线器进行外观检查时，有什么情况时不得使用？
78. 半补偿链形悬挂有哪些优点？
79. 避雷器、放电间隙检测技术标准是什么？
80. 刚性接触网大修的要求是什么？
81. 安装分段绝缘器的技术要求有哪些？
82. 刚性步行巡视应巡视哪些内容？
83. 接触网梯车巡视应巡视哪些内容？
84. 柔性接触网登车（或作业车）巡视有哪些要求与内容？
85. 高空作业使用安全带时应注意哪些事项？
86. 接触网柔性接触线断线抢修过程是什么？
87. 接触网柔性承力索断线抢修流程是什么？
88. 接触网柔性绝缘子更换流程是什么？
89. 接触网分段绝缘器抢修流程是什么？
90. 接触网上网隔离开关保养过程标准是什么？
91. 接触网刚性绝缘子更换抢修流程是什么？
92. 接触网刚性接触线脱槽处理是什么？
93. 接触网异物处理流程是什么？
94. 接触网柔性下锚补偿更换抢修流程是什么？

95. 柔性接触网线岔调整标准是什么？
96. 柔性接触网小修的内容有哪些？
97. 哪些位置需设置“接触网终点标”？
98. 脱落的吊弦线低于接触线时可能造成哪些弓网故障？
99. 接触线局部磨耗对运行有什么影响？
100. 接触网检修计划有哪几种？
101. 接触网施工负责人接到停电命令后，应按什么程序完成安全措施？
102. 简述分段绝缘器的安装技术要求。
103. 城市轨道交通刚性接触网，夹持汇流排采用定位线夹，定位线夹松动脱落会导致严重的后果，简单陈述一下事故处理的全过程。
104. 柔性接触网导高拉出值的技术要求是什么？
105. 接触网上网隔离开关检调的技术标准是什么？
106. 接触网分段绝缘器的检修标准是什么？
107. 接触网锚段关节的检修标准是什么？
108. 接触网刚柔过渡的检修技术标准是什么？
109. 绘出软横跨安装示意图，标出各部名称。
110. 绘出接触网组成示意图，标出 10 个以上零、部件名称。
111. 绘出软横跨安装示意图，标出各部名称并叙述所使用的线材。
112. 绘出铜导线平接接头示意图，并叙述安装要求。
113. 叙述半补偿简单链形悬挂的特点。
114. 硬横跨安装主要有哪些工作内容？
115. 对接触网的要求有哪些？
116. 分段绝缘器怎么安装？
117. 上网隔离开关怎么安装？
118. 在设置拉出值时，一般应注意哪些技术原则？
119. 放线小车的使用方法是什么？
120. 中心锚结的制作及规定是什么？
121. 下锚钢丝绳的制作方法是什么？
122. 吊弦吊索安装要求是什么？

参考答案

模块一

一、填空题

（1）过负荷、延时过电流 I 段、电流速断、电流突变 I、低电压保护 1、低电压保护 2、大电流脱扣

（2）分配、控制、保护、通信

（3）断路器、负荷侧隔离开关、母线侧隔离开关

（4）电控合闸、电控分闸，手动分、合闸

（5）整流器、直流进线柜、直流柜、负极柜

（6）AC 35 kV、AC 1180 V、DC 1500 V

二、判断题

（1）×	（2）√	（3）×	（4）√	（5）√	（6）√	（7）√
（8）√	（9）√	（10）×	（11）×	（12）√	（13）√	（14）√
（15）×	（16）×	（17）√	（18）√	（19）×	（20）√	（21）√
（22）√	（23）√	（24）√	（25）√	（26）×	（27）√	（28）√
（29）√	（30）×	（31）×	（32）√	（33）√	（34）√	（35）×

三、选择题

（1）ABD	（2）A	（3）ABCD	（4）B	（5）A
（6）B	（7）D	（8）A	（9）B	（10）B
（11）B	（12）B	（13）C	（14）C	（15）C
（16）A	（17）B	（18）A	（19）A	（20）C
（21）C	（22）B	（23）C	（24）B	（25）B

四、简答题

1. 答：（1）主变电所两座：

电压等级 AC 66 kV/AC 35 kV 设在太平桥与电表厂，负责地铁全线负荷的供电。

（2）牵引降压混合变电所八座：

电压等级 AC 35 kV/DC 1500 kV、AC 35 kV/AC 400 V，负责地铁接触网供电与车站其他负荷供

电；分别为哈南停车场、哈南站、医大二院、学府路、铁路局、工程大学、车辆段、哈尔滨东站。

（3）降压变电所十二座：

电压等级 AC 35 kV/AC 400 V，负责地铁车站负荷供电。

（4）跟随变电所五座：

电压等级 AC 35 kV/AC 400 V，负责地铁车站负荷供电。

2. 答：钢轨电位限制装置通过区间扼流变压器、均流箱电缆不断检测钢轨与大地之间的电位差，自动与接地排进行短路保护，从而保护站台上乘客和检修时工作人员的安全。

3. 答：（1）对应的负极隔离开关处于合闸状态；

（2）对应的交流 35 kV 断路器处于合闸状态；

（3）远方/就地转换开关处于“就地”位。

4. 答：（1）快速熔断器保护。（2）交流侧过电压保护。（3）过电压保护。（4）温度保护。（5）逆流保护。

5. 答：由交流输入、交流配电、充电机、直流馈电单元、蓄电池、监控单元、微机绝缘监测仪、蓄电池测试仪等组成。

模块二

一、填空题

（1）内部电弧

（2）开合额定电流、配合三工位开关

（3）母线连接、接地

（4）等于零

（5）节点、不动作

（6）低阻抗容式带电指示装置

（7）电动、手动

（8）合闸弹簧

（9）遥测、遥信、遥控、遥调

（10）光纤纵差保护、距离保护

（11）交流柜、逆变柜、馈线屏

（12）瓦斯、内部、乙炔、上升、常开、启动

（13）油箱、冷却、出线、保护、铁芯、分接、油表

（14）YNd11、星形、三角形、滞后、30°

二、选择题

（1）B	（2）C	（3）C	（4）BC	（5）D
（6）A	（7）B	（8）D	（9）ABCDE	

三、判断题

（1）√	（2）√	（3）×	（4）√	（5）√	（6）√	（7）×	（8）×
（9）√	（10）√	（11）√	（12）√	（13）√	（14）√	（15）×	

四、简答题

1. 检查变压器管及母线排有无闪络放电痕迹，有无异物；
检查 1# 主变差动保护范围内的供电电缆有无明显故障点；
检查故障变压器有无严重渗漏及喷油，油温、油色、油位是否有变化；
检查所内有无其他保护动作信号。

2.

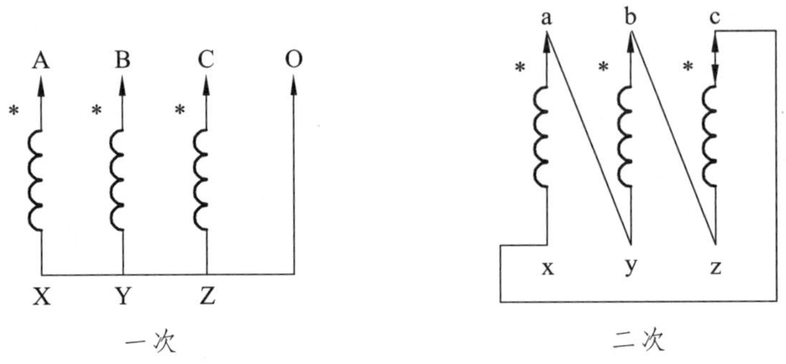

模块三

一、填空题

（1）RS485
（2）控制回路、继电器、整流器、就地转换开关
（3）电流互感器
（4）两次
（5）手投手复、自投自复、自投手复
（6）保护接地
（7）DC 220 V、DC 220 V
（8）屏蔽双绞线

二、选择题

（1）B （2）A （3）D （4）B （5）C （6）C （7）D
（8）C （9）A （10）D （11）D （12）D （13）B （14）A

三、判断题

（1）√ （2）√ （3）√ （4）× （5）√ （6）√

四、简答题

1. 答：① 通过 CSC-861C 实现与 35 kV 开关柜有接口。
② 通过交换机与 DC 1500 V 开关柜有接口。
③ 通过 CSC-850 测控装置与上网隔离开关有接口。
④ 通过 CSC-861C 实现与 0.4 kV 开关柜与接口。
⑤ 接口采用屏蔽 RS485 双绞线与整流器和交直流电源屏有接口。
2. 答：分析故障原则：① 由远到近；② 由外而内；③ 由软到硬；④ 先易后难。
排除故障步骤：① 排除法；② 对比法；③ 替换法。

3. 答：启动在服务器上开一个“终端”。

```
$pwd                    //会显示当前光标所在路径
$ls                     //查看当前 app 目录下的文件
$cd csc2100_home        //进入到 csc2100_home 文件夹
$ls                     //查看当前路径下存在的文件
$cd bin                 //进入到 bin 下
$ls                     //查看路径，会看到 localm、sf_sdr 等程序
$localm                 //然后在这里启动 localm 即可
```

注：scadaexit 的退出命令，可以在随便一个路径下执行。

4. 答：通信管理机的事故总触发电笛响，预告总触发电铃响。

模块四

一、选择题

（1）C （2）C （3）D （4）B （5）B （6）A （7）C （8）C （9）B （10）C

（11）D （12）B （13）B （14）D （15）A （16）C （17）A （18）A （19）D （20）D

（21）B （22）D （23）A （24）D （25）C （26）A （27）C （28）C （29）A （30）D

二、判断题

（1）× （2）× （3）√ （4）√ （5）√ （6）× （7）√ （8）√ （9）× （10）√

（11）√ （12）√ （13）√ （14）× （15）× （16）√ （17）× （18）√ （19）× （20）×

（21）× （22）× （23）√ （24）√ （25）√ （26）× （27）√ （28）√ （29）× （30）√

（31）√ （32）√ （33）√ （34）× （35）× （36）√ （37）× （38）√ （39）× （40）×

三、简答题

1. 答：（1）接触网是架设在铁路线上空向电力机车供给电能的特殊形式的输电线路。

（2）接触网组成：

① 接触悬挂；② 支持装置；③ 支柱与基础。

2. 答：刚性接触网：正规名称应为刚体接触悬挂或刚性悬挂，它是相对传统的柔性接触网（主要以线索形式存在）而言，为了更有效地利用地下隧道的净空而开发出的一种全新形式的接触网，它主要由架空刚性汇流排、接触线、支持定位装置、绝缘部件及架空地线等部分组成。

3. 答：是接触悬挂中与受电弓直接接触的、带有特殊沟槽形式的传导电流的导线。

4. 答：在柔性接触网区段里，用来承受接触悬挂重量的缆索。

5. 答：在柔性接触网区段里，当接触线和承力索的总截面积不能满足输电要求时，为了加大导电总截面积而架设的一组平行输电导线。

6. 答：在纵向或者横向将接触网从电气连接上互相分开的装置。

7. 答：用以实现电分段的专用绝缘装置。

8. 答：是用来在接触网无负荷情况下切断或闭合供电回路的电气设备。

9. 答：在接触网系统中，沿接触网路径全线架设，为绝缘子闪络提供电气通路的导线。

10. 答：在柔性接触网区段里，为防止锚段两端负荷失去平衡而向一端滑动和缩小事故范围，使接触线不发生纵向滑动的装置。

11. 答：在刚性接触网区段里，用来防止汇流排窜动的装置。

12. 答：实现锚段之间平稳过渡的设施，可分为非绝缘锚段关节和绝缘锚段关节。

13. 答：用于隔离带电体与非带电体，并对汇流排装置和其他支持定位装置起支撑作用的非导电设备。

14. 答：为了保证车辆、行人及货物的安全，避免触电事故，在车辆段接触网区段的道口设置的一种限高标志，用于限制货物、车辆和行人携带的杆件等的高度。

15. 答：接触线接头处，安装分段绝缘器、定位装置以及中心锚结的地方，致使接触线柔性变差或形成集中质量的现象。

16. 答：属于软横跨的一种，是横跨多股道线路的一种悬挂支持装置。

17. 答：接触网停电作业时，在作业区两端加挂临时接地线是为了防止变电所误送电和消除感应电压对人体的危害。

18. 答：装设接地线时必须将接地线一端先行接地，另一端再与停电导线相连。

19. 答：（1）使用前先查看标签，确认所用手套是否在实验周期内，凡超期未实验的不得使用；（2）外观检查绝缘手套。做一下简单的充气实验。检查手套是否有裂纹、破损、漏气现象。无缺陷时方准使用。

20. 答：（1）挂接地线时，先接好接地端，再挂导线端。（2）拆接地线时，先拆导线端，再拆接地端。

21. 答：步行巡视每月不少于 4 次，主要巡视有无侵入限界，障碍受电弓运行，各种线索和零件烧损、折断，补偿器的动作情况和下部地线（包括牵引轨的连接电缆）的连接状况，馈线电缆出口是否密封以及有无塌方落石、爆破作业等损伤接触网、危及行车安全的现象。特别注意夜间巡视（刚接管后每周不少于 2 次，一个月后每月不少于 1 次），主要观察闪络放电现象。

22. 答：（1）瓷件与软件组合无歪斜现象，且结合紧密，铁件镀锌良好。（2）瓷釉光滑、无裂纹、缺釉、斑点、烧痕、气泡或瓷釉烧坏等缺陷。（3）弹簧销、弹簧垫的弹力适宜。

23. 答：中心锚结的作用是为了防止由于各种原因使导线向一侧滑动，从而保证了接触线有良好的工作状态。在刚性接触网区段里，用来防止汇流排窜动。

24. 答：电连接的作用是保证接触网各导线之间，各分段之间或各股道接触悬挂之间电流的畅通。电连接按安装位置不同分为横向、道岔、锚段关节电连接。

25. 答：当绝缘子发生闪络时，泄漏电流由接地线直接流入钢轨，使牵引变电所保护装置可以短时间内跳闸，从而保证了设备及人身安全。

26. 答：外形有明显的变形、损伤、锈蚀现象及操作时打滑者。

27. 答：（1）为保证工作人员的作业方便及人身安全，保证上、下行接触网实现同相电分段，又使电力机车受电弓平滑地通过。

（2）经济，安装方便。

28. 答：冷滑试验就是在接触网不受电的情况下，通过电力机车受电弓的滑行，对接触网进行的动态试验检查。

29. 答：哈尔滨南站站、医大二院、学府路、铁路局、哈工程大学、哈尔滨东站。

30. 答：每次使用前应进行外部检查查看表面有无损伤、磨损或破漏、划痕等。如有砂眼漏气情况，应禁止使用。检查的方法是，将手套朝手指方向卷曲，当卷至一定程度时，内部空气因体积减小，压力增大，手指鼓起，不漏气即为良好。

31. 答：分为 4 个修程，分别是巡视、检测、检修、大修。

32. 答：步行巡视、车梯巡视、登电客车巡视。

33. 答：检查接触网设备零件状态良好，无脱落、损坏或其他异常情况。其他设备距接触网符合安全距离；接触线磨耗情况；检查接触网标识牌清晰。

34. 答：接触线磨耗、汇流排烧伤或磨损面积情况；绝缘子外观检查；螺栓是否有松动、脱落和锈蚀情况；隧道漏水情况；接触线单支悬吊槽钢、垂直悬吊安装底座、电连接线及线夹、中心锚结、线岔、分段绝缘器、锚段关节及其零部件的状态连接良好；检查接触网标志牌清晰。

35. 答：受电弓从接触线取流情况；受电弓通过分段绝缘器、锚段关节、线岔等部位情况；受电弓碳滑板、羊角异常情况检查。

36. 答：在最高温度下 B 值大于 200 mm，在最低温度下的 A 值大于 200 mm；A、B 值 6 个月检测一次，原则安排在极端温度状态时。

37. 答：牵引变电所连续出现两次及以上故障跳闸情况。接到客运及行车人员反映接触网设备有异常情况。

38. 答：（1）绝缘部件无破损、无过热变色和闪络放电现象；（2）汇流排、接触线、电连接线及各零部件等无烧伤和损坏；（3）检查定位点处或设备上方漏水情况；（4）触网支架接地连接良好；（5）隔离开关、刚柔过渡、分段绝缘器、锚段关节、中心锚结、线岔、标志牌等关键设备状态情况；（6）应无外物侵入刚性接触网规定限界。

39. 答：（1）全线路导高控制在（4 040 ± 5）mm 范围内；（2）拉出值误差为（250 ± 10）mm。

40. 答：（1）检查接触线无拉弧、放电现象。（2）随温度变化接触线与汇流排可有相对位移情况。（3）接触线无脱出汇流排夹槽情况。

41. 答：（1）防护罩对露天汇流排覆盖完全，安装稳固。（2）柔性接触线与刚性接触线衔接处导高相等。（3）刚柔过渡处两侧定位点拉出值相等。（4）接触线在切槽式汇流排上无位移。

42. 答：（1）汇流排表面光洁，无缺损、无毛刺、无污迹、无腐蚀，无裂纹，无变形。

（2）汇流排夹槽与接触线要密贴，且接触线与汇流排随温度变化可有相对位移。

（3）汇流排截面中心线与轨面连线垂直，偏斜不大于 1°。

43. 答：（1）电连接无散股、断股；（2）电连接线夹与汇流排的连接牢固可靠。

44. 答：（1）单支悬吊槽钢无锈蚀。（2）单支悬吊槽钢上连接件紧固。（3）T 型螺栓要有调节余量，外露不小于 15 mm。（4）预埋锚栓于竖直状态。（5）单支悬吊槽钢应平行与轨道平面，倾斜不大于 1°。（6）汇流排与汇流排线夹随温度变化可有相对位移，确保汇流排的热胀冷缩。

45. 答：（1）表面无污渍。（2）无破损和闪络、放电现象。（3）清扫时用清洁布进行清扫。（4）经防污处理的绝缘子无须清扫。

46. 答：（1）两相邻定位点导高相差在 ± 20 mm 范围内（除隧道与地面、高架衔接段）；任何困难下导高最小都不能低于 3973 mm。（2）拉出值范围：正线、车辆场直线段为 ± 200 mm；曲线段为 ± 250 mm；试车线曲线段为 ± 300 mm 跨中偏移：正线、车辆场直线段为 ± 300 mm；车辆场曲线段为 ± 350 mm；拉出值误差为 ± 30 mm。

47. 答：（1）对定位装置（定位线夹、支持器、定位环）螺栓检查和紧固；（2）对接触悬挂（吊弦线夹、吊索线夹、电连接、线岔）螺栓检查和紧固；（3）对支持装置（弹性元件、抱箍、绞管套环、套管双耳）螺栓检查和紧固；（4）对下锚装置（调节螺栓、连接板）螺栓检查和紧固；（5）对分段绝缘器、隔离开关等设备连接螺栓进行检查和紧固。

各种螺栓按照产品说明和要求力矩进行紧固。

48. 答：（1）棘轮应转动灵活，大小轮上钢丝绳无重叠现象，绳索卷绕大小轮圈数和为 4 ~ 4.5 圈；（2）绳索无断股，绳索不允许碰棘轮；（3）制动距离为（15 ± 5）mm；（4）下锚转角大于 12°；（5）棘轮完好，无缺损，无裂缝；棘轮每年加油一次；（6）内置式下锚：导向轮应转动灵活；坠砣串是在支柱中心线上，偏差 2 mm；转向轮距离底座 168 mm；上承锚板距离导向滑轮 686 mm；上下承锚板之间的距离为 500 mm；导向轮与补偿绳、支柱开口中心面三者重合，偏差 5 mm。

49. 答：（1）腕臂各部件牢固，铰接处转动灵活。（2）底座无变形、弯曲、锈蚀和破损情况。（3）

腕臂偏移符合安装曲线。（4）各个连接部件螺栓齐全，紧固良好。（5）水平腕臂无低头现象，与底座连接无扭曲变形。（6）与周围非带电部分物体的绝缘距离符合标准。

50. 答：（1）吊弦连接牢固，无脱落，处于受力状态，偏移符合安装曲线。（2）吊索受力均匀，连接牢固。（3）吊弦、吊索无烧伤、无断股。（4）馈线、地线驰度符合安装曲线。（5）导线在线岔中处于悬空状态，伸缩自由、无卡滞。（6）线岔线夹无烧伤、松动及打、碰弓现象。（7）电连接线无松股、断股现象。（8）电缆表面无烧伤、老化、破损；扎带绑扎完好。

51. 答：作业组在接到停电作业命令后，须先验电接地，然后方可作业。

用验电器验电的顺序是：组装好验电器并检查是否完好，验电器验声，把验电器的接地端接到牵引回流轨上，再将验电器端头轻靠接触网导线，无响声则为已停电，验电器再次验声。

带接地线的验电器，在验电时接地小线要和人体保持一定的安全距离，防止高举验电器时接地小线碰到带电体，危及人身安全或对地短路放电。当验明接触网已停电后，须立即在作业点的两端，及和作业地点相连可能来电的所有停电设备上装设接地线。在装设接地线时，将接地线的一端先行接到回流轨上，再将接另一端紧固在已停电的一根辅助线或一根接触网导线上。拆接地线顺序相反，先拆连接接触网导线端，然后再拆回流轨端。接地线要连接牢固，接触良好。拆装接地线时，不得短接两根钢轨。

装设接地线时，人体不得触及接地线。装设和拆除接地线时，操作人必须戴安全帽和绝缘手套，借助于绝缘杆进行，绝缘手套、绝缘杆要保持清洁、干燥。接地线采用截面不小于 70 mm^2 的裸铜软铰线，并不得有断股、散股和接头，长度与接挂位置适应，连接部分接触可靠。

验电和装拆接地线，必须由两人进行；一人操作，一人监护；操作人员必须戴安全帽和绝缘手套，借助绝缘杆进行。

52. 答：拆接地线顺序相反，先拆连接接触网导线端，然后再拆回流轨端。接地线要连接牢固，接触良好。拆装接地线时，不得短接两根钢轨。

53. 答：（1）使用经检验合格的绝缘手套（每半年检验一次）。（2）佩带前还要对绝缘手套进行气密性检查，具体方法：将手套从口部向上卷，稍用力将空气压至手掌及指头部分检查上述部位有无漏气，如有则不能使用。（3）使用时注意防止尖锐物体刺破手套。（4）使用后注意存放在干燥处，并不得接触油类及腐蚀性药品等。

54. 答：（1）建立人员组织，确定方案，分配分工。（2）组建搭构中安全措施。（3）组建搭构的时间节点。（4）组建搭构后的标准。

55. 答：（1）攀登前的准备，器具携带齐全。（2）安全措施的防护，安全带的牢记。（3）攀登中脚扣的使用熟练、攀登的熟练度。（4）攀登中的配合以及攀登所用的时间。

56. 答：（1）通过实物认知接触网的工器具以及安全用具。（2）通过实物简述其作用。

57. 答：（1）通过实物认知描述其零件设备的名称。（2）通过实物认知描述零件作用以及安装的位置。

58. 答：（1）熟练的使用接触网常用工具，会操作、懂原理。（2）施工作业中工器具的使用方法、使用熟练程度等。

59. 答：对以下各种情况进行选点检测：停车时受电弓位置、锚段关节、中心锚结、分段绝缘器、线岔两侧和刚柔过渡处，导高最低点、线路和隧道沉降处等部位进行选点进行重点检测。

检测点应做出特殊标记，检测接触线磨损宽度，根据线材情况计算出磨耗面积，平均磨耗不允许超过截面积 50%。

60. 答：接触网作业用的车梯和梯子必须符合下列要求：

（1）结实、轻便、稳固。（2）车梯的绝缘车轮必须有良好的绝缘性能。

用车梯进行作业时，工作台上的人员不得超过二名，所用的零件、工具等放置在工具袋内，不得放置在工作台台面上。作业中推动车梯人员应服从工作台上人员的指挥。当巡检过程中车上有人时，推动车梯的速度不得超过 5 km/h，并不得发生冲击和急剧起、停梯。台上人员和推梯人员要呼唤应答，配合默契。当非巡检移动车梯时，工作台上不能有人。工作负责人和推梯人员，要时刻注意和保持车梯的稳定状态。当车梯在曲线上或遇到刮大风时，对车梯要采取防止倾倒的措施；当车梯在大坡道上时，要采取防止滑移的措施；当车梯放在道床，路肩上或作业人员超出工作范围作业时，作业人员要将安全带系在接触网固定部件上，不得系在车梯工作柜架上。车梯在地面上推动时，工作台上不得有人。

61. 答：（1）使用前，应认真阅读有关的使用说明书，熟悉刀盘、按钮、插孔的作用。（2）将刀盘拨离 OFF 位置即为开机。（3）基本测量：根据需要拨到相应位置。交直流电压的测量：可直接显示混合信号的主流分量和交流分量，表笔插入相应的插孔。

62. 答：断线钳主要由定刀架、动刀架 、刀片、定手柄及动手柄组成。

（1）剪刀头由优质弹簧钢制成，有极高的硬度和韧性。（2）刃口锋利，耐磨，剪切阻力小。（3）高强度的坚固螺栓，配合防松螺母，全部经过特殊热处理。（4）手柄选择杜邦材料作为涂覆层，色彩鲜艳，经久耐用。（5）手柄与剪刀头本体紧密配合，牢固可靠。（6）PVC 握把手感舒适。

63. 答：常用的游标卡尺有以下三种：三用游标卡尺（量内、外径及深度）；

单面量爪游标卡尺（只能量内、外径）；双面量爪游标卡尺（测量内、外径，但附有微调装置）。

游标卡尺的读数方法：利用主尺和游标尺互相配合进行读数。

在主尺上均匀的刻了许多刻线，每 2 刻线间距离（即主刻度值）1 mm。在游框上也有一个尺子，叫游标尺，也均匀地刻了一些线，它的刻度值在我们触网车间一般使用 0.02 mm。主尺用来读出被测尺寸的整数部分，游标尺是用来读被测的小数部分。

64. 答：（1）接触网高空作业使用的车梯，必须符合机械电气试验标准，车梯必须结实、轻便、稳固，在有轨道电路的区段上使用的车梯，其轮对必须采取可靠的绝缘措施，以防端接轨道电路，危及行车安全。

（2）用车梯进行作业时，工作台上不得超过 2 人，所有的零件、工具、材料等不得放置在工作台面上，以免掉落砸伤推扶车梯的人员或作业组其他人员。

（3）推车人员要保持车梯的稳定，当车梯在曲线上行驶或遇大风时，要采取防止车梯倾倒的措施，行驶在大坡道时，要采取防滑措施，作业中车梯的移动应听从工作台上的作业人员指挥，移动速度不应超过 5 km/h，车梯在地面上推动是，工作台上不得有人停留。作业结束后，须将车梯放在建筑接近界限以外，并采取防倾倒措施，以免车梯存放不当或倾倒，危及行车安全。存放在站台上要注意存放位置不得影响消防通道，不得压盲道，不得影响乘客安全。

65. 答：（1）使用接触网车梯前，要认真检查车梯的车轮和安全措施，确保完好安全方可使用。

（2）车梯到位后，必须将车轮的制动装置锁定，作业人员方可使用作业。

（3）在车梯上下工作的作业人员必须戴好安全帽，上车梯作业人员必须使用安全带。

（4）车梯在轨道上移动速度不得大于 5 km/h，转弯处要放慢移动速度，防止车梯倾倒；车体上有作业人员尽可能不要移动车梯，在工作中利用车梯巡检接触网时，车梯移动中平台上的作业人员不得站立，车梯移动过速度不得大于 5 km/h，推车由人工进行。

（5）每台车梯上作业人员不得超过二人。

（6）使用车梯作业时必须设专人监护，监护人必须佩戴安全标志和安全帽，防止高空坠物砸伤。

（7）车梯固定后由四人分别看护四个移动轮防止意外事故发生。

66. 答：线圈自身电流变化引起磁通变化，而在线圈中产生的感应电动势，叫自感电动势。

67. 答：吊钩有裂纹或明显变形者；滑轮边缘有裂纹或严重磨损、轴承变形、轴瓦磨损者；钢丝绳断股、严重锈蚀或严重扭绞者。

68. 答：电功率是单位时间电场力或非静电力所做的功，是表示做功快慢的物理量；电能是一段时间内电场力或非静电力所做的功，是表示这段时间内有多少电能转换成其他能，关系：$Pt = W$。

69. 答：（1）不同金属、不同规格、不同绞制方向的导线严禁在跨距内接头。

（2）一个跨距内不得超过一个接头，但跨越铁路，一、二级公路，重要的通航河流时导线不得有接头。

（3）一个耐张段内接头、断股补强数不得超过：500 m 时为 1 个；1000 m 及以下为 2 个；1000 m 以上为 3 个。

（4）接头位置距导线悬挂点间应大于 500 mm。

70. 答：（1）非绝缘锚段关节：

转换支柱间两接触导线平行间距为 200 mm；两锚段导线等高点应在跨距的中点；转换支柱非工作支比工作支抬高 300 mm；在转换柱分别设置一组电连接。

（2）绝缘锚段关节：

转换支柱间两接触导线平行间距为 400 mm；中心柱处两定位处等高；转换支柱非工作支比工作支抬高 300 mm；下锚处转换支柱非工作支比工作支抬高 500 mm。

71. 答：临时拉线相当于临时负荷，用以保证拉线的安装达到施工标准。若不设临时拉线，拉线安装时，锚柱反侧没有负荷，拉线就不可能拉紧，可调式楔形线夹螺纹外露长度也不能确定，锚柱倾斜度也不能达到验标要求。当接触悬挂架设后，可能造成锚柱反倾或可调式楔形线夹没有了调整裕度。所以锚柱要设置拉线反侧的临时拉线。

72. 答：力矩是力对点之矩，是力与力臂的乘积，是度量物体在力的作用下转动效果的物理量。

73. 答：外形有明显的变形、损伤、锈蚀现象及操作时打滑者。

74. 答：牵引变电所、馈电线、接触网、电力机车、轨道、回流线。

75. 答：（1）合闸后静、动刀片整齐，刀片无烧伤、腐蚀等痕迹。

（2）用 0.05 mm × 10 mm 的塞尺检查刀片，其塞入深度在接触表面 10% 以下。

（3）合闸过程中消弧角轻微撞击后保持 5 mm 的间隙，分闸后保持 150 mm 的距离。

（4）绝缘子外表面清洁，无烧伤、破损、老化现象。

（5）连杆动作时必须通畅。

（6）电动操作机构接线可靠、各部件运转良好。

（7）开关箱内外无积灰，无油污。

76. 答：水灰比越大，就是用水量越多，水泥浆就越稀。由于水泥和水发生水化作用，一般只需用水量的 1/4 左右就够了，多余的水分是为了便利拌制及润湿砂石之用。如果水量过多，一方面减低了水泥浆的粘性能力，另一方面多余水分被蒸发后，在混凝土中形成很多空隙，这些空隙的存在会降低混凝土的密实度，使其强度降低。所以，在一定范围内，在水泥标号相同的情况下，水灰比越小，混凝土强度越高。

77. 答：外表有裂纹或变形者；夹口磨损严重者。

78. 答：安全可靠；中心锚结及下锚结构简单；断线后修复容易；弹性较好。

79. 答：避雷器检测在每年雷雨季节前完成，检测要求：

（1）接地电阻小于 10 Ω；（2）1 mA 参考电压大于 2.67 kV；（3）75% 持续电流应 ≤ 20 μA。

放电间隙检测要求：

（1）表面光洁、无裂纹、无破损，螺栓紧固无松动；（2）间隙距离按照放电间隙类型不同，调整至（8 ± 0.5）mm 或（3 ± 0.5）mm 两种。

80. 答：在整个锚段平均磨耗面积达到 50% 以上；局部磨耗接近汇流排；接触线和汇流排有严重电烧伤或电磨耗情况；受电弓通过接触线达到 300 万架弓次；达到线路设备大修年限。任意具备以上其中一项时应进行触网大修。

81. 答：（1）分段绝缘器导流板与主绝缘件衔接处应平滑、不打弓，绝缘器各部连接螺栓连接紧固密贴。

（2）安装绝缘器后应保持锚段原有张力及张力补偿器对地面的原有高度。

（3）安装调整完毕的分段绝缘器与受电弓接触部分应与两轨面平行，承力索绝缘子串应在绝缘器的正上方。

82. 答：绝缘部件、汇流排、接触线、定位点、回流、接地系统、隔离开关、刚柔过渡、分段绝缘器、锚段关节、中心锚结、线岔、标志牌等。

83. 答：接触线、汇流排、绝缘子、螺栓、接触线单支悬吊槽钢、垂直悬吊安装底、电连接线、中心锚结、线岔、分段绝缘器、锚段关节及其零部件、标志牌等。

84. 答：登车（或作业车）巡视：每季度不少于 1 次。当采用轨道作业车巡视时，车行速度不大于 10 km/h。主要检查内容有：接触网悬挂、支持装置、定位装置、线岔、锚关节及其他零部件的状态是否连接良好，有无损坏；接触网终点标等网上标志是否在正常的状态。

85. 答：高空作业使用安全带时，应注意以下事项：

登高前必须检查安全带，各部件齐全、可靠、无损坏。（2）安全带必须拴系在安全可靠位置。禁止将安全带拴系在支柱顶稍部、梯子上、梯车框架上、被拆卸的部件上、需切断的线索上及其他可能造成安全带滑脱的构件部位。（3）安全带拴系的位置要适当、方便操作。（4）变换作业位置需重新拴系安全带时要注意检查是否系牢。（5）作业未结束时，禁止解开保险扣及安全带。

86. 答：（1）检查接触网的受损情况，并派人员到事故锚段进行检查。（2）准备抢修材料，制定方案，分配任务。（3）用葫芦把下锚补偿装置的坠陀拉起。（4）在断线处用同类型的接触线用连接线夹进行连接，在接触线连接处用锉刀挫平。（5）拆除断线处（一跨或多跨）损坏的定位装置、吊弦、电连接线。（6）安装定位装置，更换损坏部件，如：定位线夹、支持器，同时调整拉出值。（7）用铅丝或整体吊弦临时悬吊接触线，同时调整导高，必要时临时安装电连接。（8）拆除下锚补偿装置处葫芦，使接触线承受张力。（9）清理现场，达到送电条件。

87. 答：（1）检查接触网的受损情况，并派人员到事故锚段进行检查。（2）准备抢修材料，制定方案，分配任务。（3）用葫芦把下锚补偿装置的坠陀拉起。（4）在断线处用同类型的承力索用铜压管进行压接。（5）拆除断线处（一跨或多跨）损坏的承力索底座、定位装置、吊弦、电连接线。（6）安装定位装置，更换损坏部件，如：承力索底座、定位线夹、支持器，同时调整拉出值。（7）用铅丝或整体吊弦临时悬吊接触线，同时调整导高，必要时临时安装电连接。（8）拆除下锚补偿装置处葫芦，使接触线承受张力。（9）清理现场，达到送电条件。

88. 答：（1）检查绝缘子损坏情况：

① 隧道段定位装置处绝缘子被击穿或断裂：

a. 直线段：直接拆除该定位管，使其脱离供电区域。b. 曲线段：更换绝缘定位管，等运营结束后再更换损坏的绝缘子。c. 符合送电条件后，通知电调送电，并清理现场。d. 在事故点派检修人员值守，观察若干辆电客通过时的情况。

② 馈线绝缘子被击穿或断裂：

a. 拆除损坏的绝缘子。b. 用绝缘毯或绝缘套管包裹馈线，脱离接地。c. 符合送电条件后，通知电调送电，并清理现场。d. 在事故点派检修人员值守，观察若干辆电客通过时的情况。

③ 如腕臂绝缘子被击穿或断裂：

a. 用葫芦连接支柱和腕臂，将腕臂吊起，方便装拆绝缘子。b. 收紧葫芦，拆除绝缘子与支柱抱箍的连接部件。c. 放松葫芦，卸下损坏的绝缘子，更换新的绝缘子。d. 收紧葫芦，安装绝缘子与支柱抱箍的连接部件。e. 拆除手扳葫芦。f. 在定位点处按技术要求调整，调整吊弦按偏移值。线路的导高、“之”字值按技术要求调整，中锚按照技术指标调整。g. 符合送电条件后，通知电调送电，并清理现场。h. 在事故点派检修人员值守，观察若干辆电客通过时的情况。

89. 答：（1）检查接触网的受损情况，并派人员到事故锚段进行检查。（2）准备抢修材料，制定方案，分配任务。（3）用葫芦把下锚补偿装置的坠陀拉起。（4）拆除断线处损坏的分段绝缘器，在断线处用同类型的接触线用连接线夹进行连接，在接触线连接处用锉刀挫平。用一段新的接触线代替分段绝缘器，将两个供电区域短接。（5）拆除断线处（一跨或多跨）损坏的定位装置、吊弦、电连接线。（6）安装定位装置，更换损坏部件，如：定位线夹、支持器，同时调整拉出值。（7）并用铅丝或整体吊弦临时悬吊接触线，同时调整导高，必要时临时安装电连接。（8）拆除下锚补偿装置处葫芦，使接触线承受张力。（9）清理现场，达到送电条件。

90. 答：（1）合闸后静、动刀片整齐，刀片无烧伤、腐蚀等痕迹。（2）用 0.05 mm × 10 mm 的塞尺检查刀片，其塞入深度在接触表面 10% 以下。（3）合闸过程中消弧角轻微撞击后保持 5 mm 的间隙，分闸后保持 150 mm 的距离。（4）绝缘子外表面清洁，无烧伤、破损、老化现象。（5）连杆动作时必须通畅。（6）电动操作机构接线可靠、各部件运转良好。（7）开关箱内外无积灰，无油污。

91. 答：（1）申请要点。

（2）进入事故区间，寻找事故定位点（题 91 图）。

（3）找到事故点后，挂设接地棒。

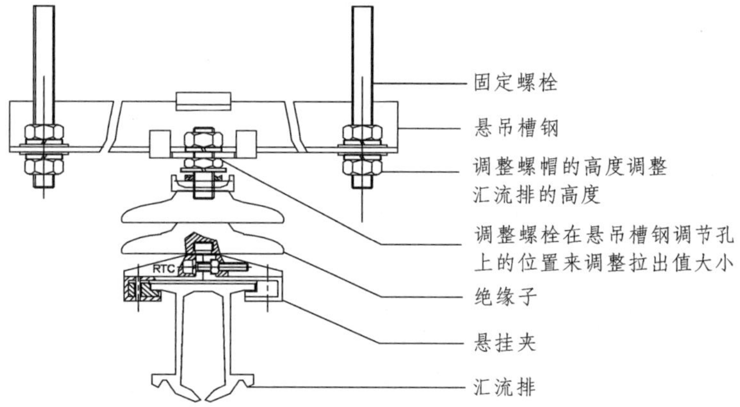

题 91 图　定位示意图

（4）迅速拆除损坏的绝缘子，按原位置高度安装刚性绝缘子，使导高、拉出值保持基本不变。

（5）清理现场，人员撤离。

92. 答：施工组织安排确定方案；工具材料的准备齐全；施工前的安全措施。

（1）将接触线用放线小车从汇流排中拖出。（2）对汇流排中的污物进行清理，对清理后的汇流排和导线涂导电膏处理。（3）用放线小车将接触线拖进汇流排中。（4）现场工具材料清理，达到送电要求。

93. 答：（1）抢修组分成两队，一队人员由两人组成，携带好工具，以最快的速度到达事故现场，把现场情况通知另一队，另一队以最快的速度，带上抢修工具及材料，迅速赶往事故现场。

（2）抢修组到达现场后立即采取相应安全措施。

（3）抢修组根据事故情况，正确分工，迅速抢修，主要做到以下几点：

① 抢修人员利用抢修工具清除悬挂物。

② 对于难以清除的悬挂物，正确使用抢修工具，清除过程中要避免对接触网设备的损伤。

（4）悬挂物清除完后，应对接触网设备进行检查。如发现接触网设备存在损伤应及时修复，对现场无法修复的向电力调度汇报组织抢修。

（5）现场处理完毕后，抢修人员应迅速清理现场并尽快撤离现场。

（6）故障/事故现场处理完毕，并具确认具备行车条件后，抢修人员应尽快向车控室或场区调度汇报，使之能尽快按有关程序恢复供电和行车。

94. 答：（1）检查接触网的受损情况，并派人员到事故锚段进行检查。

（2）准备抢修材料，制定方案，分配任务。

（3）在下锚处用钢丝套连接通过葫芦将接触线收起，使该下锚临时作硬锚使用。

（4）拆除损坏的绝缘子、定位装置、吊弦、电连接线。

（5）安装定位装置，更换损坏部件，如：定位线夹、支持器、吊弦、电连接线。

（6）用铅丝或整体吊弦临时悬吊接触线，同时调整导高，必要时临时安装电连接。

（7）拆除下锚补偿装置处葫芦，使接触线承受张力。

（8）清理现场，达到送电条件后，通知电调送电。

95. 答：（1）检查线岔故障情况，并派人员到事故锚段进行检查。

（2）如发现线岔岔心至两线 500 mm 处不等高，对定位点拉出值和该定位相邻两跨距的跨中接触线偏移进行检测，不超过设计。

（3）调整两交叉接触线相距 500 mm 处两工作支水平，两接触线有一根为非工作支，则非工作支比工作支接触线抬高不少于 50 mm。注意单线与双线、双线与双线的关系。方法是：在保证正线接触线高度的情况下，调整邻近吊弦的长度直至达到要求为止。注意，非工作支接触线的抬高必须均匀。

（4）限制管安装位置不符合要求时，根据实测偏移及计算（或者安装曲线）出的调整温度下应偏移数值和方向进行调整。

（5）交叉点处两支接触线间活动间隙不符合要求时，则调整限制管，直至活动间隙符合要求。必要时，更换限制管。

（6）如线岔不好引起弓网事故，可参考定位装置故障预案处理。

（7）清理现场，达到送电条。

96. 答：小修是维持性的修理。主要是：对接触网进行检测、清扫、涂油；对磨损、锈蚀到期的接触线、承力索、馈电线及架空地线进行整修、补强或局部更换，以保持接触网的正常工作状态。

97. 答：在站场的牵出线、安全线、避难线、装卸线及专用线的接触网的终端应设置“接触网终点标”，该标志应在接触线锚支距受电弓中心 400 mm 的上方，通常设在终端下锚柱前方的第一个支柱悬挂点上，机车受电弓不得越过此标。

98. 答：脱落的吊弦线低于接触线，受电弓通过时会打击受电弓，一是可能将受电弓滑板打坏，受伤的受电弓继续运行刷伤接触线或在其他位置引起刷弓；二是脱落的吊弦缠绕受电弓直接引起刷弓。

99. 答：（1）可能造成接触线拉断线塌网，中断供电。（2）形成硬点会打坏受电弓或引起弓网故障。（3）电气补强或接头点多使接触。

100. 答：（1）按检修范围分为大修计划和小修计划。（2）按检修时间分为年底计划、月计划和日常计划。

101. 答：接触网施工负责人接到停电命令后，应按命令要求进行作业，作业前必须按下列程序完成安全措施后，方可在停电设备上工作：

（1）验电；（2）接地线；（3）设置防护。

102. 答：（1）分段绝缘器比相邻定位点导高抬高 20 mm，主体平行轨平面。（2）受电弓平滑过渡，双向通过均无打弓现象。（3）紧固件应齐全，连接牢固可靠，螺母和螺杆的旋紧扭矩符合设计要求。（4）对导板上的碳粉、尘埃、油污进行清扫。（5）绝缘部件表面清洁，无破损、老化现象。

103. 答：（1）按停电作业的要求办理好停电及线路封锁手续，验电接地并设好行车防护后开工。（2）人员上梯车（或作业车平台）。（3）拆卸松动的定位线夹并妥善保管，以分析脱落原因。（4）安装新的定位线夹。（5）测量接触线的拉出值（之字值）、高度，调整有关零件，使之符合规定。（6）检查接触线及邻近接触网设备状态是否良好，若有损坏应作出相应处理。（7）结束处理作业，撤出所有人员及工器具，恢复送电。

104. 答：两相邻定位点导高相差在 ±20 mm 范围内（除隧道与地面、高架衔接段）；任何困难下导高最小都不能低于 3 973 mm。拉出值范围：正线、车辆场直线段为 ± 200 mm；曲线段为 ± 250 mm；试车线曲线段为 ± 300 mm 跨中偏移：正线、车辆场直线段为 ± 300 mm；车辆场曲线段为 ± 350 mm；拉出值误差为 ± 30 mm。

105. 答：（1）合闸后静、动刀片整齐，刀片无烧伤、腐蚀等痕迹。（2）用 0.05 mm × 10 mm 的塞尺检查刀片，其塞入深度在接触表面 10% 以下。（3）合闸过程中消弧角轻微撞击后保持 5 mm 的间隙，分闸后保持 150 mm 的距离。（4）绝缘子外表面清洁，无烧伤、破损、老化现象。（5）连杆动作时必须通畅。（6）电动操作机构接线可靠、各部件运转良好。（7）开关箱内外无积灰，无油污。

106. 答：（1）分段绝缘器比相邻定位点导高抬高 20 mm，主体平行轨平面。（2）受电弓平滑过渡，双向通过均无打弓现象。（3）紧固件应齐全，连接牢固可靠，螺母和螺杆的旋紧扭矩符合设计要求。（4）对导板上的碳粉、尘埃、油污进行清扫。（5）绝缘部件表面清洁，无破损、老化现象。

107. 答：（1）锚段关节处无固定拉弧点。（2）受电弓双向通过均无撞击现象。（3）锚段关节非工作支不得低于工作支，受电弓可平滑通过。（4）非绝缘锚段关节两支悬挂间距离为 200 mm，绝缘锚段关节两支悬挂间距离为 300 mm，允许误差 ± 20 mm。（5）接触线在锚段末端汇流排外余长为 100 ~ 150 mm。

108. 答：（1）防护罩对露天汇流排覆盖完全，安装稳固。（2）柔性接触线与刚性接触线衔接处导高相等；（3）刚柔过渡处两侧定位点拉出值相等。（4）接触线在切槽式汇流排上无位移。

109.

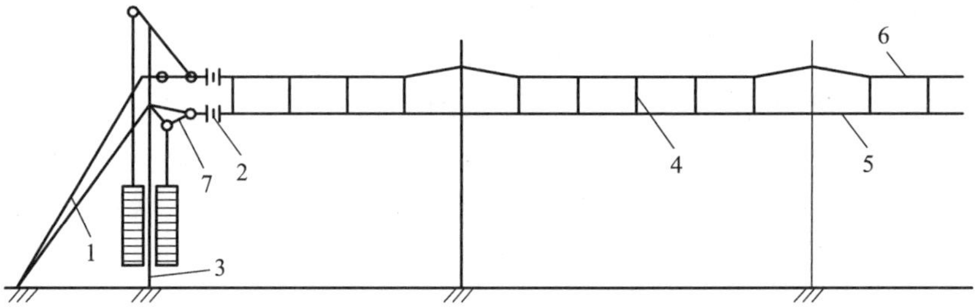

全补偿简单链形悬挂示意图

1—下锚拉线；2—悬式绝缘子串；3—锚柱；4—吊弦；
5—接触线；6—承力索；7—张力补偿器

110.

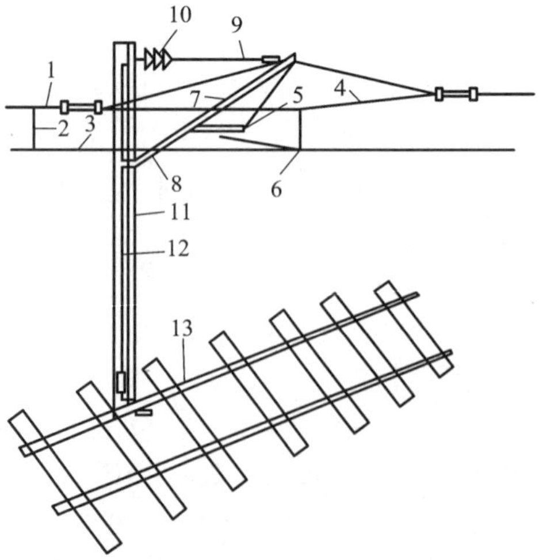

接触网组成示意图

1—承力索；2—吊弦；3—接触线；4—弹性吊弦；5—定位管；6—定位器；7—腕臂；
8—棒式绝缘子；9—水平拉杆；10—悬式绝缘子串；
11—支柱；12—接地线；13—钢轨

111.

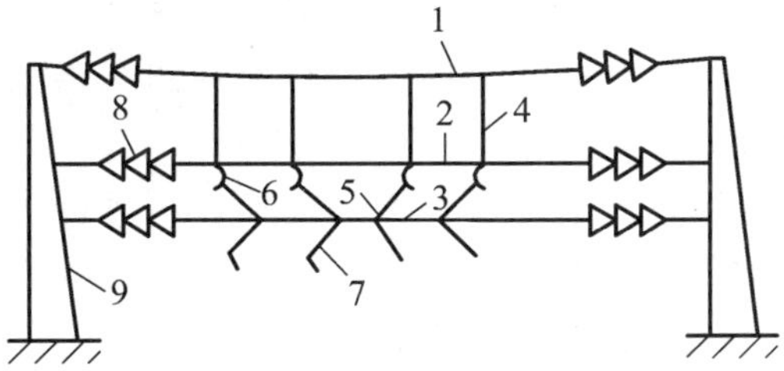

绝缘软横跨示意图

1—横向承力索；2—上部固定绳；3—下部固定绳；4—直吊弦弦；5—斜拉线；
6—纵向承力索；7—定位器；8—悬式绝缘子串；9—支柱

112.

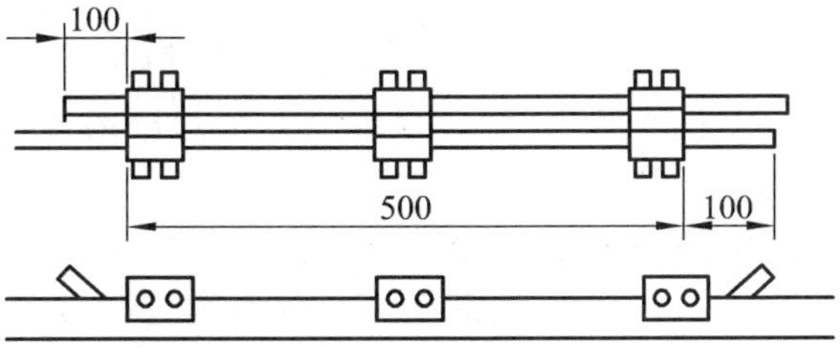

铜导线平接接头（单位：mm）

平接接头示意图

安装要求：平接接头将两接触线重叠 700 mm，整正接触线面，用三个平接线夹相距 250 mm 固定，两端头外露 100 mm，并使其向上抬高一定的角度。

113. 答：半补偿简单链形悬挂的特点是：接触线张力不变，承力索张力随温度变化而变化。

它的优点是：安全可靠，中心锚结及下锚结构简单，断线后修复容易，弹性较好。

缺点是：弛度变化大，结构高度大，对支柱容量及支柱高度要求高，调整困难；隧道净空要求较高。

114. 答：（1）地面组装。（2）安装临时托架及操作架。（3）吊装横梁。（4）横梁与支柱固定。（5）拆除临时托架及操作架。

115. 答：（1）在各种恶劣环境条件下应能不间断供电，保证电力机车在最大运行速度时能正常取流。（2）器材要有足够的强度和相应的抗腐蚀能力。（3）零件要尽量标准化、系列化，扩大互换性。（4）结构合理，方便施工和运营。（5）接触网发生事故后，通过抢修应能尽快恢复供电。

116. 答：（1）分段绝缘器比相邻定位点导高抬高 20 mm，主体平行轨平面；（2）受电弓平滑过渡，双向通过均无打弓现象。（3）紧固件应齐全，连接牢固可靠，螺母和螺杆的旋紧扭矩符合设计要求。（4）对导板上的碳粉、尘埃、油污进行清扫。（5）绝缘部件表面清洁，无破损、老化现象。

117. 答：（1）合闸后静、动刀片整齐，刀片无烧伤、腐蚀等痕迹。（2）用 0.05 mm×10 mm 的塞尺检查刀片，其塞入深度在接触表面 10% 以下。（3）合闸过程中消弧角轻微撞击后保持 5 mm 的间隙，分闸后保持 150 mm 的距离。（4）绝缘子外表面清洁，无烧伤、破损、老化现象。（5）连杆动作时必须通畅。（6）电动操作机构接线可靠、各部件运转良好。（7）开关箱内外无积灰，无油污。

118. 答：应注意下述技术原则：（1）布置和确定拉出值时，一般先从咽喉区开始。在向站中心布置时，若最后碰到直线股道上相邻定位点向同方向拉出，可找两边较小的跨距，在其定位点处将其拉出值设置为零。（2）站场上布置拉出值，对于同一组软横跨，各股道拉出值的拉出方向要间隔向相反的方向拉，以使软横跨支柱受力良好。（3）在道岔处若实施交叉布置，接触线处在标准定位时，则在定位点处其两组悬挂接触线的拉出值应相等，取值为 375 mm，两接触线定位点间距为 100～150 mm。（4）在道岔附带曲线末端的支柱处拉出值，是根据曲线半径的大小及跨距长短决定的，一般取 400 mm，通常不少于 300 mm。

119. 答：使用时，首先将小车上方左右两侧的小轮挂在汇流排下方两侧的导台上，然后将小车下方一对扩张轮的小轮分别安入汇流排导台下侧的人字槽内，再将两个扩张轮左右撑开，使汇流排的钳口张开直至接触线能嵌入钳口为止。此时在调节小车下方的一个螺钉将接触线向上顶至进入钳口内，但不可以顶得过高，能使接触线的小面线槽进入钳口为好。利用牵引装置拉动小车，汇流排钳口随着小车的滑动以后合闭把接触线夹紧，通过放线小车的不断牵引在汇流排上移动，接线便自动的连续不断地被装嵌在汇流排钳口及夹紧在汇流排上。放线速度与滑引速度相应，放线速度建议为 2 km/h，松动接触线时，将上述步骤重复，只要将小车下方的螺钉调整下来，使接触线能有下降的空隙，反方向拉动小车，就能使接触线从汇流排钳口内脱离出来。

120. 答：辅助绳两侧受力均匀一致，无断股和散股情况。隧道段高度略高于两悬挂点：隧道段 10 mm、地面段 20 mm 绝缘子（环）完好，无破损现象。隧道段的绝缘界限必须大于 115 mm。中心锚结线夹处导线不偏磨、不打弓。

在两端装设补偿器的接触网锚段中，必须加设中心锚结。每个锚段中心锚结安设位置应根据线路情况和线索的张力增量计算确定。一般布置原则是使中心锚结固定点两侧线索的张力尽量相等，并尽可能靠近锚段中部。

当锚段全部在直线区段或整个锚段布置在曲线半径相同的曲线区段时，该锚段中心锚结应安设在锚段的中间位置。当锚段布置在既有直线又有曲线且曲线半径不等时，该锚段的中心锚结应设在曲线多、曲线半径小的一侧。在特殊情况下，锚段长度较短时（一般定为锚段长度 800 m 以下），可不设中心锚结，视为半个锚段，可将锚段一端硬锚，另一端线索安装补偿器，此时的硬锚就相当于中心锚结。

121. 答：根据安装示意图或装配图检查零配件是否齐全，检查零件有否影响使用的质量缺陷或变形。

根据安装要求剪取规定长度，并防止线头散股。

将钢丝绳从楔形线夹小口直边处穿入，放入双眼楔舌，并将线头折回由斜边处至小口处穿出并拉紧钢丝绳，使钢丝绳和契舌紧密相贴，钢丝绳完全收紧后线头外露应有一定的“A”值调整余量。

注意：（1）钢丝绳受力的一侧应在楔形线夹的直线边。（2）钢丝绳应与楔舌一周密贴。

122. 答：吊弦：安装尺寸：跨距间距为 10 m，应受力，无烧损、无断股松动，其偏移角度应符合安装曲线图。在极限温度下，不得大于吊弦长度的 1/3。

洞外链形悬挂检修：

每年进行一次悬挂状态的摇动试验，用手推动定位管和腕臂端部、拉杆或斜支撑，使腕臂或其结合部发生超过正常运行数倍的震动，在跨中也可由两人抬起双导线。然后突然放下，使整个链形悬挂发生相当于强台风时的上下震动，然后检查各主要受力部件，如发生部件脱落现象，应及时予以修复。

吊弦在无偏移温度时，应保持铅垂状态。吊弦在垂直于线路方向的倾斜率不得大于 1/10。顺线路方向吊弦下部的偏移值应与该点承力索和接触线伸缩值之差相适应。

吊弦在超过平均温度时，腕臂应按安装曲线规定进行调整，但在极端高温时，应加强检查，其偏移角不得超过吊弦长度的 1/3。

吊弦线夹在直线处应保持铅垂状态，曲线处应与接触线的倾斜度一致。

（1）吊弦采用 16 mm^2 软铜线，吊索采用 35 mm^2、50 mm^2 青铜绞线。

（2）吊弦采用整体吊弦和整体带载流环吊弦。吊弦的安装位置和长度应符合吊弦布置和安装长度表的要求，吊弦长度允许误差为 2 mm。吊弦在无偏移温度时，应保持铅垂状态，其在垂直于线路方向的倾斜率不得大于 1/10。

（3）整体带载流环吊弦的载流环长度为 200 mm，与接触线连接处的载流环应与行车方向相一致，而与承力索连接处的载流环则反之。

（4）吊弦线夹在直线处应保持铅垂状态，曲线处应与接触线的倾斜度一致。

（5）整体吊弦之间的距离符合要求，间距不得大于 13 m，允许误差为 ± 100 mm。区间和车站相邻线路和吊弦位置应相互对应。

（6）非工作支下锚时，距下锚点 25 m 范围内接触线和承力索之间不得安装吊弦。

（7）弹性吊索安装于 $R \geqslant 1\,200$ m 的线路区段。在区间，定位采用正定位时，弹性吊索为 18 m；定位采用反定位时，弹性吊索为 14 m。在站场，当软横跨跨距 ≥ 50 m，弹性吊索为 18 m，跨距 < 50 m，弹性吊索为 14 m。

（8）当弹性吊索为 18 m 时，额定张力为 3 kN。在弹性吊索内，定位点两侧各安装两根整体吊弦，吊弦分别距定位点 2.5 m 和 6 m；当弹性吊索为 14m 时，额定张力为 1.7 kN，在弹性吊索内定位点两侧各安装一根整体吊弦，吊弦距定位点为 2.5 m。

（9）弹性吊索的安装在无偏移温度时两端的长度应相等，允许误差不超过 100 mm，弹性吊索两端用并联线夹与承力索连接，弹性吊索靠近下锚侧预留 200 mm。

（10）吊弦与弹性吊索不得有断股、松股和接头。

参考文献

[1] 李建民. 城市轨道交通供电. 成都：西南交通大学出版社，2007.
[2] 雷欧纳德·格雷斯比. 电力系统. 北京：机械工业出版社，2016.
[3] 李梅兰，卢文鹏. 电力系统分析. 北京：中国电力出版社，2010.
[4] 张奎彦. 浅谈 66 kV 变电所继电保护的安全管理. 科技风，2012.
[5] 陈学斌. 地铁 35 kV 供电系统电压互感器及开关差动保护故障分析. 信息化建设，2015.
[6] 谢常宝. 直流 1 500 V 牵引供电联跳系统改造方案. 自动化博览，2009.
[7] 李丹娜，孙成普. 电力变压器应用技术. 2009.
[8] 卢锦祥. 输变电中电压互感器故障分析及解决措施. 2009.
[9] 杨德林. 电力电缆岗位技能培训教材. 北京：中国电力出版社，2018.
[10] 刘学军. 继电保护原理. 北京：中国电力出版社，2007.
[11] 廖胜. 电力监控与综合自动化. 中国新技术新产品，2018.
[12] 李伟. 接触网. 北京：中国铁道出版社，2011.
[13] 刘仕兵. 接触网. 成都：西南交通大学出版社，2013.
[14] 高压变电安全作业规程.
[15] 高压变电维修规程.
[16] 主变电所电缆巡视制度（试行）.
[17] 接触网安全工作规程.
[18] 接触网运行、维护、检修规程.
[19] 电力监控系统故障应急预案.